Hans-Michael Bock · Bibliografie Arno Schmidt 1949—1978

D1986161

Hans-Michael Bock
Bibliografie Arno Schmidt
1949 — 1978

2., verbesserte und ergänzte Ausgabe

edition text + kritik

Korrigierter Neudruck der 2. Auflage
1980.

CIP-Kurztitelaufnahme der Deutschen Bibliothek

Bock, Hans-Michael:
Bibliografie Arno Schmidt: 1949—1978/
Hans-Michael Bock.-2., verb. u. erg. Aufl. — München:
Edition Text u. Kritik, 1979.
ISBN 3-88377-020-5

Gesamtherstellung: LIPP KG Graphische Betriebe München
Umschlag-Entwurf: Dieter Vollendorf, München
edition text + kritik GmbH, München 1979
ISBN 3-88377-020-5

Inhalt

1. PRIMÄRLITERATUR

1.1 Buchveröffentlichungen ... 13
- 1.1.1 Leviathan ... 13
- 1.1.2 Brand's Haide ... 13
- 1.1.3 Die Umsiedler ... 14
- 1.1.4 Aus dem Leben eines Fauns ... 15
- 1.1.5 Kosmas ... 15
- 1.1.6 Das steinerne Herz ... 16
- 1.1.7 Die Gelehrtenrepublik ... 16
- 1.1.8 Fouqué ... 17
- 1.1.9 Dya Na Sore ... 18
- 1.1.10 Rosen & Porree ... 20
- 1.1.11 Kaff ... 21
- 1.1.12 Belphegor ... 21
- 1.1.13 Nobodaddy's Kinder ... 22
- 1.1.14 Sitara ... 22
- 1.1.15 Kühe in Halbtrauer ... 22
- 1.1.16 Die Ritter vom Geist ... 24
- 1.1.17 Trommler beim Zaren ... 25
- 1.1.18 Der Triton mit dem Sonnenschirm ... 29
- 1.1.20 Zettels Traum ... 30
- 1.1.21 Die Schule der Atheisten ... 31
- 1.1.22 Abend mit Goldrand ... 32
- 1.1.23 Vorläufiges zu Zettels Traum ... 32

1.2 Veröffentlichungen in Zeitungen ... 33

1.3 Veröffentlichungen in Zeitschriften und Büchern ... 53

1.4 Rundfunksendungen ... 63

1.5 Übersetzungen der Werke Arno Schmidts ... 71

1.6 Übersetzungen durch Arno Schmidt ... 77

2. SEKUNDÄRLITERATUR

2.0 Selbständige Veröffentlichungen ... 89

2.1 Allgemeine Darstellungen zu Vita und Werk ... 95

2.2 Rezensionen zu den Büchern ... 127
2.2.1 Leviathan ... 127
2.2.2 Brand's Haide ... 130
2.2.3 Die Umsiedler ... 132
2.2.4 Aus dem Leben eines Fauns ... 134
2.2.5 Kosmas ... 138
2.2.6 Das steinerne Herz ... 139
2.2.7 Die Gelehrtenrepublik ... 146
2.2.8 Fouqué ... 152
2.2.9 Dya Na Sore ... 155
2.2.10 Rosen & Porree ... 160
2.2.11 Kaff ... 164
2.2.12 Belphegor ... 169
2.2.13 Nobodaddy's Kinder ... 172
2.2.14 Sitara ... 174
2.2.15 Kühe in Halbtrauer ... 180
2.2.16 Die Ritter vom Geist ... 185
2.2.17 Trommler beim Zaren ... 189
2.2.18 Der Triton mit dem Sonnenschirm ... 192
2.2.20 Zettels Traum ... 196
2.2.21 Die Schule der Atheisten ... 209
2.2.22 Abend mit Goldrand ... 214
2.2.23 Vorläufiges zu Zettels Traum ... 218

2.3 Rezensionen zu den Übersetzungen ... 219
2.3.9 Stanislaus Joyce: Meines Bruders Hüter ... 219
2.3.10 Stanley Ellin: Sanfter Schrecken ... 220
2.3.12 James F. Cooper: Conanchet ... 221
2.3.14 Stanislaus Joyce: Dubliner Tagebuch ... 223
2.3.15 Wilkie Collins: Die Frau in Weiß ... 224
2.3.16 Edgar Allan Poe: Werke ... 226
2.3.17 Edward Bulwer-Lytton: Was wird er damit machen? ... 230
2.3.18 Edward Bulwer-Lytton: Dein Roman ... 233
2.3.19 James F. Cooper: Satanstoe ... 235
2.3.20 James F. Cooper: Tausendmorgen ... 238
2.3.21 James F. Cooper: Die Roten ... 239

3. ZUR WIRKUNG

3.1 Parodien, Anspielungen, Curiosa etc. ... 243

3.2 Arno-Schmidt-Dechiffrier-Syndikat und Bargfelder Bote ... 247

3.3 Zur Sekundärliteratur ... 251

REGISTER ... 257

Vorwort

Die Bibliographie ist gewiß nicht der geistige Teil einer Wissenschaft. Jedoch sie spielt in ihrer Physiologie eine zentrale Rolle, ist nicht ihr Nervengeflecht, aber das System ihrer Gefäße.

Walter Benjamin

1. Warum diese Bibliografie?

In den letzten Jahren — ausgelöst durch *Zettels Traum* — ist das Interesse an Arno Schmidt, das in den 60er Jahren fast am Erlöschen war, wieder stärker geworden. Preise werden verteilt, Seminare abgehalten, Arbeiten geschrieben.

Schmidt veröffentlichte, in den 50er Jahren vor allem, sehr viele ,,Brotarbeiten'' verstreut in Zeitungen und Zeitschriften und arbeitete für Rundfunkanstalten. Nur ein Teil dieser Arbeiten ist gesammelt in Büchern erschienen und dort ohne den Hinweis auf die Erstveröffentlichung. Diese Angaben nachzuliefern, ist eine Aufgabe dieser Arbeit.

Schmidt sah sich auch gerne als von der Presse verkanntes und vernachlässigtes Original-Genie. Die Berechtigung solcher Selbsteinschätzung widerlegt weitgehend der Sekundär-Teil dieser Arbeit. Er ermöglicht auch, die heftigen Fehden und Angriffe zu verfolgen, die insbesondere durch Schmidts 'Atheismus' und seine formalen Experimente ausgelöst wurden.

2. Was steht in der Bibliografie?

Diese Bibliografie verzeichnet Veröffentlichungen von (1.) und über (2./3.) Schmidt.

Der Primär-Teil enthält unabhängige (Buch-) Veröffentlichungen (1.1), Einzelveröffentlichungen in Zeitungen (1.2), Zeitschriften und Sammelbänden (1.3), Rundfunksendungen (1.4), die Übersetzungen der Werke Schmidts (1.5) und die von ihm ins Deutsche übersetzten Werke anderer Autoren (1.6).

Der Sekundär-Teil enthält neben unabhängigen Veröffentlichungen über Schmidt (2.0) allgemeine Darstellungen zu Vita und Werk (2.1), sowie Presse- und Rundfunk-Rezensionen seiner Werke (2.2) und einiger der Übersetzungen, die auch für seine eigenen Arbeiten wichtig sind (2.3).

Der dritte Teil enthält Veröffentlichungen, die die Wirkung betreffen. Hier sind Parodien (3.1), Artikel über das *Arno-Schmidt-Dechiffrier-Syndikat* und den *Bargfelder Boten* (3.2), sowie Rezensionen der Sekundär-Literatur zu Schmidt (3.3) aufgeführt.

3. Ist die Bibliografie vollständig?

Vollständigkeit wurde angestrebt, ließ sich aber leider nicht erreichen.

Der Primär-Teil ist so gut wie vollständig. Es fehlen vielleicht ein paar Zeitungsabdrucke und Radio-Daten, die aber kein neues Material enthalten dürften.

Der Sekundär-Teil muß zwangsläufig Lücken aufweisen. Das Fehlen gründlicher bibliografischer Vorarbeiten und die Vielzahl möglicher Publikationsorte bildeten Hindernisse, die sich nur mit unangemessen hohem Aufwand an Zeit und Geld hätten überwinden lassen. Durch die Auswertung verschiedener Archive und Sammlungen ist aber wohl der weitaus größte Teil erfaßt.

Nicht aufgenommen wurden Kurzmeldungen, soweit sie nicht wichtiges Material enthielten.

4. Welche Quellen wurden benutzt?

Bei der Arbeit konnte auf Sammlungen und Aufzeichnungen von Schmidt-Interessierten zurückgegriffen werden, sowie auf Archive von Verlagen, Zeitungen und Rundfunkanstalten.

Bedauerlicherweise ist das Archiv des *Rowohlt*-Verlags durch einen Brand vernichtet worden, so daß diese Sammlung von Rezensionen und Dokumenten zu Schmidts ersten Büchern verloren ist. Außerdem zeigte sich, daß die Rundfunkanstalten ihre Sendungen nur sehr lückenhaft dokumentieren und archivieren.

An dieser Stelle möchte ich mich bedanken bei Jörg Drews, Hartwig Suhrbier und Robert Wohlleben für viele Anregungen und die Unterstützung bei der Arbeit. Allen weiteren Freunden und Bekannten sowie den Mitarbeitern in den Archiven, die mir mit Hinweisen, Auskünften und Material geholfen haben, ein herzlicher Dank.

Postscriptum zur 2. Auflage

Da die 1. Auflage der Bibliografie vergriffen ist und sich in der Zwischenzeit sehr viel neues Material angesammelt hat, haben sich Verlag und Autor zu einer Neu-Ausgabe der Gesamt-Bibliografie entschlossen, die in Zukunft dann durch jährliche Nachträge im *Bargfelder Boten* ergänzt werden soll.
Neben sehr vielen Detail-Korrekturen und -Ergänzungen enthält diese 2. Auflage etwa 130 Neueinträge in der Primär- und etwa 400 in der Sekundär-Abteilung, außerdem ein Verfasser-Register zur Sekundär-Literatur. Es handelt sich nicht nur um die Neuerscheinungen seit 1974, sondern durch eingehende und mitunter sehr umständliche Recherchen konnten eine ganze Anzahl Erstdrucke, bzw. Erstsendungen von Schmidt-Texten ermittelt werden. Dabei kamen sogar einige bislang völlig unbekannte frühe Arbeiten Schmidts zum Vorschein.
Langsam beginnt der wahre Umfang der intensiven und weitgestreuten Publikationstätigkeit Arno Schmidts in der zweiten Hälfte der 50er Jahre erkennbar zu werden. Es können jedoch jederzeit irgendwo neue ‚Nester' auftauchen, da eine systematische Suche nicht möglich ist. Viele der Regionalzeitungen, die Schmidt mit Feuilletons und Kurzgeschichten beschickt hat oder haben könnte, sind inzwischen dem Zeitungssterben zum Opfer gefallen; ihre Archive wurden vernichtet, aufgelöst oder sind nicht mehr auffindbar.
Ich möchte allen denen danken, die mir mit Korrekturen, Ergänzungen und Hinweisen behilflich waren, besonders aber Günther Flemming, Heiko Postma und Leibl Rosenberg, die mich bei meinen Recherchen unterstützt haben.

hmb

Hamburg, Oktober 1978

Benutzung

1. Die Kennzahlen sind so zusammengesetzt, daß durch sie jeder Text genau festgelegt ist, durch spätere Einschübe keine Umnumerierung der nachfolgenden Texte notwendig wird und die Zahlen selbst schon Informationen vermitteln.

Die ersten beiden Ziffern bezeichnen die Ordnungsgruppe. In den Gruppen der Buchveröffentlichungen (1.1, 1.5, 1.6, 2.0) ist die dritte Stelle die Nummer des Buches (nach der Reihenfolge des Erscheinens der Erstausgaben): 1.1.1 = LEVIATHAN.

Diese Nummern erscheinen wieder in den Gruppen der Rezensionen (2.2, 2.3): 2.2.1 = Rezensionen zu LEVIATHAN.

Die vierte Stelle kennzeichnet eine spätere (Taschenbuch-) Ausgabe: 1.1.1.1 = LEVIATHAN (Bibliothek Suhrkamp).

Die Zahlen der anderen Gruppen setzen sich zusammen aus Gruppenzahl + Datum. Das Datum wird in der Reihenfolge Jahr — Monat — Tag an die Gruppenzahl angehängt: 2.2.1.49.11.27 = Rezension — Leviathan — 27.11.49.

Zeitschriftenartikel stehen am Ende des jeweiligen Erscheinungsmonats, Buchbeiträge am Ende des Jahres.

2. Bei Sammelbänden sind die Einzeltexte in der Reihenfolge der Erstausgaben angeführt und durchnumeriert.

Es folgen jeweils die Angaben zu Erstveröffentlichungen und Wiederabdrucken (Taschenbücher).

3. Bei den Buchausgaben der Primärliteratur sind neben den bibliografischen Grunddaten noch zusätzliche Informationen angefügt, soweit sie ermittelt werden konnten: Druckangaben, Auflagenhöhe, etc.

4. Soweit bislang Lesarten festgestellt werden konnten, wurden sie verzeichnet.

5. Bei den Buchausgaben ist mit ,,n.v.'' verzeichnet, wenn das Buch nicht vorgelegen hat.

Abkürzungen

BR	Bayerischer Rundfunk, München
HR	Hessischer Rundfunk, Frankfurt/Main
NDR	Norddeutscher Rundfunk, Hamburg/Hannover
NWDR	Nordwestdeutscher Rundfunk, Hamburg/Köln
RB	Radio Bremen
RIAS	Radio im amerikanischen Sektor, Berlin
SDR	Süddeutscher Rundfunk, Stuttgart
SFB	Sender Freies Berlin
SR	Saarländischer Rundfunk, Saarbrücken
SWF	Südwestfunk, Baden-Baden
WDR	Westdeutscher Rundfunk, Köln

1. Primärliteratur

1.1 BUCHVERÖFFENTLICHUNGEN

1.1.1 LEVIATHAN

Hamburg — Stuttgart — Berlin — Baden-Baden: Rowohlt (1949).

116 S. Pp. 12x19,5. Einband: Karl Staudinger.

1.—2. T. Sep 1949

	7	MRS. LUCY KIESLER / New York, USA, / meiner Schwester, ohne deren nimmer fehlende Hilfe / ich längst verhungert wäre
.0.1	9—41	GADIR oder ERKENNE DICH SELBST = 1.1.1.2; 1.1.3.2; 1.4.50.04.04; 1.4.52.06.25; 1.4.53.01.12; 1.5.10.2
.0.2	43—76	LEVIATHAN oder DIE BESTE DER WELTEN = 1.2.49.03.10 (Teil) = 1.1.1.3; 1.5.1.1; 1.5.1.2; 1.5.1.3
.0.3	77—116	ENTHYMESIS oder W.I.E.H. = 1.1.3.2; 1.5.10.2.2 s: 1.3.77.1

1.1.1.1 Leviathan

(Frankfurt/Main): Suhrkamp (1963). (Bibliothek Suhrkamp 104).

129 S. Pp. 11,5x18,3. Umschlag: Willy Fleckhaus.

1.—5. T. 1963, 6.—9. T. 1965, 10.—12. T. 1970

5—41	GADIR oder ERKENNE DICH SELBST = 1.1.1.0.1
43—81	LEVIATHAN oder DIE BESTE DER WELTEN = 1.1.1.0.2
83—127	ENTHYMESIS oder W.I.E.H. = 1.1.1.0.3

1.1.1.2 Gadir oder erkenne dich selbst

Hg. v. H. Mulder. Amsterdam: Meulenhoff 1967. (Cahiers voor Letterkunde).

31 S. Br. 14,4x22.

5—24	GADIR oder ERKENNE DICH SELBST = 1.1.1.0.1
25—31	Woordenlijst *(kommentiertes Glossar)*
U2—3	over het verhal *(holländische Einführung in den Text)*
U4	uitspraken = 1.1.10.0.5, .6 *(Ausschnitte)*
U5—6	theoretische en practische literatur essays en monografieen.
U7	bibliografie

1.1.1.3 LEVIATHAN UND SCHWARZE SPIEGEL

(Frankfurt/Main): Fischer Taschenbuch Verlag (1974). (FTB 1476).

141 S. Kt. 10,7x18. Umschlag: Jan Buchholz/Reni Hinsch.

1.—17,5. T. Juni 1974

7—39	LEVIATHAN oder DIE BESTE DER WELTEN = 1.1.1.0.2
41—141	SCHWARZE SPIEGEL = 1.1.2.0.2

1.1.2 BRAND'S HAIDE

Zwei Erzählungen

Hamburg: Rowohlt (1951).

260 S. Ln. 12x19,3. Umschlag: Werner Rebhuhn, unter Verwendung einer kartographischen Zeichnung des Verfassers.

1.—3. T. Okt 1951

.0.1	5	BRAND'S HAIDE (Innentitel)
	6	Der goldgetränkte Himmel über mir ... = 1.3.51.1
	7—73	Blakenhof oder die Überlebenden
	75—118	Lore oder das spielende Licht
	119—152	Krumau oder willst Du mich noch einmal sehen = 1.1.2.1; 1.1.13.0.2; 1.3.71.2; 1.4.53.04.17.1 (Teil); 1.4.75.03.24
.0.2	153	SCHWARZE SPIEGEL (Innentitel) Dic mihi: / si tu fias leo: / qualis eris?
	154	Ja: übernächtigt! ... = 1.3.51.2
	155—209	I
	211—259	II = 1.1.1.3; 1.1.13.0.3; 1.3.63.1 (Teil); 1.3.65.4 (Teil); 1.3.65.5 (Teil); 1.3.75.4

1.1.2.1 BRAND'S HAIDE
(Frankfurt/Main): Fischer Taschenbuch Verlag (1974). (FTB 1420).

152 S. Kt. 10,7x18. Umschlag: Jan Buchholz/Reni Hinsch.

1.—15. T. Jan 1974, 16.—20. T. Mai 1976

7—73	Blakenhof oder die Überlebenden
75—118	Lore oder das spielende Licht
119—152	Krumau oder willst Du mich noch einmal sehen = 1.1.2.0.1: fotomechanische Wiedergabe

1.1.3 die umsiedler
2 prosastudien
(kurzformen zur wiedergabe mehrfacher räumlicher verschiebung der handelnden bei festgehaltener einheit der zeit).
(Frankfurt/Main): Frankfurter Verlagsanstalt (1953). (studio frankfurt 6).

73 S. Kt. 15x21,5. Einband: Gisela Andersch.

	5	1. Der Wolken Irregang. ... = 1.3.53.1
	7	I. die umsiedler 24 aufnahmen mit verbindendem text ,,elender, dir allein / ist nicht dein vaterland teuer?'' — / ,,ja, beim himmel! / auch mich kostet es tränen genug!''
	9	Ein Freund von mir, der Ende 1950 als Flüchtling von Niedersachsen nach Rheinhessen umgesiedelt wurde, bewirtete mich neulich mit diesen Bildern und Worten; auf vieles Zureden machte er fluchend — auf mich, wegen der Arbeit! — daraus dies Fotoalbum:
.0.1	11—39	(DIE UMSIEDLER) = 1.1.3.1; 1.1.10.0.2; 1.1.10.1; 1.1.15.2; 1.2.62.07.10 (Teil); 1.4.53.04.17; 1.5.10.3.2 s: 1.2.56.01.1
.0.2	41—71	II. alexander oder was ist wahrheit? = 1.1.3.2; 1.1.10.0.3; 1.5.10.1; 1.5.10.2.3; 1.5.10.3.3

1.1.3.1 Die Umsiedler
(Frankfurt/Main): Insel (1964). (Insel-Bücherei 818).

57 S. Pp. 12x18,4.

5—52	(DIE UMSIEDLER) = 1.1.3.0.1
53—57	Helmut Heißenbüttel: Nachwort (März 1964) = 2.2.3.64.1

1.1.3.2 ALEXANDER ODER WAS IST WAHRHEIT
3 ERZÄHLUNGEN
(Frankfurt/Main): Fischer Taschenbuch Verlag (1975). (FTB 1550).

139 S. Kt. 10,7x18. Umschlag: Jan Buchholz/Reni Hinsch unter Verwendung eines Fotos von Klaus D. Franke.

1.—15. T. Jan 1975

5—36	Gadir oder Erkenne dich selbst = 1.1.1.0.1
37—97	Alexander oder Was ist Wahrheit = 1.1.3.0.3
99—137	Enthymesis oder W.I.E.H. = 1.1.1.0.3

1.1.4 AUS DEM LEBEN EINES FAUNS
KURZROMAN
Hamburg: Rowohlt (1953).

165 S. Ln. 12x19,3. Umschlag: Werner Rebhuhn, nach einem Gemälde von Otto Mueller.

1.—3. T. Aug 1953

4	Der Kurzroman ,,Aus dem Leben eines Fauns'' ist der erste Teil einer Trilogie, deren ergänzende Stücke als ,,Brand's Haide'' und ,,Schwarze Spiegel'' bereits erschienen sind
5	AUS DEM LEBEN EINES FAUNS (Innentitel)
6	Haushoch ... = 1.3.53.2
7—61	I (Februar 1939)
63—121	II (Mai/August 39)
123—165	III (August/September 1944) = 1.1.4.1; 1.1.13.0.1; 1.2.53.10.25 (Teil); 1.5.4.1; 1.5.4.1; 1.5.4.3 (Teil); 1.5.4.4 (Teil); 1.5.4.5

1.1.4.1 AUS DEM LEBEN EINES FAUNS
KURZROMAN
(Frankfurt/Main): Fischer Taschenbuch Verlag (1973). (FTB 1366)

165 S. Kt. 10,7x18. Umschlag: Jan Buchholz/Reni Hinsch.

1.—15. T. Juni 1973, 16.—20. T. Juli 1974

5	AUS DEM LEBEN EINES FAUNS
7—61	I (Februar 1939)
63—121	II (Mai/August 39)
123—165	III (August/September 1944) = 1.1.4.1: fotomechanische Wiedergabe Lesarten: S. 71 sind 2 Absätze neu gesetzt, Texterweiterung 8 Wörter = 1.1.13.0.1

1.1.5 KOSMAS oder Vom Berge des Nordens
Krefeld — Baden-Baden: Agis (1955). (Augenblick-Supplementband 1).

95 S. Kt. 14,1x20,3.

März 1955

5	Ernst Kreuder zugeeignet
7—93	(Kosmas) = 1.1.10.0.4; 1.1.10.1; 1.5.10.2.4; 1.5.10.3.4 vgl.: 1.1.17.0.23
95	(Zeichnung des Systems)

1.1.6 **DAS STEINERNE HERZ**
HISTORISCHER ROMAN AUS DEM JAHRE 1954
(Karlsruhe): Stahlberg (1956).

287 S. Ln. 12x16,6. Einband: Imre Reiner.

1. Auflage: Okt 1956; 2. Auflage: 1964
Die Schriftprägung auf dem Einband der 1. Auflage ist weiß, der 2. Auflage ist schwarz.

5—6	Nicht nur ... = 1.3.56.5
7—287	(Das steinerne Herz) = 1.1.6.1; 1.1.6.2; 1.2.59.05.13 (Teil)

„Der Roman (...) ist bislang nur in einer purgierten Fassung auf dem Markt. Als Mitte der fünfziger Jahre der Staatsanwalt sich für Arno Schmidt zu interessieren begann, weil irgendwelche Leute bei diesem Autor nicht nur Kraftausdrücke beanstandeten, sondern schlimme Blasphemien fürchteten, wollte der damals betroffene Stahlberg-Verlag (...) kein Risiko eingehen und beauftragte einen Lektor, alles denkbar allzu Schlimme aus dem Manuskript zu streichen. Dieses ursprüngliche Manuskript gibt es heute noch." (aus: 2.1.74.07.22)

1.1.6.1 **DAS STEINERNE HERZ**
HISTORISCHER ROMAN AUS DEM JAHRE 1954
Dokumentarische Sonderausgabe zum 50. Geburtstag von Arno Schmidt
Schönberg über Kronberg/Taunus: (Privatausgabe) 1964.

287 S. + 1 Vorblatt. Hld. 12x16,6. Mit 34 Farbfotos von Wilhelm Michels.

18.1.1964, Serie rot (1—5) unter Verwendung des Buchblocks der 1. Auflage, Serie grün (6—10) dem der 2. Auflage hergestellt. Alle Exemplare sind von A.S. signiert.

1—2	Lieber Arno ... (Brief Wilhelm Michels an A.S., datiert: Schönberg, den 18. Januar 1964)
5—6	Nicht nur ... = 1.3.56.5
7—287	(Das steinerne Herz) = 1.1.6

1.1.6.2 **Das steinerne Herz**
Historischer Roman aus dem Jahre 1954
(Frankfurt/Main — Hamburg): Fischer Bücherei (1967). (FTB 802).

159 S. Kt. 10,7x18. Umschlag: Intergrafik.

1.—22. T. Mai 1967;
23.—27. T. März 1974, 28.—32. T. Aug 1976: (Frankfurt/Main): Fischer Taschenbuch Verlag (1974). Umschlag: Jan Buchholz/Reni Hinsch.

5—159	Das steinerne Herz = 1.1.6

1.1.7 **DIE GELEHRTENREPUBLIK**
Kurzroman aus den Roßbreiten
(Karlsruhe): Stahlberg (1957).

225 S. Ln. 12x19,3. Einband: Imre Reiner.
Lageplan der Gelehrtenrepublik IRAS auf der Innenseite des Buchdeckels nach der Arbeitsvorlage des Verfassers.
Beiliegend: 1 Zettel DIN A 7: „Errata" mit 12 Korrekturen

1. Auflage: Okt 1957: 2000 Stück, 2. Auflage: 1963.

5—225	Die Gelehrtenrepublik = 1.1.7.1

1.1.7.1 DIE GELEHRTENREPUBLIK
Kurzroman aus den Roßbreiten
(Frankfurt/Main — Hamburg): Fischer Bücherei (1965). (FTB 685).

153 S. Kt. 10,7x18. Umschlag: Hans Jürgen Rau.

1.—22. T. Aug 1965, 23.—28. T. Mai 1971.
29.—33. T. März 1973, 34.—38. T. Aug. 1974. 39.—43. T. Juli 1976: (Frankfurt/Main): Fischer Taschenbuch Verlag (1973). Umschlag: Jan Buchholz/Reni Hinsch.

5—151	Die Gelehrtenrepublik
152—153	Lageplan der Gelehrtenrepublik IRAS

1.1.8 FOUQUE UND EINIGE SEINER ZEITGENOSSEN
Biographischer Versuch
Darmstadt: Bläschke (1958). (tendenz und experiment).

590 S. Kt. 10,7x18. Umschlag: Gisela Andersch.
Auflage: 1000 Stück

3	Meiner Frau / zur Erinnerung an 1 Myriade Stunden / gemeinsamer Materialsammlung
5—7	Vorwort ... Darmstadt, den 23. Februar 1958
10—490	(Fouqué und einige seiner Zeitgenossen)
491—549	Anhang
550	(Danksagung)
551—587	Register
587	Mit Kunst, mit Müh, mit Fleiß ich dicht', drum nicht nach Deinem Kopf mich richt'. Gefällt Dir's nicht, wie ich ihm tu: Mach's besser, nimm zehn Jahr dazu!

1.1.8.1 FOUQUE UND EINIGE SEINER ZEITGENOSSEN
Biographischer Versuch
(Karlsruhe): Stahlberg (1958).

587 S. Ln./Ld. 13,5x21. Umschlag: Imre Reiner.

Nov. 1958: 600 Stück, 50 Exemplare in Leder vom Autor signiert. Hergestellt unter Verwendung des Satzes von 1.1.8.

V	(Porträt): Friedrich Heinrich Karl Baron de la Motte Fouqué 1842
3	Meiner Frau ...
5—7	Vorwort ... Darmstadt, den 23. Februar 1958
10—490	(Fouqué und einige seiner Zeitgenossen)
491—549	Anhang
550	(Danksagung)
551—584	Register
584	Mit Kunst ...

1.1.8.2 FOUQUE UND EINIGE SEINER ZEITGENOSSEN
Biographischer Versuch
2. verbesserte und beträchtliche vermehrte Auflage
Darmstadt: Bläschke (1960).

734 S. Ln/Kt. 11,3x18,7/10,7x18. Umschlag: Gisela Andersch.
Auflage: 3000 Stück

3	Meiner Frau ...
5	Vorwort zur 2. Auflage ... Bargfeld, den 10. Oktober 1959
5—7	Vorwort zur 1. Auflage ... Darmstadt, den 23. Februar 1958
10—490	(Fouqué und einige seiner Zeitgenossen)
491—618	Anhang

619—688	Zusätze und Anmerkungen
689	(Danksagung)
690	Druckfehlerverzeichnis
691—731	Register

Seite 9—549 satz-identisch mit 1.1.8

1.1.8.3 FOUQUE und einige seiner Zeitgenossen
Biographischer Versuch
(Frankfurt/Main): Zweitausendeins (1975).

733 S. Ln. in Schuber / Kt. 12x17,4 / 11,6x16,8.

Auflage: 1.—4. T. Juli 1975 (Kt.); 5.—6. T. Juli 1977 (Ln. i. Sch.); 7.—8.T. Okt 1978 (Ln. i. Sch.).

Unveränderter Nachdruck von 1.1.8.2

1.1.9 DYA NA SORE
Gespräche in einer Bibliothek
(Karlsruhe): Stahlberg (1958).

427 S. Ln. 12x19,7. Umschlag: Imre Reiner.

Nov. 1958: 2300 Stück

.0.1	6—12	Vorspiel = 1.3.58.2 = 1.1.9.1; 1.2.59.06.1 (Teil)
.0.2	14—53	Dya Na Sore / blondeste der Bestien = 1.4.57.02.22 = 1.1.9.3
.0.3	54—98	Herrn Schnabels Spur / Vom Gesetz der Tristaniten = 1.4.56.12.14 = 1.1.9.4
.0.4	100—148	Goethe / und Einer seiner Bewunderer = 1.3.57.1 = 1.1.9.1; 1.1.9.5
.0.5	150—193	Abu Kital / Vom neuen Großmystiker = 1.4.58.07.01 = 1.1.9.1
.0.6	194—229	Der sanfte Unmensch / Einhundert Jahre Nachsommer = 1.4.58.11.21 = 1.1.9.1; 1.1.9.5
.0.7	230—275	Wieland / oder die Prosaformen = 1.4.57.04.26 = 1.1.9.4
.0.8	276—309	Siebzehn sind zuviel! / James Fenimore Cooper *(1955 entstanden)* = 1.1.9.4; 1.3.74.2 (Teil)
.0.9	310—355	Klopstock / oder Verkenne Dich selbst! = 1.4.57.10.18 = 1.1.9.1; 1.1.9.4
.0.10	356—390	Die Schreckensmänner / Karl Philipp Moritz zum 200. Geburtstag = 1.4.57.09.13 = 1.1.9.1; 1.1.9.4; 1.3.57.2 (Teil)
.0.11	392—425	Tina / oder über die Unsterblichkeit = 1.3.56.4 = 1.1.9.2; 1.1.9.3; 1.5.9.1

„Für ‚Dya Na sore' (...) lehnte einer der größten Druckereibetriebe Westdeutschlands nach Kenntnisnahme des Manuskriptes in letzter Minute den Druckauftrag ab." (FAZ 17.1.59)

1.1.9.1 DER SANFTE UNMENSCH
Unverbindliche Betrachtungen eines Überflüssigen
(Frankfurt/Main — Berlin): Ullstein Bücher (1963). (UB 448).

157 S. Kt. 11,5x17,7. Umschlag: Bille Oestreich.

5—8 Vorspiel
= 1.1.9.0.1
9—43 Goethe/und Einer seiner Bewunderer
= 1.1.9.0.4
44—74 Abu Kital / Vom neuen Großmystiker
= 1.1.9.0.5
75—100 Der sanfte Unmensch / Einhundert Jahre Nachsommer
= 1.1.9.0.6
101—132 Klopstock / oder Verkenne Dich Selbst!
= 1.1.9.0.9
133—156 Die Schreckensmänner / Karl Philipp Moritz zum 200. Geburtstag
= 1.1.9.0.10

1.1.9.2 Tina oder über die Unsterblichkeit
Darmstadt: J.G. Blaschke (!) Presse (1964). (1. Druck der J. G. Bläschke Presse).

70 S. Hperg. 24x26. 13 Radierungen, davon 2 2farbig, von Eberhard Schlotter.

200 Exemplare: 100 mit Radierungen, 100 mit Lithos.
Alle Exemplare von Autor und Künstler signiert.
Die Exemplare von 15—30 enthalten die Originalplatten eingebunden

9—68 Tina oder über die Unsterblichkeit
= 1.1.9.0.11

1.1.9.3 Tina / oder über die Unsterblichkeit
Nachrichten von Büchern und Menschen
(Frankfurt/Main — Hamburg): Fischer Bücherei (1966). (FTB 755).

175 S. Kt. 10,7x18. Umschlag: Rau/Hoffmann.

1.—22. T. Sep 1966;
23.—27. T. Sep 1974: Tina / oder über die Unsterblichkeit. Tina / Dya Na Sore / Müller / Massenbach. (Frankfurt/Main): Fischer Taschenbuch Verlag (1974). Umschlag: Jan Buchholz/Reni Hinsch.

5—25 Tina / oder über die Unsterblichkeit
= 1.1.9.0.11
27—50 Dya Na Sore / Blondeste der Bestien
= 1.1.9.0.2
51—88 Müller / oder vom Gehirntier
= 1.1.12.0.3
89—175 Massenbach / Historische Revue
= 1.1.12.0.6

1.1.9.4 Nachrichten von Büchern und Menschen
Band 1. Zur Literatur des 18. Jahrhunderts
(Frankfurt/Main — Hamburg): Fischer Bücherei (1971). (FTB 1164).

223 S. Kt. 10,7x18. Umschlag: Hans-Jürgen Spohn.

1.—17. T. Feb 1971;
18.—22. T. Apr 1977: (Frankfurt/Main): Fischer Taschenbuch Verlag (1977). Umschlag: Jan Buchholz/Reni Hinsch.

7—27 Barthold Heinrich Brockes, oder Nichts ist mir zu klein
= 1.1.16.0.2
28—55 Herrn Schnabels Spur. Vom Gesetz der Tristaniten
= 1.1.9.0.3
55—57 Eine Notiz zum Leben Johann Gottfried Schnabels
= 1.2.61.10.05
58—85 Klopstock, oder Verkenne Dich selbst!
= 1.1.9.0.9
86—117 Belphegor, oder Wie ich euch hasse
= 1.1.12.0.1

118—146	Wieland, oder Die Prosaformen = 1.1.9.0.7
147—167	Die Schreckensmänner. Karl Philipp Moritz zum 200. Geburtstag. = 1.1.9.0.10
168—202	Herder, oder Vom Primzahlmenschen = 1.1.12.0.2
203—223	Siebzehn sind zuviel! James Fenimore Cooper = 1.1.9.0.8

1.1.9.5 Nachrichten von Büchern und Menschen
Band 2. Zur Literatur des 19. Jahrhunderts
(Frankfurt/Main): Fischer Taschenbuch Verlag (1971). (FTB 1217).

216 S. Kt. 10,7x18. Umschlag: Hans-Jürgen Spohn.

1.—17. T. Sep 1971;
18.—22. T. Apr 1977: Umschlag: Jan Buchholz/Reni Hinsch.

7—52	‚Funfzehn'. Vom Wunderkind der Sinnlosigkeit = 1.1.16.0.5.
53—83	Der Waldbrand, oder Vom Grinsen des Weisen = 1.1.12.0.4
84—113	Der Ritter vom Geist = 1.1.16.0.1
114—136	Der sanfte Unmensch. Einhundert Jahre Nachsommer = 1.1.9.0.6
137—185	Hundert Jahre. Einem Manne zum Gedenken = 1.1.12.0.5
186—216	Goethe, und Einer seiner Bewunderer = 1.1.9.0.4

1.1.10 ROSEN & PORREE
(Karlsruhe): Stahlberg (1959).

311 S. Ln. 11,8x19,8. Umschlag: Imre Reiner.

1. Auflage: 1959
2. Auflage: (Stuttgart: Goverts Krüger) Stahlberg (1971). (Bücher der Neunzehn 199) [auch: Hamburg-Stuttgart-München: Deutscher Bücherbund o.J.]. 308 S. Ln. 11,8x19,8. Umschlag: Klaus Dempel (S. 4) / Hannes Jähn unter Verwendung der deutschen Generalkarte Nr. 6 (Umschlagklappe). [Buchausstattung: Fritz Blankenhorn]

.0.1	7—69	Seelandschaft mit Pocahontas = 1.3.55.1 = 1.1.10.1; 1.1.15.2; 1.5.10.3
.0.2	71—121	Die Umsiedler = 1.1.3.0.1
.0.3	123—179	Alexander oder Was ist Wahrheit = 1.1.3.0.2
.0.4	181—278 279	Kosmas oder Vom Berge des Nordens (Skizze des Systems) = 1.1.5
.0.5	283—292	Berechnungen I = 1.3.55.2
.0.6	193—308	Berechnungen II = 1.3.56.1

1.1.10.1 Seelandschaft mit Pocahontas
Erzählungen
(Frankfurt/Main — Hamburg): Fischer Bücherei (1966). (FTB 719).

151 S. Kt. 10,7x18. Umschlag: Joh. P. Hoffmann.

1.—22. T. Feb 1966;

23.—27. T. März 1974: (Frankfurt/Main): Fischer Taschenbuch Verlag (1974). Umschlag: Jan Buchholz/Reni Hinsch.

7—49	Seelandschaft mit Pocahontas = 1.1.10.0.1
50—83	Die Umsiedler = 1.1.3.0.1
84—150	Kosmas oder Vom Berge des Nordens
151	(Skizze des Systems) = 1.1.5

1.1.11 **KAFF auch MARE CRISIUM**
(Karlsruhe): Stahlberg (1960).

346 S. Ln./Kt. 16,5x23,7. Umschlag: Imre Reiner.

5—346	Kaff auch Mare Crisium = 1.1.11.1; 1.1.11.2; 1.2.69.07.19 (Teil); 1.3.60.2 (Auszüge)

1.1.11.1 **KAFF auch MARE CRISIUM**
Sonderausgabe zum 55. Geburtstag von Arno Schmidt
(Bargfeld-Darmstadt-München: Privatausgabe 1969).

346 S. + 1 Vorblatt. Hld. in Schuber. 16,5x23,7. 7 Radierungen von Eberhard Schlotter und 8 Fotografien von Jürke Grau.

18.1.1969: 25 numerierte Exemplare

V 1	Bargfeld / Darmstadt / München den 18. Januar 1969 Lieber Arno, lieber Herr Schmidt (...) (Unterschriften): Eberhard Schlotter / Wilhelm Michels / Jürke Grau / Jörg Drews
V2	,,Außerdem ließ Eberhard Schlotter zehn Mappen mit seinen Blättern anfertigen, so daß jeweils fünfunddreißig Blätter seiner Radierungen existieren.''
5—346	Kaff auch Mare Crisium = 1.1.11

1.1.11.2 **KAFF auch Mare Crisium**
(Frankfurt/Main — Hamburg): Fischer Bücherei (1970). (FTB 1080).

346 S. Kt. 10,7x18. Umschlag: Hans-Jürgen Spohn.

1.—15. T. Feb 1970;

16.—20. T. Jan 1973, 21.—25. T. Aug. 1975: (Frankfurt/Main): Fischer Taschenbuch Verlag (1973). Umschlag: Jan Buchholz/Reni Hinsch.

5—346	Kaff auch Mare Crisium = 1.1.11 : fotomechanische Wiedergabe, die Textkolumnen sind stärker ineinandergeschoben.

1.1.12 **BELPHEGOR**
Nachrichten von Büchern und Menschen
(Karlsruhe): Stahlberg (1961).

455 S. Ln. 12x19,5. Umschlag: Imre Reiner.

.0.1	6—57	Belphegor / oder Wie ich euch hasse = 1.4.59.07.01 = 1.1.9.4
.0.2	58—113	Herder / oder vom Primzahlmenschen = 1.4.58.09.12 = 1.1.9.4
.0.3	114—178	Müller / oder Vom Gehirntier = 1.4.59.07.31 = 1.1.9.3
.0.4	180—229	Der Waldbrand / oder Vom Grinsen des Weisen = 1.1.9.5

.0.5	230—309	Hundert Jahre / Einem Manne zum Gedenken = 1.4.59.02.27 = 1.1.9.5
.0.6	310—448	Massenbach / Historische Revue = 1.2.50.10.20 (Teil) = 1.1.9.3; 1.4.65.10.03 (Teil)
.0.7	449—453	Schlußwort (zu Massenbach) ... Cordingen, im September 1949

1.1.13 Nobodaddy's Kinder
Trilogie
Aus dem Leben eines Fauns. Brand's Haide. Schwarze Spiegel.
(Reinbek): Rowohlt (1963). (Rowohlt Paperback 23).

227 S. Kt. 12,5x20,5. Umschlag: Werner Rebhuhn. Foto: Rolf Becks.

1.—5. T. Mai 1963, 6.—8. T. Dez 1963

.0.1	7—89	Aus dem Leben eines Fauns = 1.1.4
.0.2	91—168	Brand's Haide = 1.1.2.0.1
.0.3	169—226	Schwarze Spiegel = 1.1.2.0.2

1.1.14 SITARA UND DER WEG DORTHIN
Eine Studie über Wesen, Werk & Wirkung KARL MAY's
(Karlsruhe): Stahlberg (1963).

363 S. Ln. 12,7x21. Umschlag: Gerhard M. Hotop. Zeichnungen auf den Vorsatzblättern: Arno Schmidt.

Auflage: 4000 Stück

	5—359	Sitara und der Weg dorthin = 1.1.14.1 (Lesarten!); 1.2.64.01.1 (Teil)
	360—363	Inhalt

Vgl.: 1.4.56.05.25; 1.2.57.08.10; 1.2.57.11.02; 1.2.58.01.25.2; 1.4.58.07.01; 1.2.59.07.08; 1.2.59.07.15; 1.2.59.09.11; 1.2.61.03.25; 1.4.61.12.03; 1.2.62.03.24

1.1.14.1 Sitara und der Weg dorthin
Eine Studie über Wesen, Werk & Wirkung Karl Mays
(Frankfurt/Main — Hamburg): Fischer Bücherei (1969). (FTB 968).

265 S. Kt. 10,7x18. Umschlag: Hans Jürgen Spohn unter Verwendung einer Aufnahme des Shoshone-Häuptlings Herman St. Clair. Zeichnungen auf der 2. + 3. Umschlagseite: Arno Schmidt.

1.—17. T. Feb 1969;
18.—22. T. März 1974; 23.—27. T. März 1976: (Frankfurt/Main): Fischer Taschenbuch Verlag (1974). Umschlag: Jan Buchholz/Reni Hinsch. (In der Auflage vom März 1974 fehlen die beiden Skizzen Arno Schmidts)

	5—261	(Sitara und der Weg dorthin) = 1.1.14 (Lesarten!)
	262—265	Inhalt

1.1.15 KÜHE IN HALBTRAUER
(Karlsruhe): Stahlberg (1964)

348 S. Ln. 12x 20,1. Umschlag: Gerhard M. Hotop.

Mai 1964: 4800 Stück.
auch: Darmstadt: Moderner Buch-Club [1966].

.0.1	7—25	Kühe in Halbtrauer = 1.2.61.12.1 = 1.1.15.2; 1.1.15.3; 1.1.17.3; 1.5.15.1
.0.2	26—69	Die Wasserstraße = 1.1.15.1; 1.1.15.2

.0.3	70—86	Windmühlen = 1.2.60.11.15 = 1.1.15.2; 1.1.15.3; 1.3.62.1; 1.3.66.5
.0.4	87—108	Großer Kain = 1.2.62.05.1 = 1.1.15.3
.0.5	109—134	Schwänze = 1.2.61.09.05 = 1.1.15.3
.0.6	135—159	Der Sonn' entgegen ... = 1.2.61.06.01 = 1.1.15.1
.0.7	160—199	Kundisches Geschirr = 1.1.15.1
.0.8	200—225	Die Abenteuer der Sylvesternacht = 1.1.15.1 (Lesarten!); 1.4.64.08.23; 1.4.71.12.31
.0.9	226—316	Caliban über Setebos = 1.1.15.1.1 (Lesarten!); 1.1.15.2; 1.1.15.4 (Lesarten!)
.0.10	317—347	Dr. Mac Intosh: ‚Piporakemes!' = 1.2.62.10.1 = 1.1.15.3

1.1.15.1 Orpheus
Fünf Erzählungen
(Frankfurt/Main — Hamburg): Fischer Bücherei (1970). (FTB 1133).

153 S. Kt. 10,7x18. Umschlag: Jan Buchholz/Reni Hinsch
1.—20. T. Okt 1970;
21.—25. T. Jul 1975: (Frankfurt/Main): Fischer Taschenbuch Verlag (1975)

7—65	Caliban über Setebos = 1.1.15.0.9 Lesarten: 13,24: + Nacht-y-gail; 27,27: ilu mann-mann
66—94	Die Wasserstraße = 1.1.15.0.2
95—110	Der Sonn' entgegen (!) = 1.1.15.0.6
111—136	Kundisches Geschirr = 1.1.15.0.7
137—153	Die Abenteuer der Sylvesternacht = 1.1.15.0.8 Lesarten: 141,14: HESEKIEL 16, 7—14

1.1.15.2 WINDMÜHLEN
16 PROSASTÜCKE
(Hg. v. Karsten Diettrich).
(Gütersloh: Bertelsmann Reinhard Mohn / Stuttgart: Europäische Bildungsgemeinschaft / Wien: Buchgemeinschaft Donauland Kremayr & Scheriau / Berlin-Darmstadt-Wien: Deutsche Buchgemeinschaft C.A. Koch [1974]).
auch: (Frankfurt/Main-Wien-Zürich): Büchergilde (Gutenberg 1974).

287 S. Ln. 13x 21. Umschlag: K. Hartig (Bertelsmann) / Jürgen Seuss (Büchergilde).

5—56	Seelandschaft mit Pocahontas = 1.1.10.0.1
57—97	Die Umsiedler = 1.1.3.0.1
98—113	Kühe in Halbtrauer = 1.1.15.0.1
114—150	Die Wasserstraße = 1.1.15.0.2

151—165	Windmühlen = 1.1.15.0.3
166—241	Caliban über Setebos = 1.1.15.0.9
242—248	Trommler beim Zaren = 1.1.17.0.1
249	Stürenburg-Geschichten. Kann fortgesetzt werden
249—252	Ein Leben im voraus = 1.1.17.0.16
252—255	Das Heulende Haus = 1.1.17.0.17
255—259	Sommermeteor = 1.1.17.0.18
259—262	Kleiner Krieg = 1.1.17.0.19
263—266	Die Wasserlilie = 1.1.17.0.20
266—270	Er war ihm zu ähnlich = 1.1.17.0.21
270—274	Schwarze Haare = 1.1.17.0.22
274—276	Die Lange Grete = 1.1.17.0.23
277—282	Der Platz, an dem ich schreibe = 1.1.17.0.39
283—286	(Karsten Diettrich): Nachwort = 2.1.74.1

1.1.15.3 SCHWÄNZE
Fünf Erzählungen
(Frankfurt/Main): Fischer Taschenbuch Verlag (1976). (FTB 1742).

123 S. Kt. 10,7x18. Umschlag: Jan Buchholz/Reni Hinsch unter Verwendung eines Fotos von Harro Wolter.

1.—17,5. T. Aug 1976

7—25	Kühe in Halbtrauer = 1.1.15.0.1
27—43	Windmühlen = 1.1.15.0.3
45—66	Großer Kain = 1.1.15.0.4.
67—92	Schwänze = 1.1.15.0.5
93—123	Dr. Mac Intosh: ‚Piporakemes!' = 1.1.15.0.10

1.1.15.4 ORPHEUS
(Frankfurt/Main, Berlin, Wien: Ullstein —): Propyläen (1974).

76 S. Mit 27 Radierungen von Eberhard Schlotter, sämtlich vom Künstler signiert.

Serie A1: 25 Exemplare (I/XXV—XXV/XXV). Beigegeben eine vom Künstler signierte Radierung mit dem Porträt Arno Schmidts.
Serie A2: 125 Exemplare (1/125 — 125/125).

6—76	Caliban über Setebos = 1.1.15.1.1

1.1.16 DIE RITTER VOM GEIST
Von vergessenen Kollegen
(Karlsruhe): Stahlberg (1965).

319 S. Ln. 12,5x19,5. Umschlag: Imre Reiner

Auflage: 3000 Stück

.0.1	6—54	Der Ritter vom Geist
		= 1.4.65.05.25
		= 1.1.9.5
.0.2	56—89	Nichts ist mir zu klein
		= 1.4.55.10.21
		= 1.1.9.4
.0.3	90—165	Ein unerledigter Fall / Zum 100. Geburtstage von Gustav Frenssen
		= 1.4.63.11.04
		s: 1.2.63.10.19
.0.4	166—207	Samuel Christian Pape / Vergessene Dichtung aus Moor und Heide
		= 1.4.58.04.18
		s. 1.2.57.03.30, 1.2.58.07.15
.0.5	208—281	‚Funfzehn' / Vom Wunderkind der Sinnlosigkeit
		= 1.4.59.10.09
		= 1.1.9.5
.0.6	282—317	... und dann die Herren Leutnants! / Betrachtungen zu ‚Witiko' & Adalbert Stifter
		= 1.4.65.08.03

1.1.17 TROMMLER BEIM ZAREN

(Karlsruhe): Stahlberg (1966).

365 S. Ln. 11,8x20,2. Umschlag: Gerhard M. Hotop.

	7	AUS DER INSELSTRASSE
.0.1	9—16	Trommler beim Zaren
		= 1.2.59.09.26
		= 1.1.15.2; 1.1.17.2; 1.2.60.08.19
.0.2	17—21	Schlüsseltausch
		= 1.2.57.05.03
		= 1.1.17.2; 1.1.17.3; 1.2.59.09.16; 1.4.58.03.27; 1.5.17.10
.0.3	22—24	Der Tag der Kaktusblüte
		= 1.2.56.07.21
		= 1.1.17.2; 1.5.17.9
.0.4	25—28	Nachbarin, Tod und Solidus
		= 1.2.56.02.16
		= 1.1.17.2; 1.2.56.03.10; 1.2.58.07.26.2; 1.4.57.03.28.3; 1.4.68.09.27
.0.5	29—32	Lustig ist das Zigeunerleben
		= 1.2.55.07.23
		= 1.1.17.2; 1.2.56.06.26; 1.2.57.08.03
.0.6	33—36	Die Vorsichtigen
		= 1.2.57.07.27
		= 1.1.17.2; 1.2.59.03.07; 1.4.58.05.10.4
.0.7	37—41	Seltsame Tage
		= 1.2.56.10.20
		= 1.1.17.2; 1.2.57.02.12; 1.2.59.09.12; 12.60.08.12; 1.4.57.04.28; 1.4.68.09.27
.0.8	42—45	Rollende Nacht
		= 1.2.57.11.21
		= 1.1.17.2; 1.2.59.02.14; 1.3.59.1; 1.5.17.11
.0.9	46—49	Was soll ich tun?
		= 1.2.57.01.12
		= 1.1.17.2; 1.2.58.10.02; 1.2.60.07.08; 1.2.71.01.07; 1.2.75.06.21; 1.3.68.2; 1.3.75.2; 1.4.58.05.10.7; 1.4.64.05.18; 1.4.68.12.31; 1.5.17.6
.0.10	50—54	Rivalen
		= 1.2.58.08.26
		= 1.1.17.2; 1.2.61.10.05
.0.11	55—60	Am Fernrohr
		= 1.4.58.01.09
		= 1.1.17.2; 1.2.58.12.25; 1.2.60.11.25; 1.5.17.6

.0.12	61—65	Geschichten von der Insel Man = 1.2.57.04.06 = 1.1.17.2; 1.2.58.05.01; 1.2.59.07.25; 1.2.61.09.08; 1.3.72.2
.0.13	66—78	Schulausflug = 1.4.58.10.23 = 1.1.17.2; 1.1.17.3; 1.2.61.04.15; 1.3.65.3
.0.14	79—84	Zählergesang = 1.4.57.07.11 = 1.1.17.2; 1.2.57.10.11
.0.15	85—93	Nebenmond und rosa Augen (Nr. 24 aus der Faust-Serie des Verfassers) = 1.2.62.09.1 = 1.1.17.2
	95	STÜRENBURG-GESCHICHTEN — kann fortgesetzt werden
.0.16	97—100	Ein Leben im voraus = 1.2.56.06.09 = 1.1.15.2; 1.1.17.2; 1.4.67.03.13
.0.17	101—105	Das Heulende Haus = 1.1.15.2; 1.1.17.2; 1.2.76.08.28
.0.18.	106—110	Sommermeteor = 1.3.59.2 = 1.1.15.2; 1.1.17.2; 1.1.17.3
.0.19	111—115	Kleiner Krieg = 1.2.56.10.27 = 1.1.15.2; 1.1.17.1; 1.1.17.2; 1.2.67.02.18; 1.4.67.03.13
.0.20	116—120	Die Wasserlilie = 1.2.57.03.23 = 1.1.15.2; 1.1.17.2; 1.4.67.03.13 veränderte Fassung: 1.2.75.08.16; 1.3.64.4; 1.3.66.2
.0.21	121—125	Er war ihm zu ähnlich = 1.2.65.11.1 (Lesarten!) = 1.1.15.2; 1.1.17.2; 1.1.17.3; 1.3.71.3; 1.3.75.3; 1.4.67.03.13; 1.5.17.1; 1.5.17.2; 1.5.17.3; 1.5.17.4; 1.5.17.5; 1.5.17.7; 1.5.17.8
.0.22	126—130	Schwarze Haare = 1.2.56.09.15 = 1.1.15.2; 1.1.17.2; 1.2.58.03.22; 1.2.75.09.20; 1.4.67.03.13
.0.23	131—133	Die Lange Grete = 1.2.56.05.15 = 1.1.15.2; 1.1.17.2; 1.4.58.05.10.3
	135	BERICHTE AUS DER NICHT-UNENDLICHKEIT *(Arbeitstitel: Facts, Myths and History)*
.0.24	137—150	Krakatau = 1.4.58.08.28 = 1.1.17.3; 1.4.58.09.02; kürzere Prosafassung: 1.2.58.08.23; 1.2.58.08.28; 1.2.58.08.30
.0.25	151—167	Die Kreisschlösser *(entstanden Ende 1958)*
.0.26	168—182	Die Geschichte vom Riesen Jermak = 1.2.61.09.06 (kürzer, hier zusätzlich: 177—182 = Brief von Moni Raditsch (= Arno Schmidt), Nachschrift des Verfassers)
.0.27	183—191	Julianische Tage = 1.2.61.12.29 = 1.2.73.12.29
.0.28	192—194	Henoch, NT, und Kosmas. (vgl. ‚KOSMAS' in ‚ROSEN & POREE' — auch FISCHER-Taschenbuch Nr. 719) *(entstanden Anfang 1960)*
	195	(Zeichnung des Systems = 1.1.5, 95)

.0.29	196—205	Germinal. Vom großen Kalender. = 1.2.59.01.10 = 1.2.59.03.05; 1.2.60.12.30
	206	Titelbild des ‚Annuaire du Republicain' vom Jahre II der Republik, mit folgender Erläuterung der Allegorie. *(Text und eingebundene Abbildung)*
.0.30	207—226	Das Buch Mormon = 1.2.62.03.1 (Lesarten!) = 1.2.63.08.03
	229	UND ES BLITZTEN DIE STERNE *(Arbeitstitel: Critics, Critics and life)*
.0.31	231—242	Alas, poor Yorick = 1.2.63.07.1
.0.32	243—252	Die 10 Kammern des Blaubart = 1.2.62.01.11 = 1.4.61.11.23 (gekürzt)
.0.33	253—282	Sylvie & Bruno. Dem Vater der modernen Literatur ein Gruß! *(entstanden Anfang 1963)*
.0.34	283—292	Enter Conte Fosco = 1.2.65.10.14
.0.35	293—301	Und es blitzten die Sterne ... (Über eines der Hülfsmittel des Schriftstellers). = 1.2.64.03.27
.0.36	302—313	Von deutscher Art und Kunst. (James Jones und der Text der ‚Entwurzelten'). = 1.2.59.11.25 = 1.3.60.1 (erweiterte Dialogfassung); 1.4.60.02.03
0.37	314—320	‚Urkundlich belegt' *(entstanden Sommer 1961)*
.0.38	321—340	Dichter & ihre Gesellen: Jules Verne = 1.4.65.11.07 = 1.2.67.09.30; 1.3.66.4 (Teil); 1.3.67.3
.0.39	341—347	Der Platz, an dem ich schreibe = 1.2.60.11.26 = 1.1.15.2; 1.1.17.3
.0.40	348—359	Begegnung mit Fouqué = 1.2.59.02.19 = 1.2.61.04.21
.0.41	360	Auf Arno Schmidt's ‚Rosen & Porree' = 1.2.60.04.15
.0.42	361—362	Blenheim (Übertragung nach Robert Southey) = 1.2.58.01.30 = 1.2.58.07.27; 1.2.60.08.05

1.1.17.1 KLEINER KRIEG
Karlsruhe-Durlach: J.H. Koch 1967. (2. Druck der Durlacher Presse).

12 S. unpag. Heft in Bütten. 15x21. 1 Grafik von Kurt R. Lupp.

Weihnachten 1967, 47 numerierte Exemplare.

1	,,Für meine Freunde und Gönner ...''
3/7/9	Kleiner Krieg = 1.1.17.0.19

1.1.17.2 Sommermeteor
23 Kurzgeschichten
(Frankfurt/Main — Hamburg): Fischer Bücherei (1969). (FTB 1046).

127 S. Kt. 10,7x18. Umschlag: Lothar Staedler/Interdesign.

1.—17. T. Okt 1969;
18.—22. T. Sep 1971, 23.—27. T. Feb 1974, 28.—32. T. Apr 1976: (Frankfurt/Main): Fischer Taschenbuch Verlag (1971). Umschlag: Jan Buchholz/Reni Hinsch.

6—13	Trommler beim Zaren = 1.1.17.0.1
14—18	Schlüsseltausch = 1.1.17.0.2
19—22	Rollende Nacht = 1.1.17.0.8
23—25	Tag der Kaktusblüte = 1.1.17.0.3
26—29	Die Vorsichtigen = 1.1.17.06
30—33	Was soll ich tun? = 1.1.17.0.9
34—38	Seltsame Tage = 1.1.17.07
39—51	Schulausflug = 1.1.17.0.13
52—57	Zählergesang = 1.1.17.0.14
58—62	Rivalen = 1.1.17.0.10
63—71	Nebenmond und rosa Augen. (Nr. 24 aus der Faust-Serie des Verfassers). = 1.1.17.0.15
72—77	Am Fernrohr = 1.1.17.0.11
78—82	Geschichten von der Insel Man = 1.1.17.0.12
83—86	Nachbarin, Tod und Solidus = 1.1.17.0.4
87—90	Lustig ist das Zigeunerleben = 1.1.17.0.5
91—94	Ein Leben im voraus = 1.1.17.0.16
95—99	Das Heulende Haus = 1.1.17.0.17
100—104	Sommermeteor = 1.1.17.0.18
105—109	Kleiner Krieg = 1.1.17.0.19
110—114	Die Wasserlilie = 1.1.17.0.20
115—119	Er war ihm zu ähnlich = 1.1.17.0.21
120—124	Schwarze Haare = 1.1.17.0.22
125—127	Die Lange Grete = 1.1.17.0.23

1.1.17.3 KRAKATAU
Erzählungen
(Hg. v. Heinz Schöffler). Mit einem Nachwort von Heinrich Vormweg. Stuttgart: Reclam (1975). (RUB 9754).
69 S. Kt. 9,7x15,1.

3—184	Kühe in Halbtrauer = 1.1.15.0.1
19—22	Schlüsseltausch = 1.1.17.0.2
23—33	Schulausflug = 1.1.17.0.13
34—37	Sommermeteor = 1.1.17.0.18
38—42	Er war ihm zu ähnlich = 1.1.17.0.21

	43—54	Krakatau = 1.1.17.0.24
	55—60	Der Platz, an dem ich schreibe = 1.1.17.0.39
	61—67	(Heinrich Vormweg): Nachwort = 2.1.75.1

1.1.18 DER TRITON MIT DEM SONNENSCHIRM
Großbritannische Gemütsergetzungen
(Karlsruhe): Stahlberg (1969).

428 S. Ln. 12,5x19,4. Umschlag: Hannes Jähn.

1. Auflage: 1969
2. Auflage: 1971 2000 Stück

.0.1	6—49	Angria & Gondal / Der Traum der taubengrauen Schwestern = 1.4.60.07.01 = 1.1.18.1; 1.3.65.2
.0.2	50—99	Was wird er damit machen / Nachrichten aus dem Leben eines Lords = 1.4.69.10.11 = 1.1.18.1
.0.3	100—152	Tom all alone's / Bericht vom Nicht-Mörder = 1.4.60.05.13 = 1.1.18.1
.0.4	154—192	,,Der Titel aller Titel!'' = 1.4.66.04.18 = 1.1.18.1
.0.5	194—253	Der Triton mit dem Sonnenschirm / Überlegungen zu einer Lesbarmachung von ,,Finnegans Wake'' = 1.4.61.11.10 = 1.1.18.1
.0.6	254—291	Das Buch Jedermann / James Joyce zum 25. Todestage = 1.4.66.01.13 = 1.1.18.1
.0.7	292—320	Kaleidoskopische Kollidier-Eskapaden = 1.2.61.10.20 = 1.1.18.1
.0.8	322—328	Der Mimus von Mir, Dir & den Mädies = 1.2.64.06.03 = 1.2.67.07.22; 1.3.69.1
.0.9	330—391	Nachwort zu Coopers ,,Conanchet'' = 1.3.62.2 Lesarten!: die Kapitel sind durchnumeriert; 348, 22—349,3: 12 Zeilen Zusatz; 351, 24—27: zusätzliches Motto; 387, 18: gekürzt: ,, — dies der einzige Roman Coopers, den ich nicht kenne.''; 391, 8—11: 4 Zeilen Zusatz; 391, 21: 5 Zeilen gekürzt. = 1.3.72.1
.0.10	392—409	Amerika, du hast es besser... = 1.4.64.11.09 Lesarten!: 402, 2—21: 19 Zeilen Zusatz; 402, 29: Zusatz: ,,(,toujours perdrix')''; 404, 14—18: 4 Zeilen Zusatz
.0.11	410—426	Der Fall Ascher = 1.2.64.02.22; 1.4.69.12.03

1.1.18.1 NACHRICHTEN AUS DEM LEBEN EINES LORDS
(6 Nachtprogramme)
(Frankfurt/Main): Fischer Taschenbuch Verlag (1975). (FTB 1622).

320 S. Kt. 10,7x18. Umschlag: Jan Buchholz / Reni Hinsch unter Verwendung eines Fotos (von Bulwer-Lyttons Schloß Knebworth in Hertfordshire).

1.—15. T. Aug 1975. Fotomechanischer Nachdruck von 1.1.18, 6—320.

6—49	Angria & Gondal / Der Traum der taubengrauen Schwestern = 1.1.18.0.1
50—99	Was wird er damit machen / Nachrichten aus dem Leben eines Lords = 1.1.18.0.2
100—152	Tom all alone's / Bericht vom Nicht-Mörder = 1.1.18.0.3
154—192	,,Der Titel aller Titel!'' = 1.1.18.0.4
194—253	Der Triton mit dem Sonnenschirm / Überlegungen zu einer Lesbarmachung von ,,Finnegans Wake'' = 1.1.18.0.5
254—291	Das Buch Jedermann / James Joyce zum 25. Todestage = 1.1.18.0.6
292—320	Kaleidoskopische Kollidier-Eskapaden = 1.1.18.0.7

1.1.19 [redacted]

1.1.20 Zettels Traum
(Stuttgart: Goverts Krüger) Stahlberg (1970).

1352 S. Ln. 32,5x44.

Apr 1970: 2000 Stück. Jedes Exemplar vom Autor signiert.
,,Faksimile-Ausgabe des einseitig beschriebenen, 1334 Blätter umfassenden Manuskripts.'' Für bessere Lesbarkeit teilweise retuschiert.

1	Arno Schmidt — Zettels Traum / Stahlberg (Satz)
3	Arno Schmidt: / ZETTEL'S TRAUM / 1963—69
5	zettel 2. / ,,Ich hab' ein äußerst rares Gesicht gehabt! ... (Motto)
7	(Inhalts-Übersicht)
9	zettel 3. / I. Buch / Das Schauerfeld oder die Sprache von Tsalal zettel 139. / II. Buch / In Gesellschaft von Bäumen zettel 314. / III. Buch: / DÄN'S COTTAGE. / (Ein Diorama). zettel 491. / IV. Buch: / DIE GESTE DES GROSSEN PUN zettel 601. / V. Buch: / FRANZISKA-NAMEH zettel 756. / VI. Buch: / ,ROHRFREI!' zettel 962. / VII. Buch: / THE TW/OILIT OF THE GOD/UTS. zettel 1146. / VIII. Buch / IM REICHE DER NEITH
1352	(Impressum und Autograf)

1.1.20.1 Zettel's Traum
(Berlin: Göthe 1970)

1350 S. Ln. 21x30.

Raubdruck. Verkleinerte Wiedergabe der Originalausgabe.
Autor und Verlag klagten gegen Herstellung und Vertrieb dieser Ausgabe.

Herbst 1970: angeblich 1000 Stück

3	Arno Schmidt: / ZETTEL'S TRAUM / 1963—69 (typo)
5	zettel 5 (Motto)
7	(Inhalts-Übersicht)
9	zettel 3. I. Buch. Das Schauerfeld oder die Sprache von Tsalal

zettel 139. II. Buch. In Gesellschaft von Bäumen.
zettel 314. III. Buch: DÄN'S COTTAGE. (Ein Diorama).
zettel 491. IV. Buch: DIE GESTE DES GROSSEN PUN
zettel 601. V. Buch: FRANZISKA-NAMEH
zettel 756. VI. Buch: ‚ROHRFREI!'
zettel 962. VII. Buch: THE TW/OILIT OF THE GOD/UTS
zettel 1146. VIII. Buch. IM REICHE DER NEITH

1.1.20.2 **Zettels Traum**
(Frankfurt/Main): S. Fischer (1973).

1352 S. Kt. in Leinenkassette. 32,5x44.
Studienausgabe in 8 Heften. Reproduktion der Originalausgabe.
Apr 1973: 2000 Stück.

Heft 1:	I. Buch.	Das Schauerfeld oder die Sprache von Tsalal
	1	Arno Schmidt — Zettels Traum / S. Fischer (Satz)
	3	Arno Schmidt: / ZETTEL'S TRAUM / 1963—69 (typo)
	5	zettel 2 ...
	7	(Inhalts-Übersicht)
	9	zettel 3 (— zettel 138)
Heft 2:	II. Buch.	In Gesellschaft von Bäumen
	1	Arno Schmidt — Zettels Traum / S. Fischer (Satz)
	3	zettel 139 (— zettel 313)
Heft 3:	III. Buch.	Dän's Cottage
	1	Arno Schmidt — Zettels Traum / S. Fischer (Satz)
	3	zettel 314 (— zettel 490)
Heft 4:	IV. Buch.	Die Geste des großen Pun
	1	Arno Schmidt — Zettels Traum / S. Fischer (Satz)
	3	zettel 491 (— zettel 600)
Heft 5:	V. Buch:	Franziska-Nameh
	1	Arno Schmidt — Zettels Traum / S. Fischer (Satz)
	3	zettel 601 (—zettel 755)
Heft 6:	VI. Buch:	‚Rohrfrei!'
	1	Arno Schmidt — Zettels Traum / S. Fischer (Satz)
	3	zettel 756 (— zettel 961)
Heft 7:	VII. Buch:	The Tw/oilit of the god/uts
	1	Arno Schmidt — Zettels Traum / S. Fischer (Satz)
	3	zettel 962 (— zettel 1145)
Heft 8:	VIII. Buch:	Im Reiche der Neith
	1	Arno Schmidt — Zettels Traum / S. Fischer (Satz)
	3	zettel 1146 (— zettel 1330)

1.1.20.3 **Zettels Traum**
(Frankfurt/Main): S. Fischer (1977).

1352 S. Ln. 32,5x44.
3. Auflage: 1977: 1800 Stück. ,,Von dieser Auflage wurden 1500 Exemplare gedruckt.''
Gedruckt und gebunden in Italien
identisch mit 1.1.20

1.1.21 **Die Schule der Atheisten**
(Frankfurt/Main: S. Fischer 1972).

277 S. Ln. 25,5x34,4 / Kt. 24,5 x 34. Umschlag: (Franz) Greno. Verkleinerte Wiedergabe des DIN A 3-Typoskriptes.
1. Auflage: März 1972 5000 Stück
2. Auflage: Sep 1972 2000 Stück kartoniert.

1	Arno Schmidt / Die Schule der Atheisten (Satz)
3	schule 1 / Arno Schmidt: / Die Schule der Atheisten / Novellen-Comödie in 6 Aufzügen /: ‚Alles ist Spaß... (Motto) / 19(69)70—1971
5	schule 2 / Comödienzettel
7—33	schule 3 / Erster Aufzug
34—62	schule 30 / Zweiter Aufzug
63—95	schule 59 / Dritter Aufzug
96—150	schule 92 / Vierter Aufzug
151—216	schule 147 / Fünfter Aufzug
271—275	schule 213 / Sechster Aufzug
277	(Impressum)
	= 1.3.73.2 (Teil)

1.1.22 Abend mit Goldrand
(Frankfurt/Main): S. Fischer (1975).

224 S. Kt. 32x 43,2 / Ln./Hpg. 33x43,8. 49 vom Autor in den Text gezeichnete oder eingefügte Abbildungen.

1. Auflage: Sep 1975
Ausgabe A: Einmalige, auf 2000 Exemplare limitierte Auflage; Ln, Fadenheftung
Ausgabe B: Kt, Leinenfälzel. 3000 Exemplare.
Vorzugsausgabe: Einmalige, auf 350 Exemplare limitierte Auflage, Halbpergament in Kassette, handsigniert und numeriert.
2. Auflage: Okt 1975 2000 Exemplare der Ausgabe B.

1	Arno Schmidt. Abend mit Goldrand (Satz)
3	goldrand 1 / Arno Schmidt: / Abend mit Goldrand / eine Märchen-Posse / 55 Bilder aus der Lä/Endlichkeit / für / Gönner der Verschreibkunst / ‚So wäre also ... (Motto) / Materialsammlung: 1972—75 / Niederschrift: Juli '74 — Februar '75
5—44	goldrand 2 / Erster Tag — goldrand 40
45—133	goldrand 40a / Zweiter Tag — goldrand 127
135—221	goldrand 128 / Dritter Tag — goldrand 213
222	goldrand 214 / Personen
223	goldrand 215 / Inhaltsverzeichnis
224	(Impressum)
	= 1.2.75.08.23 (Teil); 1.4.75.08.28 (Teil)

1.1.23 VORLÄUFIGES ZU ZETTELS TRAUM
(Frankfurt/Main): S. Fischer (1977).

Kassette mit 2 Langspielplatten, Textheft und Beilagen.

Kassette:	Holz mit Ln. 33,5x33,5. Alice Schmidt, Innendeckel: Etymspinne (= ZT 109)
Textheft:	16 S. Ln. 30,8x30,7. ,,Textaufzeichnung von Arno Schmidt's freier Rede beim Gespräch mit dem NDR (Gesprächspartner Dr. Christian Gneuß) über Entstehung, Aufbau und Absicht seines Typoskriptbuches ZETTELS TRAUM''. Transkript und Nachwort: Alice Schmidt
Beilage 1:	Faksimile-Wiedergabe von 2.2.20, 1159—1161
Beilage 2:	Faksimile-Wiedergabe von 2.2.20, 1131—1133
Beilage 3:	Faksimile-Wiedergabe von 2.2.20, 11—13
2 Schallplatten:	Ø 30 cm, Produktion Intercord, Stuttgart, INT 192.508 Koordination: Eva Feitzingen Montage und Schnitt: Hans Klement, Austrophon-Studio, Wien 1977. 1. A-3483 A: 20'20'', B: 21'13'' 2. A-3484 A: 24'10'', B: 20'28'' ,,Montage aus einer Originalaufnahme des Norddeutschen Rundfunks und eine Privataufzeichnung von Alice Schmidt synchron aufgenommen am 20. März 1969 in Bargfeld, Krs. Celle.''
Sep 1977:	5000 Stück

s: 1.4.69.04.29; 1.4.69.05.13

1.2 VERÖFFENTLICHUNGEN IN ZEITUNGEN

1.2.49.03.10 Fahrt ins Graue
Die Zeit, 10.3.49
= 1.1.1.0.2, 61—69: Die Sonne erschien — ganz fein und hart.

1.2.50.10.20 Massenbach kämpft um Europa
Europa-Kurier, 20.10.50
= 1.1.12.0.6, 374—380: Fenstereinwurf bei Haugwitz (1806)

1.2.53.10.25 Blaue Stunde bei Herrn Landrat
Süddeutsche Zeitung, 25.10.53
= 1.1.4, 51—57: Der knappe Mond — kleiner Bahnhof.

1.2.54.09.11 Cooper, der Lederstrumpf und Europa
Hamburger Anzeiger, 11.9.54
= 1.2.56.09.13: Siebzehn sind zuviel! (leicht gekürzt)
= 1.2.58.09.28: Archetyp des Abenteurers (gekürzt)

1.2.55.04.01 Der arme Anton Reiser
Welt der Arbeit, Köln, 1.4.55
= 1.2.55.11.05

1.2.55.04.30 Tausend Zungen
Süddeutsche Zeitung, 30.4.55

1.2.55.05.13 Nebenberuf: Dichter?
Welt der Arbeit, Köln, 13.5.55
= 1.2.56.10.13
= 1.2.58.04.02
= 1.4.58.07.03.1
= 1.4.68.09.27

1.2.55.06.25 Im Eifer des Gefechts
Frankfurter Rundschau, 25.6.55
= 1.2.55.08.27

1.2.55.07.08 Die Struwwelpeter
Welt der Arbeit, Köln, 8.7.55
= 1.2.56.04.21: Die Struwwelpeter können eben nicht anders
= 1.2.57.04.24
= 1.2.57.04.27: Die Sorte der Struwwelpeter
= 1.2.61.09.15

1.2.55.07.09.1 Finster war's, der Mond schien helle
Hannoversche Presse, 9.7.55
= 1.2.55.07.30
= 1.2.56.06.16.2
= 1.2.56.12.29
= 1.2.59.06.17

1.2.55.07.09.2 Nur Lumpen sind bescheiden!
Fuldaer Volkszeitung, 9.7.55

1.2.55.07.23 Lustig ist das Zigeunerleben
Nürnberger Nachrichten, 23.7.55
= 1.1.17.0.5
= 1.2.56.06.26
= 1.2.57.08.03: Lustiges Zigeunerleben

1.2.55.07.30 Finster war's, der Mond schien helle
Fuldaer Volkszeitung, 30.7.55
= 1.2.55.07.09.1

1.2.55.08.05 Den eigenen Lorbeer betrachtend
Weser-Kurier, Bremen, 5.8.55

1.2.55.08.15 „Ich war wie besessen..."
Wenn Dichter in ihren Werken blättern
Die Welt, 15.8.55
= 1.2.57.03.16: Flucht vor dem Werk
= 1.2.59.06.20: Flucht vor dem Werk (gekürzt)
= 1.4.58.07.03.2: Flucht vor dem Werk

1.2.55.08.27 Im Eifer des Gefechtes
Fuldaer Volkszeitung, 27.8.55
= 1.2.55.06.25

1.2.55.10.08 Man nehme ... aus alten Büchern
Fuldaer Volkszeitung, 8.10.55

1.2.55.10.28 Geschenkte Weile
Frankfurter Rundschau, 28.10.55

1.2.55.11.05 Der arme Anton Reiser
Fuldaer Volkszeitung, 5.11.55
= 1.2.55.04.01

1.2.56.01.26 Ich bin erst sechzig
Die Andere Zeitung, 26.1.56
= 1.2.56.02.18: Der Rivale mit neunzig
= 1.2.57.11.22: Auktionsrivalen auf ungleicher Höhe
= 1.2.60.11.11
= 1.4.58.05.10

1.2.56.01.1 Transport im Spätherbst
Studenten-Kurier, Hamburg, Nr. 8 (1), Jan/Feb 1956
Unter Verwendung von Sätzen aus 1.1.3, 16—20

1.2.56.02.16 Nachbarin, Tod und Solidus
Die Andere Zeitung, 16.2.56
= 1.1.17.0.4
= 1.2.56.03.10
= 1.2.58.07.26.2

1.2.56.02.18 Der Rivale mit neunzig
Süddeutsche Zeitung, 18.2.56
= 1.2.56.01.26

1.2.56.02.23 Des Dichters Brotarbeit
Hannoversche Presse, 23.2.56

1.2.56.02.25 Wie sich die Bilder gleichen ...
Betrachtungen über die Leiblichkeit der Großen
Frankfurter Rundschau, 25.2.56
= 1.2.56.07.07

1.2.56.03.10.1 Nachbarin, Tod und Solidus
Darmstädter Echo, 10.3.56
= 1.1.17.0.4
= 1.2.56.02.16

1.2.56.03.10.2 Rede für die Langeweile
(Aus einem Roman)
Fuldaer Volkszeitung, 10.3.56

1.2.56.03.1 Todesstrafe bei Sonnenschein
Neue Darmstädter Sezession 24, März 56
= 1.2.56.07.01
= 1.2.57.01.26
= 1.2.57.07.12
= 1.2.59.05.06
= 1.3.66.1

1.2.56.04.13 Du bist Orplid, mein Land
Über die Landschaft in der Dichtung
Fuldaer Volkszeitung, 13.4.56

1.2.56.04.21 Die Struwwelpeter können eben nicht anders
Der Schlüssel zu dem Bizarren mancher Künstler, die zuweilen keine ,,angenehmen'' Menschen sind
Nürnberger Nachrichten, 21.4.56
= 1.2.55.07.08

1.2.56.05.12 Auf dem Rücken erzählt
Süddeutsche Zeitung, 12.5.56
= 1.4.57.03.28.1
= 1.4.68.09.27

1.2.56.05.15 Die lange Grete
Kölner Stadt-Anzeiger, 15.5.56
= 1.1.17.0.23

1.2.56.05.26 Über Traumkunstwerke
Fuldaer Volkszeitung, 26.5.56
= 1.2.60.11.04

1.2.56.06.09 Ein Leben im Voraus
Hannoversche Presse, 9.6.56
= 1.1.17.0.16

1.2.56.06.16.1 Die großen Spinnen
Über die Ungeselligkeit bedeutender Künstler
Fuldaer Volkszeitung, 16.6.56

1.2.56.06.16.2 Finster war's, der Mond schien helle auf die Flur
Astrale Fehltritte der Poeten / Ein Kalender her! heißt's im ,,Sommernachtstraum''
Heitere Plauderei
Nürnberger Nachrichten, 16.6.56
= 1.2.55.07.09.1

1.2.56.06.26 Lustig ist das Zigeunerleben
Unsere Kurzgeschichte
Hannoversche Nachrichten, 26.6.56
= 1.1.17.0.5
= 1.2.55.07.23

1.2.56.07.01 Todesstrafe bei Sonnenschein
Die Kultur, 1.7.56
= 1.2.56.03.1

1.2.56.07.07 Wie sich die Bilder gleichen!
Fuldaer Volkszeitung, 7.7.56
= 1.2.56.02.25

1.2.56.07.21 Der Tag der Kaktusblüte
Süddeutsche Zeitung, 21.7.56
= 1.1.17.0.3

1.2.56.09.13 Siebzehn sind zuviel!
,,Da könnte ich ja was Besseres fabrizieren!''
Die Andere Zeitung, 13.9.56
= 1.2.54.09.11

1.2.56.09.15 Schwarze Haare
Hannoversche Presse, 15./16.9.56
= 1.1.17.0.22
= 1.2.58.03.22: Blessierte in der Heide
= 1.2.75.09.20

1.2.56.10.13 Dichter als Nebenberuf?
Fuldaer Volkszeitung, 13.10.56
= 1.2.55.05.13

1.2.56.10.20 An solchen Tagen
Süddeutsche Zeitung, 20.10.56
= 1.1.17.0.7: Seltsame Tage
= 1.2.57.02.12: Es gibt merkwürdige Tage
= 1.2.59.09.12: Seltsame Tage
= 1.2.60.08.12: Begegnung mit einer blauen Riesin
= 1.2.70.07.25: Die blaue Riesin

1.2.56.10.27 Bericht vom kleinen Krieg
Hannoversche Presse, 27./28.10.56
= 1.1.17.0.19: Kleiner Krieg
= 1.2.67.02.18: Kleiner Krieg

1.2.56.11.1 Am Zaun
Studenten-Kurier, Hamburg, Nr. 7, Nov 56
= 1.2.56.12.15
= 1.2.58.08.14

1.2.56.12.01 Undine stammt aus Niedersachsen
Eine literaturgeschichtliche Entdeckung
Hannoversche Presse, 1./2.12.56
= 1.2.63.05.24: Geburtsort Steinhuder Meer

1.2.56.12.15 Am Zaun
Die Kultur, 15.12.56
= 1.2.56.11.1

1.2.56.12.19 Große Herren wissen manches nicht
Erzählung
Der Tagesspiegel, Berlin, 19.12.56

1.2.56.12.24 Ich bejahe die Technik
Frankfurter Allgemeine Zeitung, 24.12.56
Antwort auf die Umfrage: Kann der Mensch noch auf Geborgenheit hoffen?

1.2.56.12.29 ,,Finster war's, der Mond schien helle''
Literarische Plauderei
Rhein-Neckar-Zeitung, 29./30.12.56
= 1.2.55.07.09.1

1.2.57.01.05 Die Feen kommen
Fuldaer Volkszeitung, 5.1.57

1.2.57.01.12 Was soll ich tun?
Frankfurter Allgemeine Zeitung, 12.1.57
= 1.1.17.0.9
= 1.2.58.10.02
= 1.2.60.07.08
= 1.2.71.01.07
= 1.3.68.2
= 1.3.75.2

1.2.57.01.26 Todesstrafe bei Sonnenschein
Kurzgeschichte
Der Tagesspiegel, Berlin, 26.1.57
= 1.2.56.03.1

1.2.57.02.02 Martern aller Art
Fuldaer Volkszeitung, 2.2.57

1.2.57.02.07 Der Schriftsteller und die Politik
,,Friß deine Knackwurst, Sklav', und halt dein Maul!''
Die Andere Zeitung, 7.2.57
= 1.2.57.02.16: In der Nachfolge des Jean Calas (letzter Satz gekürzt)
= 1.2.59.07.01 (Schluß gekürzt)

1.2.57.02.12 Es gibt merkwürdige Tage
Frankfurter Allgemeine Zeitung, 12.2.57
= 1.1.17.0.7
= 1.2.56.10.20

1.2.57.02.16 In der Nachfolge des Jean Calas
Der Schriftsteller und die Politik
Frankfurter Rundschau, 16.2.57
= 1.2.57.02.07

1.2.57.03.16 Flucht vor dem Werk
Fuldaer Volkszeitung, 16.3.57
= 1.2.55.08.15

1.2.57.03.23 Das Kind mit der Wasserlilie
Hannoversche Presse, 23./24.3.57
= 1.1.17.0.20: Die Wasserlilie
= 1.2.75.08.16: Die Wasserlilie (Lesarten!)
= 1.3.64.4: Die Wasserlilie (Lesarten!)
= 1.3.66.2: Die Wasserlilie (Lesarten!)

1.2.57.03.30 Der Letzte des ,,Hainbundes'': Samuel Christian Pape
Ein Gedenkblatt
Hannoversche Presse, 30./31.3.57
= 1.2.58.07.15: Romanze zwischen Heide und Moor

1.2.57.04.06 Geschichten von der Insel Man
Frankfurter Allgemeine Zeitung, 6.4.57
= 1.1.17.0.12
= 1.2.58.05.01
= 1.2.59.07.25
= 1.2.61.09.08
= 1.3.72.2

1.2.57.04.24 Die Struwwelpeter
Fuldaer Volkszeitung, 24.4.57
= 1.2.55.07.08

1.2.57.04.27 Die Sorte der Struwwelpeter
Frankfurter Rundschau, 27.4.57
= 1.2.55.07.08

1.2.57.05.03 Schlüsseltausch mit einer Sammlerin
Erzählung
Frankfurter Allgemeine Zeitung, 3.5.57
= 1.1.17.0.2: Schlüsseltausch
= 1.2.59.09.16

1.2.57.06.01 Das schönere Europa
Zur Erinnerung an die erste große Gemeinschaftsleistung unseres Kontinents
Fuldaer Volkszeitung, 1.6.57
= 1.2.57.06.28
= 1.3.58.1 (bearbeitete Dialogfassung)
= 1.4.58.02.01 (bearbeitet)

1.2.57.06.28 Das schönere Europa
Zur Erinnerung an seine erste große Gemeinschaftsleistung
Frankfurter Allgemeine Zeitung, 28.6.57
= 1.2.57.06.01

1.2.57.07.12 Todesstrafe bei Sonnenschein
Frankfurter Allgemeine Zeitung, 12.7.57
= 1.2.56.03.1

1.2.57.07.25 Wüstenkönig ist der Löwe
Die Andere Zeitung, 25.7.57
= 1.2.58.08.02
= 1.2.61.01.13

1.2.57.07.27 Nur ein Schritt vor die Türe
Süddeutsche Zeitung, 27.7.57
= 1.1.17.0.6: Die Vorsichtigen
= 1.2.59.03.07: Die Vorsichtigen

1.2.57.08.03 Lustiges Zigeunerleben
Fuldaer Volkszeitung, 3.8.57
= 1.1.17.0.5
= 1.2.55.07.23

1.2.57.08.10 Vom neuen Großmystiker
Karl May hat einen Platz in unserer Hochliteratur zu beanspruchen
Frankfurter Allgemeine Zeitung, 10.8.57
= 1.2.57.11.02: Karl Mays Platz in der Hochliteratur
= 1.2.58.01.25.2: Großmystiker Karl May (gekürzt)
s: 1.1.14

1.2.57.09.28 Kabbalistische Beschwörung
Fuldaer Volkszeitung, 28.9.57

1.2.57.10.05 Das Musterkönigreich
Frankfurter Rundschau, 5.10.57
= 1.3.55.4
= 1.2.58.05.08

1.2.57.10.11 Zählergesang
Erzählung
Frankfurter Allgemeine Zeitung, 11.10.57
= 1.1.17.0.14

1.2.57.10.19 GRIECHISCHES FEUER — 400 Jahre Geheimwaffe
Fuldaer Volkszeitung, 19.10.57
= 1.2.59.09.02

1.2.57.10.24 Das Land, aus dem man flüchtet
Die Andere Zeitung, 24.10.57
Rezension von: Alfred Andersch: Sansibar, oder der letzte Grund
= 1.3.74.1

1.2.57.10.26 Ulysses in Deutschland
Kritische Anmerkungen zu einer James-Joyce-Uebersetzung
Frankfurter Allgemeine Zeitung, 26.10.57
s: 2.1.57.12.06, 1.2.57.12.06

1.2.57.11.02 Karl Mays Platz in der Hochliteratur
Fuldaer Volkszeitung, 2.11.57
= 1.2.57.08.10
s: 1.1.14

1.2.57.11.21 Rollende Nacht
Die Andere Zeitung, 21.11.57
= 1.1.17.0.8
= 1.2.59.02.14
= 1.3.59.1

1.2.57.11.22 Auktionsrivalen auf ungleicher Höhe
Interesse für das Königreich Hannover im Regal
Eine Erzählung
Nürnberger Nachrichten, 22.11.57
= 1.2.56.01.26

1.2.57.12.06 Noch einmal: Ulysses in Deutschland
Der Kritiker erwidert
Frankfurter Allgemeine Zeitung, 6.12.57
s: 1.2.57.10.26

1.2.57.12.21 Atheist? — Allerdings!
Die Welt, 21.12.57
= 1.3.57.6: Nr. 1, 2, 3, 4 (— die wir haben!), 10.

1.2.57.12.1 Beschreibung eines Bildes
(Eberhard Schlotter: Bugwelt)
Konkret, Nr. 9, Dez 1957
= 1.3.57.4

1.2.58.01.25.1 Das Klagelied von der aussterbenden Erzählung
Süddeutsche Zeitung, 25.1.58
Rezension von: Fritz Lockemann: Gestalt und Wandlungen der deutschen Novelle. Geschichte einer literarischen Gattung im 19. und 20. Jahrhundert. München: Hueber 1957.
= 1.2.58.04.03: Die aussterbende Erzählung (erweitert)
= 1.4.58.03.09

1.2.58.01.25.2 Großmystiker Karl May
Eine Untersuchung
Hannoversche Presse, 25.1.58
= 1.2.57.08.10
s: 1.1.14

1.2.58.01.30 Blenheim / Von Robert Southey
(Übertragung Arno Schmidt)
Die Andere Zeitung, 30.1.58
= 1.1.17.0.42
= 1.2.58.07.27: Die großen Siege
= 1.2.60.08.05

1.2.58.02.22 Verdienstvolle Fälschung
Fuldaer Volkszeitung, 22.2.58

1.2.58.02.1 Lebt wohl noch gerade
Auszug aus dem Roman 'Die Gelehrtenrepublik' von Arno Schmidt
Konkret, Nr. 2, Feb 1958
= 1.1.7, 32—37: *Noch atmend* — stripling hier gewesen.

1.2.58.03.07 Hände weg vom Lexikon
Fuldaer Volkszeitung, 7.3.58
= 1.2.58.04.10

1.2.58.03.20 Flüchtlinge, o Flüchtlinge!
Die Andere Zeitung, 20.3.58

1.2.58.03.22 Blessierte in der Heide
Der Fremde mit den schwarzen Haaren
Erzählung
Nürnberger Nachrichten, 22./23.3.58
= 1.1.17.0.22
= 1.2.56.09.15

1.2.58.04.02 Dichtung ist kein Nebenberuf
Der Tagesspiegel, Berlin, 2.4.58
= 1.2.55.05.13

1.2.58.04.03 Die aussterbende Erzählung
Zu Fritz Lockemann „Gestalt und Wandlungen der deutschen Novelle"
Die Andere Zeitung, 3.4.58
= 1.2.58.01.25

1.2.58.04.10 Hände weg vom Lexikon!
Die Andere Zeitung, 10.4.58
= 1.2.58.03.07

1.2.58.05.01 Geschichten von der Insel Man
Die Andere Zeitung, 1.5.58
= 1.1.17.0.12
= 1.2.57.04.06

1.2.58.05.08 Das Musterkönigreich
Die Andere Zeitung, 8.5.58
= 1.2.57.10.05

1.2.58.06.06 „Es will der Spitz aus unserem Stall ..."
Dichter und Kritik / Diskussionsbeitrag von A. S.
Fuldaer Volkszeitung, 6.6.58

1.2.58.07.15 Romanze zwischen Heide und Moor
Der Letzte des „Hainbundes" wurde bei Bremen geboren. Erinnerung an den zu Unrecht vergessenen Dichter Samuel Christian Pape.
Weser-Kurier, Bremen, 15.7.58
= 1.2.57.03.30

1.2.58.07.26.1 Die großen Siege
Von Robert Southey
Aus dem Englischen übertragen von Arno Schmidt
Hannoversche Presse, 26./27.7.58
= 1.1.17.0.42
= 1.2.58.01.30

1.2.58.07.26.2 Nachbarin, Tod und Solidus
Fuldaer Volkszeitung, 26.7.58
= 1.1.17.0.4
= 1.2.56.02.16

1.2.58.08.02 Wüstenkönig ist der Löwe
Fuldaer Volkszeitung, 2.8.58
= 1.2.57.07.25

1.2.58.08.14 Am Zaun
Die Andere Zeitung, 14.8.58
= 1.2.56.11.1

1.2.58.08.23 Krakatau
Am 27. August vor 75 Jahren: Die größte aller historisch bekannten Naturkatastrophen
Fuldaer Volkszeitung, 23.8.58
= 1.1.17.0.24
= 1.2.58.08.28: Der Himmel selbst entzündet sich ...
= 1.2.58.08.30

1.2.58.08.26 Rivalen
Erzählung
Frankfurter Allgemeine Zeitung, 26.8.58
= 1.1.17.0.10
= 1.2.61.10.05.1

1.2.58.08.28 Der Himmel selbst entzündet sich ...
Krakatau — 10 Uhr 2 Minuten des 27. August 1883
Die Andere Zeitung, 28.8.58
= 1.1.17.0.24
= 1.2.58.08.23

1.2.58.08.30 Krakatau
Zum 75. Jahrestag einer globalen Katastrophe
Süddeutsche Zeitung, 30./31.8.58
= 1.1.17.0.24
= 1.2.58.08.23

1.2.58.09.27 Der Dichter und die Mathematik
Fuldaer Volkszeitung, 27.9.58
= 1.2.60.09.09
= 1.2.62.05.12: Singende Muschel und Mathematik

1.2.58.09.28 Archetyp des Abenteurers
Der Vater des ‚Lederstrumpf' harrt der Wiederentdeckung
Der Tagesspiegel, Berlin, 28.9.58
= 1.2.54.09.11

1.2.58.10.02 Was soll ich tun?
Die Andere Zeitung, 2.10.58
= 1.1.17.0.9
= 1.2.57.01.12

1.2.58.12.04 Verschobene Kontinente
Die Andere Zeitung, 4.12.58
= 1.2.60.10.07
= 1.4.57.03.28.2
= 1.4.68.09.27
= 2.0.1.2

1.2.58.12.25 Am Fernrohr
Die Andere Zeitung, 25.12.58
= 1.1.17.0.11
= 1.2.60.11.25

1.2.59.01.10 Germinal
Vom großen Kalender der Französischen Revolution
Frankfurter Rundschau, 10.1.59
= 1.1.17.0.29
= 1.2.59.03.05
= 1.2.60.12.30: 12 Jahre lang Französische Ära
= 1.3.75.5

1.2.59.01.14 Gespräch in einer Bibliothek
Aus Arno Schmidts „dya na sore"
Deutsche Woche, München, 14.1.59
= 1.1.9., 231—235: B.: So; das tägliche — kleinen Sprünge.

1.2.59.01.29 Die Wüste Deutschland
Die Andere Zeitung 29.1.59

1.2.59.02.14 Rollende Nacht
Frankfurter Rundschau, 14.2.59
= 1.1.17.0.8
= 1.2.57.11.21

1.2.59.02.19 Begegnung mit Fouqué
Die Andere Zeitung 19.2.59
= 1.1.17.0.40
= 1.2.61.04.21: Begegnung mit dem Baron Fouqué

1.2.59.02.26 Ein neuer Kriegshafen: Altenbruch
Die Andere Zeitung, 26.2.59

1.2.59.03.05 Germinal / Vom großen Kalender
Die Andere Zeitung, 5.3.59
= 1.1.17.0.29
= 1.2.59.01.10

1.2.59.03.07.1 Die Vorsichtigen
Frankfurter Rundschau, 7.3.59
= 1.1.17.0.6
= 1.2.57.07.27

1.2.59.03.07.2 Dialekt in der Dichtung
Fuldaer Volkszeitung, 7.3.59

1.2.59.03.14 Begegnungen
Fuldaer Volkszeitung, 14.3.59

1.2.59.04.16 Legende vom braven Mann
Notwendige Berichtigung, zugleich eine nachdenkliche Probe verschiedenartiger Geschichtsauffassung
Die Andere Zeitung, 16.4.59

1.2.59.05.06 Todesstrafe bei Sonnenschein
Die Andere Zeitung, 6.5.59
= 1.2.56.03.1

1.2.59.05.13 Diebstahl im Ostsektor
Der Spiegel, Nr. 20, 13.5.59
= 1.1.6, 153—157: *Die Staatsbibliothek?!* — (weils die noch nich wieder giebt!).

1.2.59.05.16 Die reisenden Damen
Süddeutsche Zeitung, 16.5.59
= 1.2.60.07.02: Mary Lady Montagues Erlebnis in dem Serail (ausführlicher)

1.2.59.06.20 Flucht vor dem Werk
Süddeutsche Zeitung, 20.6.59
= 1.2.55.08.15

1.2.59.06.27 Finster war's, der Mond schien helle
Frankfurter Rundschau, 27.6.59
= 1.2.55.07.09.1

1.2.59.06.1 Dya Na Sore
Gespräche in einer Bibliothek
Erlesenes, Hannover-Hildesheim, Juni 1959
= 1.1.9.0.1, 7—12: Vorspiel
= 1.3.58.2: Vorspiel

1.2.59.07.01 Der Schriftsteller und die Politik
Die Kultur, 1.7.59
= 1.2.57.02.07

1.2.59.07.08 Winnetous Erben
Karl May und die Frage der Texte (I)
Die Andere Zeitung, 8.7.59
mit 1 von AS entworfenen, fehlerhaft gezeichneten Diagramm
s: 1.1.14

1.2.59.07.15 Winnetous Erben
Karl May und die Frage der Texte (II. Fortsetzung aus Nr. 28)
Die Andere Zeitung, 15.7.59
mit redaktionellem Hinweis auf den Fehler im Diagramm zu Teil I
s: 1.1.14

1.2.59.07.25 Geschichten von der Insel Man
Frankfurter Rundschau, 25.7.59
= 1.1.17.0.12
= 1.2.57.04.06

1.2.59.08.05 Hat unsere Jugend noch Ideale?
Die Andere Zeitung, 5.8.59

1.2.59.09.02 Griechisches Feuer
Die Andere Zeitung, 2.9.59
= 1.2.57.10.19

1.2.59.09.11 Reden wir ruhig einmal von Karl May
Gerade wer diesen Schriftsteller nicht unterschätzt, muß vor den heute in Umlauf gesetzten Werken warnen
Die Zeit, 11.9.59
Rezension von: Karl May: Ich — Leben und Werk. Bamberg: Ustad 1959. (Karl May's Gesammelte Werke Bd. 34).
s: 1.1.14

1.2.59.09.12 Seltsame Tage
Frankfurter Rundschau, (Deutschland-Ausgabe), 12.9.59
= 1.1.17.0.7
= 1.2.56.10.20

1.2.59.09.16 Schlüsseltausch
Die Andere Zeitung, 3. September-Woche 59, (16.9.59)
= 1.1.17.0.2
= 1.2.57.05.03

1.2.59.09.26 Trommler beim Zaren
Süddeutsche Zeitung, 26.9.59
= 1.1.17.0.1
= 1.2.60.08.19

1.2.59.10.01 Haltet ihn!
Literarisch-politisch-religiöser Quiz
Die Kultur, 1.10.59

1.2.59.10.28 Bedeutend; aber ...
Die Andere Zeitung, 5. Oktober-Ausgabe 59, (28.10.59)
Rezension von: Ernst Kreuder: Agimos oder Die Weltgehilfen. Frankfurt/Main: Europäische Verlagsanstalt 1959.

1.2.59.11.25 Von deutscher Art und Kunst
James Jones und der Text der „Entwurzelten"
Die Andere Zeitung, 4. November-Ausgabe 59, (25.11.59)
= 1.1.17.0.36
= 1.3.60.1: „Entwurzelt" — deutsche Verleger-Sitten
= 1.4.60.02.03

1.2.60.01.15 Vom Iskander zum Alexander
Mein Gedicht: Albert Ehrenstein (1886—1950): Iskander
Die Zeit, 15.1.60
= 1.3.61.1

1.2.60.02.05 Der Zufluchtsort des bedrängten Untertans
Die Neuausgabe der „Wunderlichen Fata einiger Seefahrer"
Die Zeit, 5.2.60
Rezension von: J.G. Schnabel: Die Insel Felsenburg. Hg. v. Martin Greiner. Stuttgart: Reclam 1959. (RUB 8419—28).

1.2.60.04.15 Auf Arno Schmidts „Rosen & Porree"
[Von] D. Martin Ochs
Die Zeit, 15.4.60
= 1.1.17.0.41

1.2.60.06.25 Wortzauber
Frankfurter Rundschau, 25.6.60

1.2.60.07.02 Mary Lady Montagues Erlebnis im Serail
Ein besonders reizvolles Kapitel aus der mannigfaltigen Geschichte feiner reisender Damen
Nürnberger Nachrichten, 2./3.7.60
= 1.2.59.05.16 (gekürzt)

1.2.60.07.08 Was soll ich tun?
Die Zeit, 8.7.60
= 1.1.17.0.9
= 1.2.57.01.12
= 1.2.58.07.26

1.2.60.08.05 Robert Southey: Blenheim
Übertragung von Arno Schmidt
Die Zeit, 5.8.60
= 1.1.17.0.42

1.2.60.08.12 Begegnung mit einer blauen Riesin
Erzählung
Die Welt, 12.8.60
= 1.1.17.0.7
= 1.2.56.10.20

1.2.60.08.19 Trommler beim Zaren
Die Zeit, 19.8.60
= 1.1.17.0.1
= 1.2.59.09.26

1.2.60.09.09 Der Dichter und die Mathematik
Die Zeit, 9.9.60
= 1.2.58.09.27

1.2.60.10.07 Verschobene Kontinente
Die Zeit, 7.10.60
= 1.2.58.12.04

1.2.60.11.04 Traumkunstwerke
Die Zeit, 4.11.60
= 1.2.56.05.26

1.2.60.11.11 Ich bin erst sechzig
Die Zeit, 11.11.60
= 1.2.56.01.26

1.2.60.11.15 Windmühlen
Konkret, Nr. 22, 15.11.60
= 1.1.15.0.3
= 1.3.62.1

1.2.60.11.25 Am Fernrohr
Die Zeit, 25.11.60
= 1.1.17.0.11
= 1.2.58.12.25

1.2.60.11.26 Ich sehe von meinem Schreibtisch den Mond aufgehen
Deutsche Zeitung, 26./27.11.60
= 1.1.17.3
= 1.1.17.0.39: Der Platz, an dem ich schreibe

1.2.60.12.02 Das Geheimnis von Finnegans Wake
Eine neue Interpretation des Alterswerkes von James Joyce
Die Zeit, 2.12.60
s: 1.4.60.11.18

1.2.60.12.09 Seines Bruders Schmäher
Das Geheimnis von Finnegans Wake (II)
Die Zeit, 9.12.60
s: 1.4.60.11.18

1.2.60.12.16 Der Höllenschlüssel
Das Geheimnis von Finnegans Wake (Schluß)
Die Zeit, 16.12.60
s: 1.4.60.11.18

1.2.60.12.30 Zwölf Jahre lang Französische Ära
Vom Neuen Kalender der Revolution
Die Zeit, 30.12.60
= 1.1.17.0.29
= 1.2.59.01.10

1.2.61.01.13 Wüstenkönig ist der Löwe
Die Zeit, 13.1.61
= 1.2.57.07.25

1.2.61.03.25 Gesammelte Werke in 70 Bänden
Startschuß zu Beginn der Karl-May-Forschung
Frankfurter Allgemeine Zeitung, 25.3.61
s: 1.1.14

1.2.61.04.15 Schulausflug
Erzählung
Frankfurter Allgemeine Zeitung, 15.4.61
= 1.1.17.0.13

1.2.61.04.21 Begegnung mit dem Baron Fouqué
Eine Welt wie auf mittelalterlichen Karten
Die Zeit, 21.4.61
= 1.1.17.0.40
= 1.2.59.02.19

1.2.61.06.01 Der Sonn' entgegen
Konkret, Nr. 11, 1.6.61
= 1.1.15.0.6

1.2.61.08.08 Wer schützt die Autoren vor ihren Erben?
Ein Beitrag zur Diskussion über das Urheberrecht
Süddeutsche Zeitung, 8.8.61

1.2.61.08.18 Mein Bild
Eberhard Schlotter (geboren 1921): ,,Aufgang der weißen Tafel''
Die Zeit, 18.8.61
= 1.3.57.3

1.2.61.09.05 Schwänze
Konkret, Nr. 17, 5.9.61
= 1.1.15.0.5

1.2.61.09.06 Weiße Tragödie
Die Geschichte vom Riesen Jermak
Die Andere Zeitung, 1. September-Ausgabe 61, (6.9.61)
= 1.1.17.0.26

1.2.61.09.08 Geschichten von der Insel Man
Die Zeit, 8.9.61
= 1.1.17.0.12
= 1.2.57.04.06

1.2.61.09.15 Die Struwwelpeter
Man kann Künstler sogar dreckig nennen
Die Zeit, 15.9.61
= 1.2.55.07.08

1.2.61.10.05.1 Rivalen
Die Andere Zeitung, 5.10.61
= 1.1.17.0.10
= 1.2.58.08.26

1.2.61.10.05.2 Recherchen
Eine Notiz zum Leben Johann Gottfried Schnabels
Die Andere Zeitung, 5.10.61
= 1.1.9.4.3

1.2.61.10.20 Kaleidoskopische Kollidier-Eskapaden
Ein Inhaltsverzeichnis zu James Joyce's FINNEGANS WAKE
Konkret, Nr. 20, 20.10.61
= 1.1.18.0.7

1.2.61.10.27 Arno Schmidt antwortet:
Die Zeit, 27.10.61
Schriftsteller antworten .../... auf fünf Fragen, die die ZEIT ihnen stellte

1.2.61.12.29 Julianische Tage
Die Zeit, 29.12.61
= 1.1.17.0.2
= 1.2.73.12.29

1.2.61.12.1 Kühe in Halbtrauer
Konkret, Nr. 23/24, Dez 61
= 1.1.15.0.1

1.2.62.01.11 Die zehn Kammern des Blaubart
Die Andere Zeitung, 11.1.62
= 1.1.17.0.32
= 1.4.61.11.23 (gekürzt)

1.2.62.01.1 (Antworten auf eine Umfrage)
Diskus, Frankfurter Studentenzeitung, 1/62

1.2.62.02.17 Leopold Schefer
Einem deutschen Schriftsteller zum 100. Todestag
Deutsche Zeitung, 17./18.2.62

1.2.62.03.24 Sächsischer Janus
Vor 50 Jahren starb Karl May
Deutsche Zeitung, 24./25.3.62
s: 1.1.4

1.2.62.03.1 Das Buch Mormon
Konkret Nr. 3, März 62
= 1.1.17.0.30 (Blake-Motto fehlt, erweitert)
= 1.2.63.08.03 (gekürzt)

1.2.62.05.12 Singende Muschel und Mathematik
Frankfurter Rundschau, 12.5.62
= 1.2.58.09.27

1.2.62.05.1 Großer Kain!
Konkret, Nr. 5, Mai 62
= 1.1.15.0.4

1.2.62.06.15 Das Amerika der Pioniere
Bahnt sich eine Cooper-Renaissance an?
Die Zeit, 15.6.62

1.2.62.07.10 Die Umsiedler
Deutsche Post, Frankfurt, 10.7.62
= gekürzter Auszug aus 1.1.10.02, 93—97

1.2.62.08.1 Niemandes Betulichkeit
Eine Betrachtung zur deutschen Übersetzung von Ellmann's Joyce-Biograpie (!)
Konkret, Nr. 8, Aug 62
= 1.4.62.05.17

1.2.62.09.1 Nebenmond und rosa Augen
Nr. 224 aus der Faust-Serie des Verfassers
Konkret, Nr. 9, Sep 62
= 1.1.17.0.15: Nr. 24 ...

1.2.62.10.1 Dr. Mac Intosh: „PIPORAKEMES!"
(Von einer neuen Barbarei: Deutsche übersetzen aus dem Englischen)
Konkret, Nr. 10, Okt 62
= 1.1.15.0.10

1.2.62.12.15 Der Autor und sein Material
Deutsche Zeitung, 15./16.12.62
Antworten auf eine Umfrage von Radio Bremen, gekürzt.

1.2.62.12.30 350 Seiten über Karl May
Welt am Sonntag, 30.12.62
15-Zeilen-Antwort auf eine Umfrage

1.2.63.01.25 Seifenblasen und nordisches Gemähre
Eindrücke von einer neuen Scheerbart-Ausgabe
Die Zeit, 25.1.63
Rezensionen von: Paul Scheerbart: Dichterische Hauptwerke. Stuttgart: Goverts 1962.

1.2.63.05.24 Geburtsort Steinhuder Meer
Undine stammt aus Niedersachsen
Die Zeit, 24.5.63
= 1.2.56.12.01

1.2.63.05.1 Literaturgeschichte im Werden
Konkret, Nr. 5, Mai 63

1.2.63.07.19 Schwierigkeiten beim Schreiben der Wahrheit
I. Ein Kerl, den alle Menschen hassen ...
Die Zeit, 19.7.63
= 1.3.64.1

1.2.63.07.1 Alas, poor Yorick!
Konkret, Nr. 7, Juli 63
= 1.1.17.0.31
Rezension von: Lawrence Sterne: Das Leben und die Meinungen des Tristram Shandy. Übersetzt von S. Schmitz. München: Winkler 1963.

1.2.63.08.03 Das Buch Mormon
Deutsche Zeitung, 3./4.8.63
= 1.1.17.0.30
= 1.2.62.03.1

1.2.63.10.19 Ein unerledigter Fall
Zum 100. Geburtstag von Gustav Frenssen
Deutsche Zeitung, 19./20.63

1.2.63.11.08 Unsterblichkeit für Amateure
Die Zeit, 8.11.63

1.2.64.01.17 Ach, wie gut, daß niemand weiß ...
Die Zeit, 17.1.64

1.2.64.01.1 Eine Lanze für Karl May
Aus: ,,Sitara und der Weg dorthin''
N — notizen für junge Menschen, Kassel, 1/64
= 1.1.14, 9—13: § 1 Vorwort (ohne Freud-Motto)

1.2.64.02.05 100 sind zu viel!
Arno Schmidt über James Fenimore Cooper: ,,Die Prärie''
Der Spiegel, Nr. 6, 5.2.64.

1.2.64.02.22 Der Fall Ascher
Deutsche Zeitung, 22./23.2.64
= 1.1.18.0.11

1.2.64.03.27 Und es blitzten die Sterne ...
Über eines der Hilfsmittel des Schriftstellers
Die Zeit, 27.3.64
= 1.1.17.0.35

1.2.64.04.18 Volk der Dichter und Denker?
Lübecker Morgen, 18.4.64
= 1.3.64.2 (ausführlicher)

1.2.64.05.16.1 In Stiefeln sterben
8-Uhr-Blatt, Nürnberg, 16.5.64
14-Zeilen-Antwort auf eine Umfrage
= 1.2.64.05.16.2

1.2.64.05.16.2 Traumstädte der Prominenz
Abendzeitung, München, 16.5.64
= 1.2.64.05.16.1

1.2.64.06.03 Ein Vir Quadratus
Arno Schmidt über Stanislaus Joyce: „Dubliner Tagebuch"
Der Spiegel, Nr. 23, 3.6.64
= 1.1.18.0.8: Der Mimus von Mir, Dir & Mädies
= 1.2.67.07.22: Der Mimus von Mir, Dir & den Mädies
= 1.3.69.1

1.2.64.09.14 Außenseiter-Prosa
Aus Arno Schmidts Erzählungen „Kühe in Halbtrauer"
Weser-Kurier, Bremen, 14.9.64
= 1.1.15.0.9, 234—237: — (‚Gaststuben' — so fahre hin!' —")

1.2.65.05.15 Ein Toast für Nummer 104
Rowohlts „Bild-Monos" starten die biografische Forschung über Karl May
Die Welt, 15.5.65

1.2.65.06.04 Meine Bibliothek
Die Zeit, 4.6.65

1.2.65.09.25 Große Klage über deutsche Nachschlagewerke ...
... und halbes Lob für ein Speziallexikon aus Leipzig
Die Welt, 25.9.65

1.2.65.10.14 Wilkie Collins ist mitnichten tot
Bewundert in England, in Deutschland erst jetzt entdeckt: „Die Frau in Weiß"
Die Welt der Literatur, 14.10.65
= 1.1.17.0.34: Enter Conte Fosco

1.2.65.10.1 (ohne Titel)
Der Jungbuchhandel, 19. Jg., 1965, H. 10
= 1.3.65.1, 123—125: Ich also — rund & schön

1.2.65.11.1 Zu ähnlich
Twen, Nr. 11/65
= 1.1.17.0.21: Er war ihm zu ähnlich (Lesarten!)
= 1.3.71.3 (Lesarten!)
= 1.3.75.3 (Lesarten!)
= 1.4.67.03.13 (Lesarten!)

1.2.67.02.18 Kleiner Krieg
Frankfurter Rundschau, 18.2.67
= 1.1.17.0.19
= 1.2.56.10.27

1.2.67.07.22 Der Mimus von Mir, Dir & und den Mädies
(Das Dubliner Tagebuch des Stanislaus Joyce) edition suhrkamp Nr. 216
Frankfurter Allgemeine Zeitung, 22.7.67
= 1.1.18.0.8
= 1.2.64.06.03

1.2.67.09.30 Dichter & ihre Gesellen: Jules Verne
Süddeutsche Zeitung, 30.9./1.10.67
= 1.1.17.0.38
= 1.4.65.11.07

1.2.69.03.19 Zur Notausgabe das Notregister
Süddeutsche Zeitung, 19.3.69
Rezension von: Sigmund Freud: Gesammelte Werke, Bd. 18. Gesamtregister.

1.2.69.06.14 Magnus nascitur ordo
Frankfurter Rundschau, 14.6.69
Rezension von: Lexikon deutschsprachiger Schriftsteller / Von den Anfängen bis zur Gegenwart. 2. Bde. Leipzig: VEB Bibl. Inst. 1968.

1.2.69.07.19 1960
Süddeutsche Zeitung 19/20.7.69
= 1.1.11, 209—211: ... *los: DURCH DIE WÜSTE* — Denk-Reserven besaß ...
Teil von: Countdown seit 1800 Jahren. Astronauten und Mondfahrten von der Antike bis zur Gegenwart. Zusammenstellung der Texte: Jörg Drews.

1.2.70.07.25 Die blaue Riesin
Kurzgeschichte
Junge Stimme, 25.7.70
= 1.1.17.0.7
= 1.2.56.10.20

1.2.71.01.07 Was soll ich tun?
Deutsche Volkszeitung, Düsseldorf, 7.1.71
= 1.1.17.0.9
= 1.2.57.01.12

1.2.71.10.02 BULWER oder die Meßbarmachung einer unbekannten Größe
Süddeutsche Zeitung, 2./3.10.71
zu: Edward Bulwer-Lytton: Was wird er damit machen?

1.2.73.08.29.1 Dankadresse zum Goethe-Preis 1973
Frankfurter Rundschau, 29.8.73
= 2.0.8.3
= 1.2.73.08.29.2
= 1.2.73.09.07: (Teil)
= 1.3.76.3

1.2.73.08.29.2 Wir sind nicht über-, sondern unterarbeitet!
Der Schriftsteller hat den Parolen von heute einiges entgegen zu hüsteln
Münchner Merkur, 29.8.73
= 1.2.73.08.29.1

1.2.73.09.07 Der Schriftsteller soll alleine gehen
Deutsche Zeitung — Christ und Welt, 7.9.73
= 1.2.73.08.29.1, 1. Teil: Goethe — gehen.

1.2.73.12.29 Julianische Tage
Frankfurter Rundschau, 29.12.73
= 1.1.17.0.27
= 1.2.61.12.29

1.2.75.06.21 Er wandte den Kopf, langsam, wie Löwen pflegen
Essay
Die Welt, 21.6.75
= 1.1.17.0.9

1.2.75.08.16 Die Wasserlilie
Hannoversche Allgemeine Zeitung, 16/17.8.75
= 1.1.17.0.20 (Lesarten!)
= 1.3.64.4

1.2.75.08.23 Bild 31
Frankfurter Rundschau, 23.8.75
= 1.1.22, 116—117: Bild 31 — ,Eins' sein.)
s: 2.2.22.75.08.23

1.2.75.09.20 Ein Beutezug bei Schneverdingen
Hannoversche Allgemeine Zeitung, 20/21.9.75
= 1.1.17.0.22
= 1.2.56.09.15

1.2.76.08.28 Das heulende Haus
Hannoversche Allgemeine Zeitung, 28/29.8.76
= 1.1.17.0.17

1.2.78.07.1 Stammtafeln zur ,Littlepage = Trilogie'
S. Fischer Pressedienst ,James Fenimore Cooper', Juli 1978, 10—11
handschriftlich
,,Arbeitsunterlage Aug '75—'77''
s: 2.3.19.78.07.1

1.3 VERÖFFENTLICHUNGEN IN ZEITSCHRIFTEN UND BÜCHERN

1.3.51.1 Der goldgetränkte Himmel über mir (...)
A.S.: Brand's Haide. Hamburg: Rowohlt (1951). 6.
25 Zeilen Widmungsgedicht an Schmidts Frau Alice
= 1.1.2, 6

1.3.51.2 Ja: übernächtigt! (...)
A.S.: Brand's Haide. Hamburg: Rowohlt (1951). 154.
30 Zeilen Widmungsgedicht an seinen gefallenen Schwager Werner Murawski
= 1.1.2, 154

1.3.53.1 1. Der Wolken Irregang. (...)
A.S.: die umsiedler. (Frankfurt/Main): Frankfurter Verlagsanstalt (1953). (studio frankfurt 6). 5.
50 Zeilen Widmungsgedicht an Dr. Martin Walser
= 1.1.3, 5

1.3.53.2 Haushoch (...)
A.S.: Aus dem Leben eines Fauns. Hamburg: Rowohlt (1953). 6.
32 Zeilen Widmungsgedicht an Alfred Andersch
= 1.1.4, 6

1.3.55.1 Seelandschaft mit Pocahontas
Texte und Zeichen. Eine literarische Zeitschrift. Hg. v. Alfred Andersch. Berlin-Neuwied [ab 2. Jg., H. 3 auch: Darmstadt]: Luchterhand. 1. Jg, 1955, H.1, 15.1.55, 9—53.

9—10 1. Noten auf rotem Grund (...)
= 1.3.55.8
11—53 (Seelandschaft mit Pocahontas)
= 1.1.10.1

Wegen dieses Textes wurde gegen Schmidt, Andersch und den Luchterhand-Verlag Strafanzeige wegen Gotteslästerung und Pornographie erhoben. Das Verfahren wurde am 26. Juli 1956 von der Stuttgarter Generalstaatsanwaltschaft ,,aus objektiven Gründen'' eingestellt. (s: 2.2.10.62.1)

1.3.55.2 Berechnungen I
(Ein Werkstattbericht)
Texte und Zeichen, 1. Jg, 1955, H.1, 15.1.55, 112—117.

1.3.55.3 Die aussterbende Erzählung
Texte und Zeichen, 1. Jg, 1955, H.2, 15.4.55, 266—269.

1.3.55.4 Das Musterkönigreich
Augenblick. Aesthetika, Philosophika, Polemika. [Untertitel mehrfach wechselnd]. Hg. v. Max Bense. Krefeld — Baden-Baden: Agis [ab 3. Jg, 1958: Darmstadt: Bläschke]. 1. Jg, 1955, H.1, 23—28.
= 1.2.57.10.05

1.3.55.5 Fontane und der Eskimo
Ein Beitrag zur Technik und Geschichte der literarischen Restauration
Augenblick, 1. Jg, 1955, H.2, 55—58.

1.3.55.6 Der Dank des Vaterlandes
Augenblick, 1. Jg, 1955, H.3, 53—57.

1.3.55.7 Offener Brief an W. Carl Neumann
Augenblick, 1. Jg, 1955, H.4, 54—63.

1.3.55.8 1. Noten auf rotem Grund (...)
Texte und Zeichen, 1. Jg, 1955, H.1, 15.1.55, 9—10.
44 Zeilen Widmungsgedicht für Professor Max Bense
s: 1.3.55.1

1.3.56.1 Berechnungen II
Ein Werkstattbericht
Texte und Zeichen 5, 2. Jg, 1956, H.1, 15.1.56, 95—102.
= 1.1.10.0.6

1.3.56.2 Die Handlungsreisenden
Texte und Zeichen 7, 2. Jg, 1956, H.3, 15.5.56, 296—299.

1.3.56.3 Dichter und ihre Gesellen
Augenblick, 2. Jg, 1956, H.2, Mai/Juni 56, 4—8.

1.3.56.4 Tina oder über die Unsterblichkeit
Augenblick, 2. Jg, 1956, H.4, Dez 56, 13—28.
13 Damit Schlotters wissen, / wo wir uns spätestens wiedersehen. (Widmung)
= 1.1.9.0.11

1.3.56.5 Nicht nur (...)
A.S.: Das steinerne Herz. (Karlsruhe): Stahlberg (1956). 5—6.
52 Zeilen Widmungsgedicht für Wilhelm Michels
= 1.1.5, 5—6

1.3.57.1 Goethe und einer seiner Bewunderer
Texte und Zeichen 13, 3. Jg, 1957, H.3, 15.5.57, 232—264.
= 1.1.9.0.4

1.3.57.2 Notiz zu Ehren einiger deutscher Schreckensmänner
Texte und Zeichen 16, 3. Jg, 1957, H.6, 15.11.57, 649—651.
= 1.1.9.0.10, 357—361: Das sah — Ungeheuer hausen.

1.3.57.3 Arno Schmidt schreibt:
,,Aufgang der weißen Tafel''
Katalog zur (Eberhard-Schlotter-) Ausstellung Aachen: Suermondmuseum (1957). n.p.
Mit einer farbigen Reproduktion des besprochenen Bildes
= 1.2.61.08.18

1.3.57.4 Arno Schmidt schreibt:
,,Bugwelt''
Katalog zur (Eberhard-Schlotter-) Ausstellung Aachen: Suermondmuseum (1957). n.p.
= 1.2.57.12.1

1.3.57.5 Arno Schmidt schreibt:
,,Drinnen und draußen''
Katalog zur (Eberhard-Schlotter-) Ausstellung Aachen: Suermondmuseum (1957). n.p.

1.3.57.6 Atheist?: Allerdings!
Was halten Sie vom Christentum? 18 Antworten auf eine Umfrage. Hg. v. Karlheinz Deschner. München: List (1957). (List 105). 64—75.
= 1.2.57.12.21 (Teil)
= 1.3.72.5 (Teil)

1.3.57.7 (ohne Titel)
Projets & Problèmes
Almanach 1958. Paris: Librairie Flinker Dezember 1957, 70—73.

1.3.58.1 Das schönere Europa
(Zur Erinnerung an die erste große wissenschaftliche Gemeinschaftsleistung unseres Kontinentes, den Venusdurchgang von 1769).
Augenblick, 3. Jg, 1958, H.1, März 1958, 11—18.
= 1.2.57.06.01 (bearbeitete Prosafassung)

1.3.58.2 Vorspiel
Augenblick, 3. Jg, 1958, H. 4, Sep/Okt 1958, 23—26.
= 1.1.9.0.1
= 1.2.59.06.1

1.3.59.1 Rollende Nacht
Auf den Spuren der Zeit. Junge deutsche Prosa. Hg. v. Rolf Schroers. München: List (1959). (List 137). 175—177.
= 1.1.17.0.8
= 1.2.57.11.21

1.3.59.2 Sommermeteor
Auf den Spuren der Zeit. Junge deutsche Prosa. Hg. v. Rolf Schroers. München: List (1959). (List 137). 178—181.
= 1.1.17.0.18

1.3.59.3 Am Zaun
Auf den Spuren der Zeit. Junge deutsche Prosa. Hg. v. Rolf Schroers. München: List (1959). (List 137). 181—184.
= 1.2.56.11.1

1.3.60.1 ,,Entwurzelt'' — deutsche Verleger-Sitten
Augenblick, 4. Jg, 1960, H. 3, 52—59.
= 1.1.17.0.36
= 1.2.59.11.25
= 1.4.60.02.03

1.3.60.2 Nibelungen 1948 — vom Monde aus gesehen
Literaturkalender Spektrum des Geistes 1961. Ein Querschnitt durch das Geistesschaffen der Gegenwart. 10. Jg. Hg. v. Hartfrid Voss. Ebenhausen b. München: H. Voss Verl. (1960). 24.
Auszüge aus: 1.1.11, 93—96

1.3.61.1 Albert Ehrenstein ISKANDAR VON KANDAHAR
Mein Gedicht. Begegnungen mit deutscher Lyrik. Hg. v. Dieter E. Zimmer. Wiesbaden: Limes (1961). 52—55.
= 1.2.60.01.15

1.3.61.2 Fouqué
Neue Deutsche Biographie. Hg. v. d. Historischen Kommission b.d. Bayerischen Akademie d. Wissenschaften. Bd. 5. Berlin: Duncker & Humblot (1961). 306—307.

1.3.62.1 Windmühlen
Das Atelier. Zeitgenössische deutsche Prosa. Hg. v. Klaus Wagenbach. (Frankfurt/M. — Hamburg): Fischer Bücherei (1962). (FTB 455). 99—110.
= 1.1.15.0.3
= 1.2.60.11.15

1.3.62.2 Nachwort
James F. Cooper: Conanchet oder die Beweinte von Wish-Ton-Wish. (Stuttgart): Goverts (1962). 621—683.
= 1.1.18.0.9 (Lesarten!)
= 1.3.72.1 (Lesarten!)

1.3.62.3 Leviathan
Rowohlt Almanach 1908—1962. Hg. v. Mara Hintermeier und Fritz J. Raddatz. (Reinbek): Rowohlt (1962). (RP 9). 395—401.
396: Abbildung des Umschlagentwurfs von Karl Staudinger zu 1.1.1
= 1.1.1, 55—63: Noch dunkel — wieder fahren können.

1.3.63.1 Resümee
Deutsche Prosa. Erzählungen seit 1945. Hg. v. Horst Bingel. Stuttgart: DVA 1963. Auch: Stuttgart-Hamburg: Deutscher Bücherbund oJ. 329—337.
= 1.1.2.0.2, 230—242: Resümieren: — bedauernd den Kopf.
= 1.3.65.4

1.3.64.1 (ohne Titel)
Schwierigkeiten heute die Wahrheit zu schreiben. Eine Frage und einundzwanzig Autoren. Hg. v. Heinz Friedrich. (München): Nymphenburger (1964). 142—153.
= 1.2.63.07.19

1.3.64.2 Die moderne Literatur und das deutsche Publikum
Sind wir noch das Volk der Dichter und Denker? 14 Antworten. Hg. v. Gert Kalow. (Reinbek): Rowohlt (1964). (rororo aktuell 681). 96—106.
= 1.2.64.04.18 (gekürzt)
= 1.4.63.11.24

1.3.64.3 Anmerkung des Übersetzers
Das Dubliner Tagebuch des Stanislaus Joyce. (Frankfurt/M): Suhrkamp (1964). 15—17.
= 1.3.67.4
= 1.6.14, 15—17
= 1.6.14.1, 14—15

1.3.64.4 Die Wasserlilie
Reclams Literatur-Kalender 1965. 11. Jg. Redaktion Dr. Albert Haueis. Stuttgart: Reclam (1964). 144—148.
= 1.1.17.0.20 (Lesarten!)
= 1.2.75.08.16
= 1.3.66.2

1.3.65.1 Eines Hähers: ,,TUE!'' und 1014 fallend
Das Tagebuch und der moderne Autor. Hg. v. Uwe Schultz. München: Hanser 1965. (prosa viva 20). 110—126.
= 1.4.64.12.13
= 1.2.65.10.1 (Teil)

1.3.65.2 Angria und Gondal.
Der Traum der taubengrauen Schwestern
Jahresring 65/66. Beiträge zur deutschen Literatur und Kunst der Gegenwart. Stuttgart: DVA (1965). 7—37.
= 1.1.18.0.1

1.3.65.3 Schulausflug
Erfundene Wahrheit. Deutsche Geschichten seit 1945. Hg. v. Marcel Reich-Ranicki. München: Piper (1965). (Bücher der Neunzehn 130). 353—362.
Veränderte Neuauflage 1972. (75.—80. T. der Gesamtaufl.); neuer Untertitel: Erzählungen 1945—1960. 421—430.
= 1.1.17.0.13

1.3.65.4 Resümee
Deutsche Prosa. Erzählungen seit 1945. Hg. v. Horst Bingel. (München): DTV (1965). (dtv-sr 46). 259—265.
= 1.1.2.0.2, 230—242
= 1.3.63.1

1.3.65.5 Experiment Mensch
Alle diese Straßen. Geschichten und Berichte. Hg. v. Wolfgang Weyrauch. München: List (1965). 312—315.
= 1.1.2.0.2, 169—173

1.3.65.6 (Antwortbrief an den Herausgeber)
E.T.A. Hoffmann: Gesammelte Werke. Bd. 2. Märchen. Hg. v. Nino Erné. Hamburg: Standard-Verlag (1965). 787—788.

1.3.66.1 Todesstrafe bei Sonnenschein
Scherz beiseite. Die Anthologie der deutschsprachigen Prosa-Satire von 1900 bis zur Gegenwart. Hg. v. G.H. Herzog und Erhardt Heinold. Bern-München-Wien: Scherz 1966. [Auch: Stuttgart: Europäischer Buch- und Phonoklub Reinhard Mohn/Gütersloh: Bertelsmann-Reinhard Mohn OHG/Wien: Buchgemeinschaft Donauland Kremayr + Scheriau oJ]. 422—424
= 1.2.56.03.1

1.3.66.2 Die Wasserlilie
Deutsche Erzähler der Gegenwart. Eine Anthologie. Hg. v. Willi Fehse. 2. Aufl. Stuttgart: Reclam 1966. (RUB 8262—65/65a). 278—282.
= 1.1.17.0.20 (Lesarten!)
= 1.2.75.08.16
= 1.3.64.4

1.3.66.3 Zu ähnlich
Deutsche Erzählungen aus zwei Jahrzehnten. Hg. v. Wolfgang R. Langenbucher. (Herrenalb): Erdmann (1966). 130—134.
= 1.1.17.0.21
= 1.2.65.11.1

1.3.66.4 Wie wir — alle doch zusammenhängen!
Jules Verne bei Bärmeyer & Nikel. Marginalien zu einer neuen Ausgabe. (Verlagsprospekt). (Frankfurt/Main: Bärmeyer & Nikel 1966). 18—23.
= 1.1.17.0.38, 330—325: VERNE also — Bonn, 1966"

1.3.66.5 Windmühlen
Die Welt erzählt. Vierundvierzig Beispiele unserer Zeit aus dreißig Ländern. Hg. v. Ernst-Peter Wieckenberg. (Frankfurt/Main): G.B. Fischer (1966). [Auch: (Stuttgart-Hamburg): Deutscher Bücherbund (1968)]. 28—40.
= 1.1.15.0.3

1.3.67.1 Eberhard Schlotter: Das zweite Programm
Akzente, 14. Jg, 1967, H.2, 110—134.
beigebunden: verkleinerte Wiedergabe des Radierungs-Tryptichons ,,Das zweite Programm" von Schlotter (Werkverzeichnis der Radierungen von 1936—1968, Nr. 204 a, b, c); der Text bezieht sich auf das Ölbild-Tryptichon gleichen Titels von 1961/62 (s: 1.3.76.1; bzw: M.P. Maass: Eberhard Schlotter, 145/146).
= 1.3.76.1
Szenische Uraufführung: 13.5.71, Pfalzgalerie Kaiserslautern.

1.3.67.2 Die Großhauswelten
Robinson in New York
Jahresring 67/68. Stuttgart: DVA (1967). 212—217.
= 1.3.71.1
Rezension von: Robinson: NEW YORK. Berlin: Klett 1962.

1.3.67.3 Dichter & ihre Gesellen: Jules Verne
Fünfzehn Autoren suchen sich selbst. Modell und Provokation. Hg. v. Uwe Schultz. München: List 1967. (List 325). 48—63.
= 1.1.17.0.38
= 1.4.65.11.07

1.3.67.4 Anmerkung des Übersetzers
Das Dubliner Tagebuch des Stanislaus Joyce. (Frankfurt/M.): Suhrkamp (1967). (es 216). 14—15.
= 1.3.64.3

1.3.68.1 Verschobene Kontinente
Text + Kritik, Nr. 20, Mai 1968, 12—13.
= 2.0.1.2
= 1.2.58.12.04

1.3.68.2 Was soll ich tun?
Lesebuch. Deutsche Literatur der sechziger Jahre. Hg. v. Klaus Wagenbach. Berlin: Wagenbach (1968). 162—164.
= 1.1.17.0.9
= 1.2.57.01.12

1.3.69.1 Ein Vir Quadratus
Arno Schmidt über Stanislaus Joyce: ‚Dubliner Tagebuch'
Literatur im Spiegel. Hg. v. Rolf Becker. Reinbek: Rowohlt 1969. 51—54.
= 1.1.18.0.8

1.3.69.2 (Brief an Fischer Bücherei vom 29.8.62 (Auszug))
Tausend Taschenbücher oder Der demokratische Buchtypus. Die Fischer Bücherei 1-1000. Frankfurt-Hamburg: Fischer Bücherei (1969). 18—19.

1.3.70.1 (ohne Titel)
muster möglicher welten, eine anthologie für max bense. hg. v. elisabeth walther und ludwig harig. wiesbaden: limes (1970). 160.
Abdruck in radikaler Kleinschreibung.
= 1.1.7, 125—126: Menschwardasnicht — das Reiterdenkmal.

1.3.71.1 Die Großhauswelten
Robinson in New York
Text + Kritik, Nr. 20, 2. Aufl., Mai 1971, 22-28.
= 2.0.3.4
= 1.3.67.2

1.3.71.2 Bradn's Haide (!)
Deutsche Erzähler. Zweiter Band. Hg. v. Marie Luise Kaschnitz. Frankfurt/M: Insel 1971 (Bücher der Neunzehn 200, Bd. 2). 348—453.
= 1.1.2.0.1

1.3.71.3 Zu ähnlich
Versäumte Lektionen. Entwurf eines Lesebuches. Hg. v. Peter Glotz und Wolfgang R. Langenbücher (!). Frankfurt/M— Hamburg: Fischer Bücherei (1971). (FTB 1163). 323—326.
= 1.1.17.0.21
= 1.2.65.11.1

1.3.72.1 Nachwort des Übersetzers
James F. Cooper: Conanchet oder die Beweinte von Wish-Ton-Wish. Frankfurt/M: Fischer Taschenbuch Verlag (1972). (FTB 1287). 375—414.
= 1.1.18.0.9
= 1.3.62.2 (Lesarten!)

1.3.72.2 Geschichten von der Insel Man
Verteidigung der Zukunft. Deutsche Geschichten seit 1960. Hg. v. Marcel Reich-Ranicki. München: Piper 1972. 236—239.
= 1.1.17.0.12
= 1.2.57.04.06

1.3.72.3 (ohne Titel)
[Katalog] Eberhard Schlotter. Gemälde, Zeichnungen, Aquarelle, Mappenwerke. Magistrat der Stadt Darmstadt / Kunstverein Darmstadt. Kunsthalle Darmstadt, 15. Januar bis 20. Februar [1972]. 12.
= 1.3.67.1, 131—132: X. Der Künstler — ob Luftschlosser.

1.3.72.4 Aus: „Goethe und einer seiner Bewunderer"
Geständnisse. Heine im Bewußtsein heutiger Autoren. Hg. v. Wilhelm Gössmann. Düsseldorf: Droste (1972). 93—94.
= 1.1.9.0.4, 121—122: Die besten —: „Schmidt."

1.3.72.5 Ein haarsträubendes Werk.
Wege zur Bibel. Hg. v. Werner Trutwin und Norbert Heinrichs. Düsseldorf: Patmos (1972). (Theologisches Forum. 12). [auch: Göttingen: Vandenhoek & Ruprecht (1972). (Quellentexte zum Religionsunterricht. Zweite Folge. Befragter Glaube. 18)]. 71—73.
= 1.3.57.6, 64—67: Solange man — selbstverständlich).)

1.3.73.1 Die Brüder Leslie und die Brüder Joyce
ein Hinweis
Dein Roman … Marginalien zu einem Panorama vom Vorabend der viktorianischen Zeit. [Frankfurt/Main]: Goverts [Krüger Stahlberg 1973]. 24.
12 Zeilen Typoskript-Faksimile
Verlagsprospekt zu den Bulwer-Lytton-Übersetzungen.

1.3.73.2 Die Schule der Atheisten
Dimension. Contemporary German Arts and Letters. Volume VI, No. 1, 1973. Austin: University of Texas 1973. n.p., zwischen 248-249.
= 1.1.21, 250—251
s: 1.5.21.1

1.3.74.1 Das Land, aus dem man flüchtet
Über Alfred Andersch. Hg. v. Gerd Haffmans. (Zürich): Diogenes (1974). (detebe 53). 56—60.
= 1.2.57.10.24

1.3.74.2 James Fenimore Cooper
(Hörbildausschnitt)
drucksachen. Lesebuch für die 5. Klasse. Hg. v. Achim Block u.a. (Düsseldorf): pro schule (1974). 16—18.
= 1.1.9.0.8, 288—292: Dritte Szene — Pause.

1.3.75.1 Der sanfte Unmensch. Einhundert Jahre Nachsommer.
(Auszug)
Die deutsche Literatur. Ein Abriß in Text und Darstellung. Bd. 16. Gegenwart. Hg. v. Gerhard R. Kaiser. Stuttgart: Reclam (1975). (RUB 9661—64). 192-199.
= 1.1.9.0.6, 202—209: A. (banal) — und blinzeln ...

1.3.75.2 Was soll ich tun?
Der neue Egoist. Hg. v. Adam Seide. Nr. 1. Oktober 1975. Hannover: Haase & Kreutzburg 1975. 49—50.
= 1.1.17.0.9
= 1.2.57.01.12

1.3.75.3 Zu ähnlich
Deutsche Erzählungen aus drei Jahrzehnten. Deutschsprachige Prosa seit 1945. Hg. v. Martin-Gregor-Dellin. (Tübingen-Basel): Erdmann (1975). 39—42.
= 1.1.17.0.21
= 1.2.65.11.1

1.3.75.4 Schwarze Spiegel
Weltuntergangsgeschichten von Edgar Poe bis Arno Schmidt. Kompiliert vom Diogenes-Katastrophen-Kollektiv. (Zürich): Diogenes (1975). 245—329.
= 1.1.2.0.2

1.3.75.5 Germinal
Vom Großen Kalender.
Deutschland erzählt. Von Rainer Maria Rilke bis Peter Handke. Hg. v. Benno von Wiese. (Frankfurt/Main): Fischer Taschenbuch Verlag (1975). (FTB 1660). 160—169.
= 1.1.17.0.29
= 1.2.59.01.10

1.3.75.6 Romantiker
Die verkehrte Welt von Ludwig Tieck. (Programmheft). Schiller-Theater. Staatliche Schauspielbühnen Berlins, Spielzeit 1975/76, Heft 59. Redaktion Michael Kerwer. Premiere: 22.12.1975.
= 1.1.16.0.5, 235—236: A.: Die Romantik — rekonstruieren könnte.
237—238: Darf ich — miteinander haben.

1.3.76.1 Eberhard Schlotter, das zweite Programm
Protokolle. Wiener Halbjahresschrift für Literatur, Bildende Kunst und Musik. Hg. v. Otto Breicha. Heft 76/1. Wien-München: Jugend und Volk 1976. 206—228.
213—214 (farbige Reproduktion des Tryptichons von E. Schlotter)
215 (Reproduktion eines Arno-Schmidt-Porträts von E. Schlotter)
216 Eberhard Schlotter: Betroffen.
= 2.1.76.3

1.3.76.2 (ohne Titel)
Protokolle 76/1. Wien-München: Jugend und Volk 1976. 374—375.
= 2.0.9.2
,,Höchstwahrscheinlich von Arno Schmidt selbst verfaßte Information des Rowohlt-Verlages, 1950''

1.3.76.3 (Goethe-Preis-Rede)
Protokolle 76/1. Wien-München: Jugend und Volk 1976. 375—378.
= 1.2.73.08.29.1 Lesart: ,,es war ein großer Tag, als er fertig war.'' fehlt

1.3.77.1 Verbrüderung
Dem Dichter des Steppenwolfes in hoher Verehrung.
Hermann Hesse. 1877 · 1977. Stationen seines Lebens, des Werkes und seiner Wirkung. Hg. v. Friedrich Pfäfflin. Marbach am Neckar: Schiller-Nationalmuseum (1977). (Katalog 28). 400.
verkleinertes Faksimile: Gedicht-Typoskript, handschriftlich signiert, Adresse: ,,LAUBAN i. Schles. Walkgasse 12''
vom Herausgeber ,,um 1935'' datiert
= 1.1.1.0.3, 90—91: Blutbruder — wandre. (Lesarten!)
Anmerkung S. 300: ,,Arno Schmidt (geb. 1914) hatte sich schon Mitte der dreißiger Jahre mit dem Gedicht ,Verbrüderung' ,dem Dichter des Steppenwolfes in hoher Verehrung' genähert und auf Hesses ,gütigen Brief' am 7. Januar 1935 mit zwei weiteren Gedichten — ,Trunkner im Dunkel' und ,Die Wolkenlampe' — geantwortet.''

1.3.78.1 Arno Schmidt an Döblin
Kastel über Saarburg, 19. September 1953 (Brief)
Alfred Döblin. 1878 · 1978. Hg. v. Jochen Meyer. Marbach am Neckar: Schiller-Nationalmuseum (1978). (Katalog 30). 513.
Antwort Döblins: 2.1.78.1

1.3.78.2 Arno Schmidt an Döblin
Darmstadt, 16. Oktober 1956 (Brief)
Alfred Döblin. 1878 · 1978. Hg. v. Jochen Meyer. Marbach am Neckar: Schiller-Nationalmuseum (1978). (Katalog 30). 515.

1.3.78.3 Grauqualmende Nebel umfeuchten (...)
Protokolle 78/2. Wien — München: Jugend und Volk 1978. 44—45.
28 Zeilen Gedicht aus dem Gästebuch der Pension Franz Schoemaker.
Datiert: ,,Zur Erinnerung an unseren Aufenthalt 22.—26.6.53''
s: 2.1.78.5

1.4 RUNDFUNKSENDUNGEN

1.4.50.04.04 Gadir oder: Erkenne dich selbst
Reihe: DER MENSCH UNSERER ZEIT IN DER LITERATUR 13.
RIAS, Berlin, 4.4.50, 23.30.—24.00, 28'50'', Ms: 31 S. (5 S Einführung, 25 S Text)
= 1.1.1.0.1 (bearbeitet)
Manuskript der Kurzfassung: A.S.
Funkbearbeitung: Günter Giefer

Eine zweite Funkbearbeitung einer der frühen Erzählungen durch Schmidt für den Sender Saarbrücken, Anfang der 50er Jahre, konnte bisher nicht wieder aufgefunden werden.

1.4.52.06.25 Arno Schmidt liest aus seiner Novelle ,,Gadir — oder Erkenne Dich selbst"
SWF 2 (Landesstudio Rheinland-Pfalz), 25.6.52, 20.30—20.55,19'15''
= 1.1.1.0.1, 29—41: Schöne lange Dämmerung — Du mein Herr! —
Sprecher: A.S.

1.4.53.01.12 Die letzte Ausflucht
Hörspiel von Martin Johannes Walser
SDR, 12.1.53, 23.00—23.45
Funkbearbeitung von: 1.1.1.0.1

1.4.53.04.17 Umstrittene Literatur: Arno Schmidt
Der Dichter liest vor und spricht über sein Werk
SDR 1, 17.4.53, 21.02—21.30
.1 A.S. liest aus Brand's Haide, 12'10''
= 1.1.2.0.1, 143—152: Nachts — Liu!
.2 A.S. im Gespräch mit Martin Walser, 8'10''
.3 A.S. liest aus Die Umsiedler, 8'20''
= 1.1.3.0.1, 12—14: Eine Kiste — Kaffee 50).
15: Ein Frierender — nicht hoch?
16: Es gab einen — mit aigu.
36—37: eine Schreibmaschine — Schal enger.
Aufnahme: 19.8.52

1.4.55.10.21 ,,Nichts ist mir zu klein''
Eine Sendung zum Gedächtnis an den Lyriker Barthold Heinrich Brockes
SDR 1, 21.10.55, 22.30—24.00, 52'45'', Ms: 38 S.
auch: NWDR, Hamburg, 16.12.55, 22.10—23.30
= 1.1.16.0.2

1.4.55.12.02 Anachronismus als Vollendung
Zum Gedächtnis an Friedrich Baron de la Motte Fouqué
SDR 1, 2.12.55, 22.30—23.00, 58'45'', Ms: 34 S.
auch: SFB 1, 8.2.57, 22.45—23.30, 40'15'', Ms: 26 S.

1.4.56.05.25 Der vorletzte Großmystiker
Versuch über Karl May
SDR 1, 25.5.56, 22.30—23.30, 58'10''
auch: SFB 1, 21.6.57, 22.45—23.30, 44'10'', Ms: 31 S.
s: 1.1.14

1.4.56.12.14 Treffpunkt für Zauberer
A.S. besichtigt ,,Die Insel Felsenburg''
SDR 1, 14.12.56, 22.30—23.30, 57'00''
auch: SFB 1, 4.10.57, 22.45—23.30, 43'50'', Ms: 27 S.
= 1.1.9.0.3

1.4.57.02.22 Dya Na Sore — Blondeste der Bestien
Bericht über eine verschollene Utopie
SDR 1, 22.2.57, 22.30—23.35, 61'15''
= 1.1.9.0.2

1.4.57.03.28 Geschichten auf dem Rücken erzählt
SWF 2 (Landesstudio Rheinland-Pfalz), 28.3.57, 20.00—20.30, 24'50''
auch: SWF 2 (Landesstudio Rheinland-Pfalz), 20.8.59, 19.00—19.30
.1 Geschichte auf dem Rücken erzählt
= 1.2.56.05.12; 1.4.68.09.27
.2 Verschobene Kontinente
= 1.2.58.12.04; 1.4.68.09.27
.3 Nachbarin, Tod und Solidus
= 1.1.17.0.4; 1.4.68.09.27
Sprecher: A.S.

1.4.57.04.26 Wieland oder die Prosaformen
Ein erdachtes Gespräch
SDR 1, 26.4.57, 22.30—23.40, 68'10''
= 1.1.9.0.7

1.4.57.04.28 Seltsame Tage
Eine Skizze
SWF 2 (Landesstudio Rheinland-Pfalz), 28.4.57, 8.00—8.15, 6'50''
= 1.1.17.0.7
= 1.4.68.09.27
Sprecher: A.S.

1.4.57.07.11 Zählergesang
SWF 2 (Landesstudio Rheinland-Pfalz), 11.7.57, 20.15—20,25, 8'15''
= 1.1.17.0.1
= 1.4.68.09.27
Sprecher: A.S.

1.4.57.09.13 Die Schreckensmänner
Eine Studie zum 200. Geburtstag von Karl Philipp Moritz
SDR I, 13.9.57, 22.30—23.30, 59'20''
= 1.1.9.0.10

1.4.57.10.18 Klopstock oder Verkenne dich selbst
Aspekte eines unbekannten Dichters
SDR 1, 18.10.57, 22.30—24.00, 66'15''
1.1.9.0.9

1.4.58.01.09 Am Fernrohr
Eine Kurzgeschichte
SWF 1 (Landesstudio Rheinland-Pfalz), 9.1.58, 11.45—11.55, 8'30''
auch: SWF 2 (Landesstudio Rheinland-Pfalz), 18.1.58, 19.05—19.10
= 1.1.17.0.11
Sprecher: A.S.

1.4.58.01.24 Die Meisterdiebe
Von Sinn und Wert des Plagiats
SDR 1, 24.1.58, 22.30—23.30, 54'40'', Ms: 41 S.

1.4.58.02.01 Einigkeit durch Sternkunde
HR 2, 1.2.58, 17.30—17.45, Ms: 10 S.
= 1.3.58.1 (dialogisiert)
= 1.2.57.06.01 (bearbeitet)

1.4.58.02.23 **Tina, oder über die Unsterblichkeit**
HR 2, 23.2.58, 22.00—22.30
= 1.1.9.0.11

1.4.58.03.19 **Ein Buch und eine Meinung**
A.S. spricht über das Buch von Fritz Lockemann ,,Gestalt und Wandlungen der deutschen Novelle''
SDR 2, 19.3.58, 20.15—20.30
= 1.2.58.01.25 (gekürzt)
= 1.2.58.04.03

1.4.58.03.27 **Schlüsseltausch**
Kurzerzählung
SWF 1 (Landesstudio Rheinland-Pfalz), 27.3.58, 11.45—11.55
auch: SWF 2 (Landesstudio Rheinland-Pfalz), 5.4.58, 19.05.—19.15
= 1.1.17.0.2
Sprecher: A.S.

1.4.58.04.18 **Der Letzte des Hainbundes**
A.S. entdeckt Samuel Christian Pape
Mit einem Interview A.S.s durch Helmut Heissenbüttel
SDR 1, 18.4.58, 22.30—23.30
= 1.1.16.0.4

1.4.58.05.10 **Arno Schmidt erzählt vier kurze Geschichten**
SWF (Landesstudio Rheinland-Pfalz), Aufnahme: 10.5.58, 19'25''
.1 Ich bin erst sechzig
= 1.2.56.01.26
.2 Was soll ich tun?
= 1.1.17.0.9
.3 Die lange Grete
= 1.1.17.0.23
.4 Die Vorsichtigen
= 1.1.17.0.6
Sprecher: A.S.
Ein Sendedatum konnte nicht ermittelt werden.

1.4.58.07.01 **Vom neuen Großmystiker**
Karl May's Platz in der Hochliteratur
Vorschlag zu einer Revision
HR 1, 1.7.58, 22.20—23.20, 58'05'', Ms: 40 S.
auch: HR 2, 27.8.58, 21.15—22.15
= 1.1.9.0.5
s: 1.1.14

1.4.58.07.03 **Nebenberuf: Dichter? — Flucht vor dem Werk**
2 Glossen
SWF 1, 3.7.58, 11.45—11.55, 9'20''
auch: SWF 2, 12.7.58, 19.05.—19.15
.1 Nebenberuf: Dichter?
= 1.2.55.05.13; 1.4.68.09.27
.2 Flucht vor dem Werk
= 1.2.55.08.15
Sprecher: A.S.

1.4.58.08.28 **Krakatau**
Die größte aller bekannten Erdkatastrophen
SWF 1, 28.8.58, 17.40—18.00, 19'50''
auch: SWF 2, 26.9.58, 11.00—11.15
= 1.1.17.0.24
= 1.2.58.08.23
= 1.4.58.09.02

1.4.58.09.02 Vor 75 Jahren: Ausbruch des Krakatau
HR 2, 2.9.58, 21.00—21.15, 13'25''
= 1.1.17.0.24
= 1.4.58.08.28

1.4.58.09.12 Herder oder Vom Primzahlmenschen
SDR 1, 12.9.58, 22.30—24.00, 84'30''
= 1.1.12.0.2

1.4.58.10.23 Schulausflug
SWF 2 (Landesstudio Rheinland-Pfalz), 23.10.58, 19.15—19.45, 19'55''.
= 1.1.17.0.13
Sprecher: A.S.

1.4.58.11.21 Der sanfte Unmensch
Eine unorthodoxe Rückschau auf den Nachsommer von Adalbert Stifter
Mit einer Replik von Max Stefl
SDR 1, 21.11.58, 22.30—24.00, 74'50''
= 1.1.9.0.6
s: 2.2.9.58.11.21

1.4.59.02.27 1770—1870
Heinrich Albert Oppermann's Zeit- und Lebensbilder aus drei Generationen
SDR 1, 27.2.59, 22.30—24.00, 70'35''
= 1.1.12.0.5

1.4.59.07.01 Belphegor oder: Wie ich Euch hasse
HR 2, 1.7.59, 21.15—22.20, 60'45'', Ms: 58 S.
= 1.1.12.0.1

1.4.59.07.31 Johannes von Müller oder Vom Gehirntier
SDR 1, 31.7.59, 22.30—24.00, 85'50''
= 1.1.12.0.3

1.4.59.10.09 Fünfzehn oder: Vom Wunderkind der Sinnlosigkeit
A.S. berichtet über Ludwig Tieck
SDR 1, 9.10.59, 22.30—24.00, 86'30''
= 1.1.16.0.5

1.4.60.02.03 Ein Buch und eine Meinung
A.S. äußert sich zu dem Roman von James Jones ,,Die Entwurzelten''
SDR 2, 3.2.60, 20.15—20.30
= 1.1.17.0.36
= 1.2.59.11.25 (gekürzt)

1.4.60.05.13 Bericht vom Nichtmörder
Charles Dickens
SDR 1, 13.5.60, 22.30—23.40, 67'00'', Ms: 43 S
= 1.1.18.0.3
= HR 2, 16.7.66, 21.00—22.00, Ms: 58 S.

1.4.60.07.01 Angria und Gondal
Der Traum der taubengrauen Schwestern
Bericht über die Geschwister Brontë
SDR 1, 1.7.60, 22.30—23.40, 66'00'', Ms: 41 S.
= 1.1.18.0.1

1.4.60.11.18 Das Geheimnis von Finnegans Wake
Eine Untersuchung des Spätwerks von James Joyce
SDR 1, 18.11.60, 22.30—24.00, 87'35'', Ms: 59 S.
s: 1.2.60.12.02, .09, .16
s: 2.2.11.61.03.23

1.4.61.11.10 Der Triton mit dem Sonnenschirm
Überlegungen zu einer Lesbarmachung von
„Finnegans Wake" von James Joyce
SDR 1, 10.11.61, 22.30—24.00, 87'15", Ms: 33 S.
= 1.1.18.0.5
A.S. sprach Stimme D, Aufnahme: 5.7.61, Funkhaus Hannover

1.4.61.11.23 Ein Buch und eine Meinung
A.S. nimmt Stellung zu dem Erzählungsband
„Sanfter Schrecken" von Stanley Ellin
SDR 1, 23.11.61, 22.45—23.00, Ms: 9 S.
= 1.1.17.0.32 (ausführlicher)
= 1.2.62.01.11 (ausführlicher)

1.4.61.12.03 Old Shatterhand und die Seinen
Leben und Werk Karl Mays
NDR 2, 3.12.61, 22.45—23.25, 38'50", Ms: 29 S.
s: 1.1.14

1.4.62.05.17 Ein Buch und eine Meinung
A.S. äußert sich zur James-Joyce-Biographie von Richard Ellmann
SDR 1, 17.5.62, 22.45—23.00
= 1.2.62.08.1

1.4.62.12.22 Was soll ich tun?
In: Abenteuer unter der Leselampe
SWF 2, 22.12.62, 9.30—12.00
auch: SWF 2, 5.12.64, 9.30—12.00
= 1.1.17.0.9

1.4.63.11.04 Ein unerledigter Fall
Zum 100. Geburtstag von Gustav Frenssen
SDR 1, 4.11.63, 22.30—24.00, 87'35"
auch: HR 3, 4. 9. 64, 20.20—21.50
= 1.1.16.0.3

1.4.63.11.24 Sind wir noch ein Volk der Dichter und Denker? VI.
Die moderne Literatur und das deutsche Publikum
HR 1, 24.11.63, 10.00—10.30, 23'15"
= 1.3.64.2
Sprecher: A.S., Aufnahme: 1.11.63, Funkhaus Hannover

1.4.64.01.14 Ein Buch in unserer Zeit
A.S.: Sitara und der Weg dorthin
WDR 2, 14.1.64, 16.30.—17.00, Ms: 14/18 S.
= 1.1.14, 11—12: MAY's Werrk — verketzert.
264—266: Eine S-BIO — entspricht.
267—273: Anschließend — Maßstäbe!
s: 2.2.14.64.01.14

s: 2.1.64.01.18.5

1.4.64.04.19 Kühe in Halbtrauer
HR 2, 19.4.64, 22.00—22.45, 26'10"
auch: RIAS 1, 25.7.65
= 1.1.15.0.1
Sprecher: A.S., Aufnahme: 15.4.64, Funkhaus Hannover

1.4.64.04.27 Conanchet oder die Beweinte von Wish-Ton-Wish
RIAS, 27.4.64, 20.01—20.33, Ms: 24 S.
= 1.3.62.2, 646—651: leicht gekürzt
+ 1.6.12, 7, 525—538
Einführung: Hedwig Rohde

1.4.64.05.18 Was soll ich tun?
Eine Anmerkung über das Lesen
NDR 2, 18.5.64, 14.30.—14.40, 5'25''
= 1.1.17.0.9
Sprecher: A.S., Aufnahme: 15.4.64, Funkhaus Hannover
A.S. las auch ,,Seltsame Tage'' (6'35'') und ,,Verschobene Kontinente'' (4'35''), die jedoch nicht gesendet wurden.

1.4.64.08.23 Abenteuer eines Philologen in der Sylvesternacht
HR 2, 23.8.64, 22.00—22.30
= 1.1.15.0.8
= 1.4.71.12.31 (Neuproduktion)

1.4.64.11.09 Übersetzen, zu leicht gemacht
Coopers ,,Ravensnest''
Beispiel einer umstrittenen Renaissance
HR 1, 9.11.64, 21.00—21.30, Ms: 19 S.
= 1.1.18.0.10 (dialogisiert, Lesarten!)

1.4.64.12.13 Das Tagebuch und der moderne Autor. 6.
Eines Hähers ,,:tué!'' und 1014 fallend
HR 1, 13.12.64, 10.00—10.30, Ms: 16 S.
= 1.3.65.1

1.4.65.05.25 Der Ritter vom Geist
Karl Gutzkow und Das junge Deutschland
HR 1, 25.5.65, 22.20—23.40, 70'50'', Ms. 54 S.
= 1.1.16.0.1

1.4.65.08.03 Und dann die Herren Leutnants
Vor 100 Jahren erschien Adalbert Stifters ,,Witiko''
HR 1, 3.8.65. 22.20—23.20, 51'05'', Ms: 41 S.
= 1.1.16.0.6

1.4.65.10.03 Observatorium Olbers in Bremen (1802)
RB 2, 3.10.65, 20.45—21.15, Ms: 13 S.
= 1.1.12.0.6, 364—374
Funkbearbeitung: Günter Giefer

1.4.65.11.07 Modell und Provokation 2.
Warum ich nicht wie Jules Verne schreibe
A.S. über sein literarisches Vorbild
HR 1, 7.11.65, 10.05—10.35, 29'30''
= 1.1.17.0.38
= 1.3.67.3

1.4.66.01.13 Das Buch Jedermann
James Joyce zum 25. Todestage
DLF, 13.1.66, 22.00—23.00, Ms: 46 S.
= 1.1.18.0.6

1.4.66.02.13 Zum Lesen empfohlen
Kühe in Halbtrauer
mit einer Einführung von Henning Rischbieter
NDR 2, 13.2.66, 21.05—21.30, Ms: 10 S.
= 1.1.15.0.1, 7—17 (1.—4. Teil)

1.4.66.03.08 Eine Schuld wird beglichen:
QUINCTIUS HEYMERAN VON FLAMING
Über den Schriftsteller Heinrich August Julius Lafontaine
HR 1, 8.3.66, 22.20—23.20, Ms: 47 S.
auch: SDR 2, 26.9.66, 21.00—22.00

1.4.66.04.18 **Der Mann, der Wilkie Collins war**
A.S. auf den Spuren eines verschollenen Viktorianers
NDR 3, 18.4.66, 21.05—22.05, Ms: 23 S.
= 1.1.18.0.4: „Der Titel aller Titel!"
in Original-Typoskript:
handschriftlich: Enter Conte Fosco!
gestrichener Typoskript-Titel: WIEDERHOLTER ERFOLG
Typoskript-Untertitel: Betrachtungen zu WILKIE COLLINS & seiner 'Frau in Weiß'

1.4.67.03.13 **Stürenburg-Geschichten**
RIAS 2, 13.3.67, 21.15—22.00, 43'08", Ms: 33, davon 9 1/2 gestr.
= 1.1.17.0.16, .19, .20, .21, .22, gestr: .17, .18

1.4.68.09.27 **Geschichten auf dem Rücken erzählt**
und andere Stehgreifgeschichten
SDR 1, 27.9.68, 22.45—23.30, 41'00"
Helmut Heißenbüttel: Einleitung (3'50")
Geschichte auf dem Rücken erzählt (5'00")
= 1.2.56.05.12
Verschobene Kontinente (4'45")
= 1.2.58.12.04
H. Heißenbüttel: Zwischentext (1'05")
Zählergesang (8'05")
= 1.1.17.0.14
Seltsame Tage (6'55")
= 1.1.17.0.7
Nachbarin, Tod und Solidus (5'30")
= 1.1.17.0.4
H. Heißenbüttel: Zwischentext (40")
Nebenberuf Dichter? (5'05")
= 1.2.55.05.13
Die Autoren sprachen selbst, die A.S.-Aufnahmen sind Archiv-Aufnahmen des SWF.

1.4.68.12.31 **Was soll ich tun?**
in: DIE LESELUPE XXVI
RIAS, Berlin, 31.12.68, 18.00—19.00
= 1.1.17.0.9

1.4.69.01.18 **Über Bücher und andere Drucksachen**
WDR 3, 18.1.69, 16.00—16.30
Sprecher: A.S.
Kommentar: Heinrich Vormweg
Zusammenstellung von Archivaufnahmen des SWF (vgl. 1.4.68.09.27), Einzelheiten konnten nicht ermittelt werden.

Zettels Traum
Arno Schmidt kommentiert sein neues Buch
1.4.69.04.29 **I. Das Panorama**
1.4.69.05.13 **II. Marginalien & Proben**
NDR (+ SFB) 3, 29.4.69, 20.05—21.05, 52'50"
13.5.69, 20.05—20.35, 29'10"
auch: SDR 2, 2.5.69, 22.45—23.30; 9.5.69, 22.45—23.30
auch: HR 2, 25.5.69, 15.30—16.45
auch: NDR 3, 16.6.70
Sprecher: A.S., Aufnahme: 20.3.69, Bargfeld
s: 1.1.23

1.4.69.10.11 **Was wird er damit machen?**
Nachrichten aus dem Leben eines Lords
WDR 3, 11.10.69, 20.00—21.30, 71'45"
auch: SDR, 13.10.69
= 1.1.18.0.2

1.4.69.12.03 Der Fall Ascher
Reihe: Interessante Literatur
RIAS 2, 3.12.69, 22.00—22.30, 26'00''
auch: RIAS 2, 19.12.76, 10.30—11.00
= 1.1.18.0.11

1.4.71.10.05 ... denn ‚wallflower' heißt ‚Goldlack'
Versuch über Edward Bulwer-Lytton
2 Teile
NRD 3, 5.10.71, 20.45—21.30, 21.35—22.20, Ms: 25 S.
auch: WDR 3, 17.12.71, 21.00—21.45; 31.12.71, 21.15—21.50

1.4.71.12.31 Das Abenteuer einer Sylvesternacht
Eine Funkerzählung
HR 2, 31.12.71, 21.45—22.40
= 1.1.15.0.8
s: 1.4.64.08.23

1.4.73.08.29 Dankadresse zum Goethe-Preis 1973
in: DAS PRISMA
HR 2, 29.8.73, 19.30—20.00
= 1.2.73.08.28
s: 2.1.73.08.29
Sprecherin: Alice Schmidt, Aufnahme von der Verleihungsfeier

1.4.74.02.07 Der Vogelhändler von Imst
Gespräch über Carl Spindler, sowie über die Historie im Roman
SWF (/SDR/SR) 2, 7.2.74, 20.20—22.00
auch: NDR/SFB 3, 13.2.74
Einrichtung und Regie: Bernhard Rübenach
s: 2.1.74.11.16

1.4.75.03.24 Brand's Haide
HR 2, 24.—27.3., 1.—4.4., 7.—11.4, jeweils 10.40—11.00
= 1.1.2.0.1

1.4.75.04.29 (Antwort auf Umfrage)
in: Thomas Mann. 7. Wirkungen.
Stimmen von Zeitgenossen und eine Umfrage unter Autoren
NDR 3, 29.4.75, 21.00

1.4.75.08.28 Pharos oder von der Macht der Dichter
SWF 2 (SDR 2/SR-Studiowelle), 28.8.75, 22.30—23.00, 33'25''
auch: SWF 2, 20.9.75
= 1.1.22, 183—184

1.5 ÜBERSETZUNGEN DER WERKE ARNO SCHMIDTS

1.5.1 LEVIATHAN

1.5.1.1 Léviathan, ou le meilleur des mondes
Les lettres nouvelles. Paris: Julliard (1963). (Les lettres nouvelles 39 — Onzième Année Octobre 1963 Nouvelle Série — 14 me numéro de la revue). 135—164.
Ü: Jean-Claude Hémery
= 1.1.1.0.2
Okt 1963

1.5.1.2 Il Leviatano ovvero Il migliore dei mondi
Il menabò di letteratura. Nr. 9. Hg. v. Elio Vittorini und Italo Calvino. (Turin): Einaudi (1966). 121—149.
Ü: Emilio Picco
= 1.1.1.0.2
149—150 Notizia su Arno Schmidt

1.5.1.3 Leviathan of De beste van alle werelden
8 Duitse Verhalen. Hg. v. H. Mulder. Amsterdam: De Bezige Bij 1966. (Literaire reuzenpocket 177). 75—112.
Ü: H. Mulder
= 1.1.1.0.2
113—119 Enkele verklarende opmerkingen bij ,,Leviathan'' van Arno Schmidt

1.5.4 AUS DEM LEBEN EINES FAUNS

1.5.4.1 Scènes de la vie d'un faune
Paris: Julliard (1962). (Les lettres nouvelles 31).
189 S. Kt. 14x20
Ü: Jean-Claude Hémery, in Zusammenarbeit mit Marine Vallette
= 1.1.4 + 1.3.53.2
= 1.5.4.6
185—188 J.-C.H.(émery): Auflage: 8.3.63
= 2.2.4.62.1; 2.2.4.76.1
Druckabschluß: 21.12.62; 2. Auflage: 8.3.63

1.5.4.2 Af en fauns liv
Fredensborg: Forfatternes Forlag Arena 1964.
163 S. kt, 13,5x21. Umschlag: Jens Nordsø
Ü: Birte Svensson
= 1.1.4
Auflage: 2500 Stück

1.5.4.3 Natt 1944
Stormcentrum. Modern tysk prosa. Hg. v. Stig Jonasson und Carl-Henning Wijkmark. Stockholm: Prisma 1964. 156—165.
Ü: Stig Jonasson und Carl-Henning Wijkmark
= 1.1.4, 146—156: Nachrichten — Ihr werdt Euch wundern!

1.5.4.4 Hamburg (augusti 1939)
Modern tysk berättarkonst. Hg. v. Daniel Hjorth. Stockholm: Aldus / Bonnier (1965). (Delfinbok D 187). 186—192
Ü: Wolfgang Hirsch und Sven Lindner
= 1.1.4, 97—106: (Vorm Hauptbahnhof — Türen schließen!''

1.5.4.5 Ur en fauns liv
Stockholm: Bonnier (1970). (Panacheserien).
140 S. Kt. 12x19,5.
Ü: Wolfgang Hirsch und Sven Lindner; unter Verwendung von 1.5.4.3 und 1.5.4.4
= 1.1.4

1.5.4.6 Scènes de la vie d'un faune
(Paris): Les lettres nouvelles (— Union génerale d'editions 1976). (10/18 Nr. 1068).
186 S. Kt. 10,7x17.7. Umschlag: Pierre Bernard.
Ü: Jean-Claude Hémery, in Zusammenarbeit mit Martine Vallette.
= 1.1.4 + 1.3.53.2
Taschenbuchausgabe von 1.5.4.1
185—188 J.-C. H(emery): Postface
= 2.2.4.62.1
Druckabschluß: 15.6.76

1.5.7 DIE GELEHRTENREPUBLIK

1.5.7.1 La République des Savants. roman
Paris: Julliard (1964). (Les Lettres Nouvelles).
223 S. Kt. 14x20
Ü: Martine Vallette, in Zusammenarbeit mit Jean-Claude Hémery
= 1.1.7
Nov 1964, Druckabschluß: 22.9.64

1.5.7.2 From: ‚Die Gelehrtenrepublik'
German Writing Today. Hg. v. Christopher Middleton. (Harmondsworth): Penguin (1967). 94—99.
Ü: Michael Horovitz
= 1.1.7, 25—33: : ,,Oh = no'' — Siesta! ...

1.5.7.3 La república de los sabios
Buenos Aires: Ediciones Minotauro 1973. (Colección Spectrum).
183 S. Kt. 11x20.
Ü: Luis Alberto Bixio
= 1.1.7
Druckabschluß: 30.3.73
n.v.

1.5.9 DYA NA SORE

1.5.9.1 Tina o della immortalità
Carte segrete. Nr. 3. 1. Jg, Juli—Sep 1967. (15.9.67). (Rom): Carte Segrete 1967. 78—107.
Ü: Maria Teresa Mandalari (Presentazione, note e traducione)
= 1.1.9.0.11
107—115 Ernst Krawhel (= Krawehl): Le trappole linguistische schmidtiane
= 2.2.9.67.09.15

1.5.10 **ROSEN & PORREE**

1.5.10.1 Alexander eller vad är sanning?
Tysk samtid (Stockholm): LTs Förlag (1958). 159—206.
Ü: Gun und Nils A. Bengtsson
= 1.1.10.0.3

1.5.10.2 Alessandro o Della verità
(Turin): Einaudi (1965). (La ricerca letteraria 1).
260 S. Kt. 10,6x18,1.
Ü: Emilio Picco

.1	5—39	Gadir ovvero Conosci te stesso = 1.1.1.0.1
.2	41—82	Enthymesis ovvero Q.V.O = 1.1.1.0.3
.3	83—144	Alessandro o Della verità = 1.1.3.0.2
.4	145—253	Cosma ovvero La montagna del nord = 1.1.5
	259—260	(Nachbemerkung/Kurzbiografie)

1.5.10.3 Sjöstycke med Pocahontas
(Stockholm): Tidens Förlag (1966). (Tellus Serien, hg. v. Artur Lundkvist).
288 S. Kt. 12,2x20,3. Umschlag: Kjell Ivan Andersson.
Ü: Irmgard Pingel

	7—9	Artur Lundkvist: Inleding = 2.2.10.67.1
.1	11—76	Sjöstycke med Pocahontas = 1.1.10.0.1
.2	77—127	De förflyttade = 1.1.3.0.1
.3	129—187	Alexander eller Vad är sanning? = 1.1.3.0.2
.4	189—288	Kosmas eller Om berget i norr = 1.1.5

1.5.15 **KÜHE IN HALBTRAUER**

1.5.15.1 Køer halvt i sorg
Ny Tysk Prosa. Hg. v. Poul Borum. Kopenhagen: Vendelkaer 1965.
Ü: Paul Borum und Inger Christensen
= 1.1.15.0.1
n.v.

1.5.17 **TROMMLER BEIM ZAREN**

1.5.17.1 Nŏmu dalmasŏ (Zu ähnlich)
Mulŭi yochŏnun gada. Dogil sinchin chagga danp'yun chip. Deutsche Erzählungen der Gegenwart. (Hg. v. Sigrid Kahle und Chan-Ki Pak). Seoul: Chang-Moon Sa / Herrenalb: Erdmann (1967). 338—343.
Ü: Chan-Ki Pak und Tschang Boum Rhie
= 1.1.17.0.21
koreanische Ausgabe von: 1.3.66.3

1.5.17.2 Paromoios
Germanika metapolemika diegemata. Mia anthologia. Hg. v. Aris Dikaios. (Athen): „Logotechniki" (G. Darkadakis) / (Tübingen-Basel): Erdmann 1967. 176—180.
Ü: Aris Dikaios
= 1.1.17.0.21
neu-griechische Ausgabe von: 1.3.66.3

1.5.17.3 Ligheden var for stor
Tyske Fortaellere 1945—1965. Hg. v. Erland Munch-Petersen. Kopenhagen: Aschehoug Dansk 1969. (Minerva-Bøgene). 209—214.
Ü: Mirjam Schøning-Jepsen
= 1.1.17.0.21

1.5.17.4 Privel'mi podobný
Lebo clovek hl'adá teplo. Nemecké poviedky dvoch desaťročí. (Bratislava: Tatran 1969). 85—88.
= 1.1.17.021
slovakische Ausgabe von: 1.3.66.3

1.5.17.5 Prea mare asemǎnare
Udina îsi ja rǎmas bun. (Povestiri germane din douǎ decenil). Hg. v. Suzi Hirsch. Bukarest: Editura pentru literaturǎ universalǎ 1969. 422—427.
Ü: Const. Ianculescu
= 1.1.17.0.21
rumänische Ausgabe von: 1.3.66.3

1.5.17.6 prozǎ modernǎ ARNO SCHMIDT
Privind prin ochean
Ce sǎ fac?
Prisma 4/1970. Buletin editat de Ambasada R.F.G. Bucuresti.
Ü: [Marina Spinu]
= 1.1.17.0.11, .9
s: 2.1.70.04.1
Prisma wird für die Botschaft der BRD in Bukarest vom Friedrich Reinecke Verlag, Hamburg hergestellt.

1.5.17.7 Notable parecido
Narradores alemanes contemporáneos. Buenos Aires: Editorial Sudamericana (1970). Auch: Mexiko: Editorial Hermes (1970). 134—138.
Ü: Norberto Silvetti Paz
= 1.1.17.0.21
spanische Ausgabe von: 1.3.66.3

1.5.17.8 Tvrde gol'amo schodstvo
Kogato vojnata svrsi. Prevod ot Nemski. Sofia: Narodna Kultura 1971. 72—77.
Ü: El. Nukolosa-Ruz
= 1.1.17.0.21
bulgarische Ausgabe von: 1.3.66.3

1.5.17.9 Il Giorno del Fiore di Cactus
Carte segrete. Nr. 16. 5. Jg, Apr—Juni 1971. (Rom): Carte segrete 1971. 87—90.
Ü: Gianna Mingrone Schadauser und Maximilian Vilzmann
= 1.1.17.0.3

1.5.17.10 Ha'chalefat maftechot
Siman kri'ah, (Vierteljahresschrift für Literatur), Tel Aviv, Nr. 7, Mai 1977, 226—227.
Ü: Ilana Hammerman
= 1.1.17.0.2

1.5.17.11 Ha'leila mitgalgelah
siman kri'ah, (Vierteljahresschrift für Literatur), Tel Aviv, Nr. 7, Mai 1977, 226—227.
Ü: Ilana Hammerman
= 1.1.17.0.8

1.5.20 ZETTELS TRAUM

1.5.20.1 from Zettels Traum
TriQuarterly, No. 38, Winter 1977, Evanston, Ill: Northwestern University 1977. 142—151.
Ü: H.I.S. de Genez (fehler- und lückenhaft)
= 1.1.20, 97—101: ,,'La musique' — KliMagtherium).

1.5.21 SCHULE DER ATHEISTEN

1.5.21.1 The School of Atheists
Dimension. Contemporary German Arts and Letters. Vol. VI, No. 1, 1973. Austin: The University of Texas 1973. n.p., zwischen 248—249.
Ü: Ralph R. Read III und Hans-Bernhard Moeller
= 1.1.21, 250—251
s: 1.3.75.2

1.6 ÜBERSETZUNGEN DURCH ARNO SCHMIDT

1.6.1 HAMMOND INNES:
DER WEISSE SÜDEN.
(Hamburg): Rowohlt (1952). (rororo 52).
210 S. Kt + Ln-Rücken. 11,5x19. Umschlag: Karl Gröning jr. / Gisela Pferdmenges
1.—50. T. Apr 52, 51.—75. T. Nov 53, 76.—87. T. Mai 56, 88.—100. T. März 57, 101.—113. T. Feb 58, 114.—125. T. Apr. 59;
126.—135. T. März 61, 136.—143. T. Apr 63: (Reinbek): Rowohlt (1961), 219 S., Kt. Umschlag: Jan Buchholz/Reni Hinsch
Originaltitel: The White South

1.6.1.1 HAMMOND INNES:
DER WEISSE SÜDEN
(Gütersloh): Bertelsmann Lesering (1954).
319 S. Hld. 12x19
Auflage: 80 000

1.6.1.2 HAMMOND INNES:
DER WEISSE SÜDEN
(Stuttgart): Blüchert 1954. (blücherts bewährte bücher).
369 S. Ln. 12,5x19,5.
n.v.

1.6.1.3 HAMMOND INNES:
DER WEISSE SÜDEN. Roman
Olten — Stuttgart — Salzburg: Fackelverlag (1960).
365 S. Hld. 11,5x18.5.

1.6.1.4 HAMMOND INNES:
DER WEISSE SÜDEN. Roman der Antarktis.
Stuttgart: Günther (1962).
267 S. Ln. 12,5x19. Umschlag: Rudolf Misliewietz.

1.6.1.5 HAMMOND INNES:
DER WEISSE SÜDEN. Roman der Antarktis.
(München): List (1978).
314 S. Ln. 13x21.

1.6.2 PETER FLEMING:
DIE SECHSTE KOLONNE. Eine merkwürdige Geschichte aus unseren Tagen.
Hamburg: Rowohlt (1953). (rororo 80).
146 S. Kt + Ln-Rücken. 11,5x19. Umschlag: Karl Gröning jr. / Gisela Pferdmenges.
1.—50. T. Apr 1953
Originaltitel: The Sixth Column.

1.6.3 NEIL PATERSON:
EIN MANN AUF DEM DRAHTSEIL. GEORGE WILSON. Zwei Erzählungen.
(Hamburg): Rowohlt (1953). (rororo 86).

153 S. Kt + Ln-Rücken. 11,5x19. Zeichnungen im Text von Wilhelm M. Busch. Umschlag: Karl Gröning jr. / Gisela Pferdmenges.

1.—50. T. Juni 1953

Originaltitel: Man on the Tight Rope. The Life and Death of George Wilson.

5—102 Ein Mann auf dem Drahtseil
103—152 GEORGE WILSON und er war wirklich ein Prachtexemplar!

1.6.4 HANS RUESCH:
RENNFAHRER. Roman.
(Hamburg): Rowohlt (1955). (rororo 139).

148 S. Kt + Ln-Rücken. 11,5x19. Umschlag: Karl Gröning jr. / Gisela Pferdmenges.

1.—50. T. Feb 1955

Originaltitel: The Racer

1.6.45 SLOAN WILSON:
DER MANN IM GRAUEN ANZUG. Roman.
(Hamburg): W. Krüger (1956).

354 S. Ln. 13x21.

Originaltitel: The Man in the Gray Flannel Suit

„Berechtigte Übertragung aus dem Amerikanischen"
A.S. ist als Übersetzer in keiner der Ausgaben genannt, da er mit eigenmächtigen Eingriffen des Verlages in die Übersetzung nicht einverstanden war.

1.6.45.1 SLOAN WILSON:
DER MANN IM GRAUEN ANZUG. Roman.
(Hamburg): W. Krüger (1958). (Die Bücher der Neunzehn 49).

354 S. Ln. 13x21.

1.6.45.2 SLOAN WILSON:
DER MANN IM GRAUEN ANZUG. Roman.
(Hamburg): W. Krüger (1961). (Volksausgabe).

314 S. Ln. 11,5x19,5. Umschlag: Martin Andersch.

1.6.45.3 SLOAN WILSON:
DER MANN IM GRAUEN ANZUG
(Frankfurt/Main — Berlin): Ullstein Bücher (1964). (UB 495/496).

287 S. Kt. 11,5x17,5.

1.6.45.4 SLOAN WILSON:
DER MANN IM GRAUEN FLANELL
(Frankfurt/Main): W. Krüger (1976). (Krüger Erfolgsausgaben).

354 S. Ln.12,5x19,6. Umschlag: Warminski & Heinzlmeier, Buchteam Frankfurt.

1.6.5 EVAN HUNTER:
ABER WEHE DEM EINZELNEN. Roman.
(Wien): Ullstein (1957).

452 S. Ln. 13x20,4. Umschlag: Kurz Schwarz.

Originaltitel: Second Ending

1.6.6 HASSOLDT DAVIS:
DAS DORF DER ZAUBERER
(Berlin): Ullstein (1958).

277 S. Ln. 14,7x22,9. Mit 31 Abb von Ruth und Hassoldt Davis. Umschlag: Hans Hermann Hagedorn. Zeichnung der Vorsatzkarte: Elisabeth Armgardt.

Originaltitel: Sorcerers' Village

1.6.7 EVAN HUNTER:
AN EINEM MONTAG MORGEN. Roman.
Hamburg: Nannen (1959).

526 S. Ln. 13,5x21. Umschlag: Werner Rebhun (!).

Originaltitel: Strangers When We Meet

1.6.8 EVAN HUNTER:
RECHT FÜR RAFAEL MORREZ. Roman.
Hamburg: Nannen (1960).

356 S. Ln. 13,7x21,9.

Originaltitel: A Matter of Conviction

1.6.9 STANISLAUS JOYCE:
MEINES BRUDERS HÜTER.
Frankfurt/M. Suhrkamp 1960.

349 S. Ln. 12,8x20,9. Umschlag: Willy Fleckhaus.

Auflage: 4000 Stück
Originaltitel: My Brother's Keeper.
London: Faber & Faber 1959. Die Übersetzung folgte der Edition der Viking Press, New York 1958.

5—7	T. S. Eliot: Vorwort
9—24	Richard Ellmann: Einführung
25—336	Meines Bruders Hüter
337—348	Register
	Das Register ist gegenüber der englischen Ausgabe stark erweitert.

1.6.9.1 STANISLAUS JOYCE:
MEINES BRUDERS HÜTER
(Frankfurt/Main): Suhrkamp (1975). (st 273).

349 S. Kt. 10,7x17,6. Umschlag nach Entwürfen von Willy Fleckhaus und Rolf Staudt.

Auflage: 8000 Stück

= 1.6.9: fotomechanischer Nachdruck

1.6.10 STANLEY ELLIN:
SANFTER SCHRECKEN. 10 ruchlose Geschichten.
Stuttgart: Goverts (1961).

258 S. Ln. 11,5x19,5. Umschlag: Werner Rebhuhn.

1. Auflage: 3000 Stück
2. Auflage 1963: 2200 Stück

Originaltitel: Mystery Stories

7—15	Ellery Queen: Vorwort
17—48	Die Spezialität des Hauses
48—75	Hochleistungswerkzeuge GmbH
75—89	Tod am Weihnachtsabend
89—119	Die geordnete Welt des Mr. Appleby
119—145	Das Huneker-Gambit
145—172	Von allem das Beste
172—199	Verräter
200—229	Die Gesellschaft in der Villa
230—247	Der Börsenpfeil
248—285	Der Augenblick der Entscheidung

1.6.10.1 STANLEY ELLIN:
SANFTER SCHRECKEN: 10 ruchlose Geschichten.
(Frankfurt/Main — Hamburg): Fischer Bücherei (1963). (FTB 536).

189 S. Kt. 10,7x18. Umschlag: Kurt Wirth.

1.—22. T. Aug. 63, 23.—28. T. Apr 67, 29.—35. T. Mai 69, 36.—40. T. Mai 71; 41.—45. T. Juni 72, 46.—50. T. März 73, 51.—55. T. Apr 74: (Frankfurt/Main): Fischer Taschenbuch Verlag (1972).

7—12	Ellery Queen: Vorwort
13—33	Die Spezialität des Hauses
34—51	Hochleistungswerkzeuge GmbH
52—60	Tod am Weihnachtsabend
61—80	Die geordnete Welt des Mr. Appleby
81—97	Das Huneker-Gambit
98—115	Von allem das Beste
116—133	Verräter
134—153	Die Gesellschaft in der Villa
154—165	Der Börsenpfeil
166—189	Der Augenblick der Entscheidung

1.6.10.2 STANLEY ELLIN:
SANFTER SCHRECKEN. 10 ruchlose Geschichten.
Berlin — Darmstadt — Wien: Deutsche Buchgemeinschaft (1963).

216 S. Ln. 11,5x19,5. Einband: Peter Krüger.

5—11	Ellery Queen: Vorwort
13—36	Die Spezialität des Hauses
37—57	Hochleistungswerkzeuge GmbH
57—67	Tod am Weihnachtsabend
68—90	Die geordnete Welt des Mr. Appleby
90—109	Das Huneker-Gambit
109—129	Von allem das Beste
130—150	Verräter
150—173	Die Gesellschaft in der Villa
173—186	Der Börsenpfeil
187—215	Der Augenblick der Entscheidung

1.6.10.3 STANLEY ELLIN:
SPEZIALITÄTEN DES HAUSES
Bern — München — Wien: Scherz (1975). (Scherz-classic-Krimi 494)

127 S. Kt. 11x18. Umschlag: Heinz Looser, Foto: Warner Bros.

5—29	Die Spezialität des Hauses
30—50	Hochleistungswerkzeuge GmbH
51—74	Die geordnete Welt des Mr. Appleby
75—96	Von allem das Beste
97—116	Das Huneker-Gambit

Der ebenfalls enthaltene Text ,,Un-Begründeter Zweifel'' ist — ohne daß dies gekennzeichnet ist — nicht von A.S. übersetzt.

1.6.10.4 STANLEY ELLIN:
DIE SEGENSREICH-METHODE
Bern — München — Wien: Scherz (1975). (Scherz-classic-Krimi 518)

139 S. Kt. 11x18. Umschlag: Heinz Looser.

,,Einzig berechtigte Übertragung aus dem Amerikanischen von Kristin Wallstroem und A.S. Originaltitel: 'The Blessington Method''' (und 'Mystery Stories').

21—44	Verräter
45—70	Die Gesellschaft in der Villa
71—86	Der Börsenpfeil
87—118	Der Augenblick der Entscheidung

1.6.10.5 STANLEY ELLIN:
DER ACHT-STUNDEN-MANN
Bern — München — Wien: Scherz (1976). (Scherz-classic-Krimi 535).

143 S. Kt. 11x18. Umschlag: Heinz Looser, Foto: Thomas Cugini

„Einzig berechtigte Übertragung aus dem Amerikanischen von Kristin Wallstroem und A.S. Originaltitel: 'The Blessington Method' und 'Mystery Stories' ".

99—110 Tod am Weihnachtsabend

1.6.10.6 STANLEY ELLIN:
NACH ART DES HAUSES
(Bremen): Jacobi (1977). (Jacobi-Großdruck / SeniorenKrimi 3).

143 S. Kt. 12,5x20,5. Umschlag: Jobst v. Harsdorf.

5—41 Die Spezialität des Hauses
43—78 Die geordnete Welt des Mr. Appleby
79—111 Verräter
112—143 Von allem das Beste

1.6.11 PIETRO DI DONATO:
DAS FEST DES LEBENS. Roman.
(Hamburg): Nannen (1962).

291 S. Ln. (Restauflage: Kld.). 13,8x21,8. Umschlag: Werner Rebhuhn.

Originaltitel: Three Circles of Light

1.6.12 JAMES F(ENIMORE) COOPER:
CONANCHET ODER DIE BEWEINTE VON WISH-TON-WISH
(Stuttgart): Goverts (1962). (Neue Bibliothek der Weltliteratur).

683 S. Ln./Brosch. 10,9x17. Umschlag: Roland Hänßel.

Originaltitel: The Wept of Wish-Ton-Wish.
Philadelphia 1829.

621—683 A.S.: Nachwort (dat: Bargfeld; den 25.9.1961)
= 1.1.18.0.9 (Lesarten!)

Unter dem Titel: „CONANCHET oder die Siedler im Nachtigallental" stark gekürzter und bearbeiteter Vorabdruck in 94 Fortsetzungen vom 21.12.61 — 12.4.62 in der Deutschen Zeitung.

1.6.12.1 JAMES F(ENIMORE) COOPER:
CONANCHET ODER DIE BEWEINTE VON WISH-TON-WISH
(Frankfurt/Main): Fischer Taschenbuch Verlag (1972). (FTB 1287).

414 S. Kt. 10,7x18. Umschlag: Jan Buchholz / Reni Hinsch.

1.—15. T. Aug 72, 16.—20. T. Mai 77

375—414 A.S.: Nachwort
= 1.1.18.0.9

1.6.13 WILLIAM FAULKNER:
NEW ORLEANS. Skizzen und Erzählungen.
Stuttgart: Goverts (1962). [auch: Zürich: Fretz & Wasmuth (1962)].

225 S. Ln. 13,5x20,8. Umschlag: Gerhard M. Hotop.
Originaltitel: New Orleans Sketches

7—34	Carvel Collins: Zu diesen Skizzen
35—50	New Orleans
51—57	Aus dem Gesellschaftsleben von Chartres Street
59—71	Damon & Pythias in Konkurs
73—81	Heimat (Einzelabdruck: Sonntagsblatt 1.4.62)
83—92	Eifersucht
93—100	Meinliebermann!
101—112	Geburtsort Nazareth
113—121	Das Reich Gottes
123—130	Der 'Rosenkranz'
131—136	Der Flickschuster
137—145	Ein Glückstag
147—159	Sonnenuntergang
161—169	Noch bist du Lehrling, mein Junge!
171—186	Der Lügner
187—192	Episode
193—210	Landmäuse
211—225	Yo Ho und zwei Buddeln voll Rum

1.6.13.1 WILLIAM FAULKNER:
NEW ORLEANS, Skizzen und Erzählungen.
(München): DTV (1964). (dtv-sr 30).

141 S. Kt. 10,7x18. Umschlag: Celestino Piatti.

1.—15. T. Juli 64

7—27	Carvel Collins: Zu diesen Skizzen
29—38	New Orleans
39—42	Aus dem Gesellschaftsleben von Chartres Street
43—50	Damon & Pythias in Konkurs
51—55	Heimat
56—61	Eifersucht
62—66	Meinliebermann!
67—74	Geburtsort Nazareth
75—79	Das Reich Gottes
80—84	Der 'Rosenkranz'
85—87	Der Flickschuster
88—92	Ein Glückstag
93—100	Sonnenuntergang
101—105	Noch bist du Lehrling, mein Junge!
106—116	Der Lügner
117—119	Episode
120—131	Landmäuse
132—141	Yo Ho und zwei Buddeln voll Rum

1.6.14 (STANISLAUS JOYCE):
DAS DUBLINER TAGEBUCH DES STANISLAUS JOYCE
Hg. v. George Harris Healey. (Frankfurt/Main): Suhrkamp (1964).

207 S. Ln. 12,8x20,6. Umschlag: Willi Fleckhaus.

Originaltitel: The Dublin Diary of Stanislaus Joyce.
London: Faber & Faber 1962.

Diese Ausgabe war gekürzt; inzwischen erschien eine vollständige Fassung: The Complete Dublin Diary of Stanislaus Joyce. Edited by George H. Healey. Ithaca—London: Cornell University Press. 1971.
Auflage: 3000 Stück

5—14	George Harris Healey: Vorwort
15—17	A.S.: Anmerkung des Übersetzers = 1.3.64.3
19—197	Das Dubliner Tagebuch
199—205	Register
	Im Text zahlreiche Anmerkungen des Übersetzers

1.6.14.1 (STANISLAUS JOYCE):
DAS DUBLINER TAGEBUCH DES STANISLAUS JOYCE
Hg. v. George Harris Healey. (Frankfurt/Main): Suhrkamp (1967). (es 216).

180 S. Kt. 10,8x17,7. Umschlag: Willy Fleckhaus.

Auflage: 8000 Stück

7—13	George Harris Healey: Vorwort
14—15	A.S.: Anmerkung des Übersetzers = 1.3.64.3
17—171	Das Dubliner Tagebuch
173—180	Register

1.6.15 WILKIE COLLINS:
DIE FRAU IN WEISS. Roman.
(Stuttgart): Goverts (1965).

850 S. Ln. 13,5x21. Umschlag: Roland Hänßel.

5. Auflage 1968: 740 S.
Der 4. Auflage liegt bei: 1 Zettel DIN A 6 „Errata" mit 11 Korrekturen.

Originaltitel: The Woman in White

1.6.15.1 WILKIE COLLINS:
DIE FRAU IN WEISS. Roman.
2 Bde. (München): DTV (1968). (dtv 500/501).

850 S. Kt. 10,7x18. Umschlag: Celestino Piatti.

1.—20. T. Juli 68, 21.—30. T. Okt 68, 31.—40. T. Apr 70, 41.—50. T. Mai 71, 51.—65. T. Juli 71, 66.—80. T. Feb 73, 81.—90. T. März 75, 91.—100 T. Juni 77.

1.6.15.2 WILKIE COLLINS:
DIE FRAU IN WEISS: Roman.
Frankfurt/Main — Wien — Zürich: Büchergilde Gutenberg (1968).

740 S. Ln. 12,5x20,5.

Auflage 1971: 766 S. 14,5x22,2.

1.6.15.3 WILKIE COLLINS:
DIE FRAU IN WEISS: Roman.
Stuttgart — Hamburg: Deutscher Bücherbund oJ.

766 S. Ln. 14,5x22,4. Ausstattung: Hubertus Mall.

1.6.15.4 WILKIE COLLINS:
DIE FRAU IN WEISS. Roman.
(Stuttgart: Europäische Bildungsgemeinschaft / Gütersloh: Bertelsmann / Wien: Buchgemeinschaft Donauland / Berlin — Darmstadt — Wien: Deutsche Buch-Gemeinschaft o.J.).

623 S. Ln. 13,7x22,1. Umschlag: Gebhardt und Lorenz.

1.6.16.0.1 EDGAR ALLAN POE:
WERKE I. Erste Erzählungen Grotesken Arabesken Detektivgeschichten.
Hg. v. Kuno Schumann und Hans Dieter Müller. Deutsch v. A.S., Hans Wollschläger, Kuno Schuhmann.
Olten — Freiburg/Br: Walter (1966).

1099 S. Ln. 11,2x18.
1. Auflage: 1966
2. Auflage: 1973 — durch Einarbeitung von Ergänzungen zum Werkverzeichnis leichte Satz-Verschiebungen auf S. 1058—1095.

455—482 Disput mit einer Mumie
483—512 Die Methode Dr. Thaer & Prof. Fedders
556—569 Berenice
570—578 Morella
579—583 Schatten — Eine Parabel
604—609 Siope — Eine Fabel
610—634 Ligeia
635—664 Der Fall des Hauses Ascher
665—673 Das Eiland und die Fee
674—683 Eleonora

1.6.16.0.2 EDGAR ALLAN POE:
WERKE II. Phantastische Fahrten Faszination des Grauens Kosmos und Eschatologie.
Hg. v. Kuno Schuhmann und Hans Dieter Müller. Deutsch von A.S., Hans Wollschläger, Kuno Schuhmann.
Olten - Freiburg/Br.: Walter (1967).

1184 S. Ln. 11,2x18.

1. Auflage: 1967, 2. Auflage: 1974

39—26 Manuskriptfund in einer Flasche
112—400 Umständlicher Bericht des Arthur Gordon Pym von Nantucket
401—521 Das Tagebuch des Julius Rodman
597—623 Der Park von Arnheim
649—668 Landschaft mit Haus
671—705 William Wilson
896—1060 Heureka

1.6.16.0.3 EDGAR ALLAN POE:
WERKE III. Rezensionen Briefe
Hg. v. Kuno Schuhmann. Deutsch von Richard Kruse, Friedrich Polakovics, A.S., Ursula Wernicke und Hans Wollschläger.
Olten — Freiburg/Br.: Walter (1973).

889 S. Ln. 11,2x18.

31—35 Daniel Defoe: Robinson Crusoe
36—69 Morris Mattson: Paul Ulric
70—93 Lytton Bulwer: Rienzi
175—187 James Strange French: Elkswatawa
188—205 Robert Montgomery Bird: Sheppard Lee
206—208 Charles Dickens: Die Pickwickier
209—254 Washington Irving: Astoria
255—285 John Lloyd Stephens: Was einem auf Reisen in Ägypten, Arabien, Arabia Petrãa und Palästina zustoßen kann
286—296 Friedrich de la Motte Fouqué: Undine
318—342 Edward George Earle Lytton Bulwer: Nacht und Morgen
343—360 Charles Dickens: Der alte Curiositätenladen. — Master Humphrey's Wanduhr
367—370 John Lloyd Stephens: Was einem auf Reisen in Zentral-Amerika zustoßen kann
399—432 Charles Dickens: Barnaby Rudge
501—520 James Fenimore Cooper: Wyandotté
623—630 Joel Tyler Headley: Die heiligen Berge

1.6.16.0.4 EDGAR ALLAN POE:
WERKE IV. Gedichte Drama Essays Marginalien
Hg. v. Kuno Schumann. Deutsch von Richard Kruse, Friedrich Polakovics, A.S., Ursula Wernicke und Hans Wollschläger.
Olten — Freiburg/Br.: Walter (1973).

1091 S. Ln. 11,2x18.

Beiliegend: ,,Druckfehlerberichtigung (Bände I—III)'' mit 45 Korrekturen (2 S), ,,Ergänzungen zum Werkverzeichnis Band I'' mit 13 Ergänzungen (2 S).

121—123 Das Geisterschloß
= 1.6.16.0.1, 649—651
127—129 Der Sieger Wurm
= 1.6.16.0.1, 620—621
368—375 Über Anastatischen Druck
741—748 Marginalie VII

1.6.16.1 EDGAR ALLAN POE:
DER FALL DES HAUSES ASCHER. Groteske Schauergeschichten.
Ü. v. A.S. und Hans Wollschläger.
(Frankfurt/Main): Insel (1972). (Bibliothek des Hauses Usher).

196 S. Ln. 12x21,3. Umschlag: Hans Ulrich, Ute Osterwalder.

1. Auflage: 6000 Stück

16—29 Manuskriptfund in einer Flasche
30—33 Schatten — Eine Parabel
34—44 Berenice
45—48 Siope — Eine Fabel
49—67 Ligeia
68—90 Der Fall des Hauses Ascher
91—117 William Wilson

1.6.16.2 EDGAR ALLAN POE:
SCHRECKEN DER LEIDENSCHAFT
Wien: Kremayr & Scheriau 1973.

93 S. Kst. 17,5x19,5. Mit dem Zyklus von 12 Graphiken ,,Die arabesken Träumungen geliebter Gesichter'' von Lotte Profohs.

5—62 Ligeia
63—93 Berenice

1.6.16.3 EDGAR ALLAN POE:
THE GOLD BUG. THE FALL OF THE HOUSE OF USHER. — DER GOLDKÄFER. DER FALL DES HAUSES ASCHER.
(Deutsch von A.S. und Hans Wollschläger).
(München): DTV (1976). (dtv zweisprachig — Edition Langewiesche—Brandt. dtv 9114).

143 S. Kt. 10,9x18. Umschlag: Celestino Piatti.

1.—7. T. Apr 76, 8.—13. T. Mai 77

97—143 Der Fall des Hauses Ascher

1.6.16.4 EDGAR ALLAN POE:
DAS GESAMTE WERK IN ZEHN BÄNDEN. (Sonderausgabe).
Deutsch von A.S. und Hans Wollschläger (und Richard Kruse, Friedrich Polakovics, Ursula Wernicke).
Olten — Freiburg/Br.: Walter (1976).

4266 S. Kt. in Kassette. 10,4x17,4.

1. Auflage: Sep 1976
2. Auflage: Nov 1976

Diese Ausgabe ist text- und satzidentisch mit 1.6.16.0.1—4 in korrigierten und ergänzten Auflagen.

1.6.17 EDWARD BULWER-LYTTON:
WAS WIRD ER DAMIT MACHEN? Nachrichten aus dem Leben eines Lords. Roman.
(Stuttgart): Goverts (Krüger Stahlberg 1971).

1131 S. Ln. 13,5x21,3. Umschlag: Klaus Dempel.
Auflage: 5000 Stück
Originaltitel: What will he do with it?

1.6.17.1 EDWARD BULWER-LYTTON:
WAS WIRD ER DAMIT MACHEN? Nachrichten aus dem Leben eines Lords. (Ein Criminal-)Roman.
2 Bde. (München): DTV (1975). (dtv 1083/1084).
1128 S. Kt. 10,8x18. Umschlag: Celestino Piatti.
1.—15. T. Juli 75
= 1.6.17. (fotomechanische Wiedergabe)

1.6.18 EDWARD BULWER-LYTTON:
DEIN ROMAN. 60 Spielarten Englischen Daseins. Roman.
(Frankfurt/Main): Goverts (Krüger Stahlberg 1973).
1540 S. Ln. 13,5x21,3. Umschlag: Klaus Dempel.
Auflage: 4000 Stück
Originaltitel: My Novel, or, Varieties in English Life, by Pisistratus Caxton
Die ersten Kapitel der Bücher 1—7, 9 und 12, die eine dialogisierte Rahmenhandlung enthalten, fehlen in der Übersetzung, ebenso eine ausführliche ,,Note on Homeopathy'' am Ende von Buch 6.

1.6.19 JAMES FENIMORE COOPER:
SATANSTOE. Bilder aus der amerikanischen Vergangenheit. Roman. (Frankfurt/Main): Goverts (— S. Fischer 1976).
591 S. Ln. 13x21. Umschlag: Eberhard + Roswitha Marhold.
Aug 76: 6000 Stück
Originaltitel: Satanstoe; or, The Littlepage Manuscripts. A Tale of the Colony.
410 (A.S.: handschriftliche Schemaskizze von Mooseridge)

1.6.20 JAMES FENIMORE COOPER:
TAUSENDMORGEN: Bilder aus der amerikanischen Vergangenheit II. Roman.
(Frankfurt/Main): Goverts (— S. Fischer 1977).
565 S. Ln. 13x21. Umschlag: Eberhard + Roswitha Marhold.
Aug 77: 4000 Stück
Originaltitel: The Chainbearer: or, The Littlepage Manuscripts.
33 (A.S.: handschriftliche Skizze des Stammbaums Coejemans-Malbone)

1.6.21 JAMES FENIMORE COOPER:
DIE ROTEN. Bilder aus der amerikanischen Vergangenheit III. Roman.
(Frankfurt/Main): Goverts (— S. Fischer 1978).
632 S. Ln. 13x21. Umschlag: Eberhard + Roswitha Marhold.
März 78: 4000 Stück
Originaltitel: The Redskins: or, Indian and Injin. Being the Conclusion of The Littlepage Manuscripts.
Beilagen:
Edward P. Cheyney:
The ANTI-RENT AGITATION in the State of New York 1839—1846. Philadelphia: University of Pennsylvania 1887. (Political Economy and Public Law Series. No. 2). 64 S. 12,2x20. Faksimile des Originals.
Kleines Panorama zum Abschluß der LITTLEPAGE-PAPIERE.
24x39,4. 12 Abb.

2. Sekundärliteratur

2.0 SELBSTÄNDIGE VERÖFFENTLICHUNGEN

2.0.0 BARGFELDER BOTE

Materialien zum Werk Arno Schmidts
Hg. v. Jörg Drews in Zusammenarbeit mit dem Arno-Schmidt-Dechiffrier-Syndikat.
München: Edition Text + Kritik, Boorberg 1972 —

.1 Lieferung 1 / Sep 72 Zettels Traum I

.2 Lieferung 2 / Jan 73 Zettels Traum (II)

.3 Lieferung 3 / Juni 73 Caliban über Setebos (I)
Robert Wohlleben: GÖTTER UND HELDEN IN NIEDERSACHSEN
Über das mythologische Substrat des Personals in ,,Caliban über Setebos''.

.4 Lieferung 4 / Sep 73 Kaff (I)

.5 Lfg. 5—6 / Nov. 73 Caliban über Setebos (II)
Joachim Kaiser: DES SENGERS PHALL. Assoziation, Dissoziation, Wortspiel, Spannung und Tendenz in Arno Schmidts Orpheus-Erzählung ,,Caliban über Setebos'' — Eine Nachprüfung —

.7 Lfg. 7—8 / Mai 74 Schule der Atheisten (I)
Dieter Kuhn: ,,Die Schule der Atheisten'' und Jules Vernes ,,Schule der Robinsons''; ,,Die Schule der Atheisten'' und Ludwig Tiecks ,,Vogelscheuche''.

.9 Lfg. 9 / Okt 74 Zettels Traum (III)
Jörg Drews: ARNO SCHMIDT: ,,ZETTELS TRAUM'', SEITE 1 (ZT 4). Ein Kommentar.
= 2.0.14 (überarbeitet)

.10 Lfg. 10 / Jan 75 Die Wasserstraße (I)
Brigitte Degener: ARNO SCHMIDT: DIE WASSERSTRASSE

.11 Lfg. 11—13 / Sep 75 Zettels Traum (IV)

.14 Lfg. 14 / Dez 75 Antike-Rezeption (I)
Reinhart Herzog: GLAUCUS ADEST. Antike-Identifizierungen im Werk Arno Schmidts.

.15 Lfg. 15 / Feb 76 Proust bei Arno Schmidt
Reinhard Finke: Marcel Proust bei Arno Schmidt

.16 Lfg. 16 / Apr 76 Leviathan (I)

.17 Lfg. 17—18 / Okt 76 Kaff (II)

.19 Lfg. 19 / Feb 77 Joyce und Schmidt
Jörg Drews: WORK AFTER THE "WAKE", OR: A FIRST LOOK AT THE INFLUENCE OF JAMES JOYCE ON ARNO SCHMIDT

.20 Lfg. 20 / Apr 77 Kaff (III)

.21 Lfg. 21—22 / Jun 77 Brand's Haide / Schwarze Spiegel

.23 Lfg. 23 / Aug 77 Kaff (IV)

.24 Lfg. 24—25 / Okt 77 Zettels Traum (V)
Lenz Prütting: GALLENBILDUNG ALS LITERARISCHES STRUKTURPRINZIP IN ZT; u.a.

.26 Lfg. 26 / Dez 77 Kurt Laßwitz bei Arno Schmidt
Rudi Schweikert: ,,KO BATE!''. Kurd Laßwitz' Roman ,,Auf zwei Planeten'' im Werk Arno Schmidts. Nebst einigen Anmerkungen zur Schmidtschen Zitierkunst und zu seinem Realitätsverständnis.

.27 Lfg. 27 / Feb 78 Joyce und Schmidt
Fritz Senn: ,,ENTZIFFERUNGEN & PROBEN''. ,,Finnegans Wake'' in der Brechung von Arno Schmidt.

.28 Lfg. 28—30 / März 78 Schefer, Wieland und Schmidt
Dieter Kuhn: EINIGE ANMERKUNGEN ZU ARNO SCHMIDTS FUNKARBEITEN ÜBER SCHEFER UND WIELAND.

.31 Lfg. 31 / Mai 78 Titel bei Arno Schmidt
Josef Huerkamp: HOHO, WER ERRÄT'S? Bemerkungen zum Titelfundus Arno Schmidts.

.32 Lfg. 32—33 / Juni 78 Trommler beim Zaren
Josef Huerkamp: ,,TROMMLER BEIM ZAREN''. Eine Interpretation.

.34 Lfg. 34 / Sep 78 Zettels Traum (VI)

2.0.1 ARNO SCHMIDT
Text + Kritik, Nr. 20, Mai 1968.
Aachen: Georgi 1968.
39 S. Kt. 17x24.

.1	3—11	Eginhard Hora: Materialistische Halbtrauer = 2.0.3.1; 2.0.15.1
.2	12—13	A.S.: Verschobene Kontinente = 1.2.58.12.04
.3	13—20	Jörg Drews: Phänomenologie der Gehirntiere. Zu Arno Schmidts Funkfeatures = 2.0.3.5; 2.0.15.7
.4	20—25	Klaus Podak: Arno Schmidt: Weltanschauung und Sprache = 2.0.3.6
.5	25—27	Jürke Grau: Aconitumdigitalisbelladonna. Res naturales im Werk Schmidts = 2.0.3.7
.6	28—30	Jörg Drews: Thesen und Notizen zu ,,KAFF'' = 2.0.3.8; 2.0.15.3 (überarbeitet)
.7	30	Jörg Drews: Vita Arno Schmidt = 2.0.3.9 (überarbeitet); s: 2.0.15.11
.8	31—33	(Jörg Drews): Bibliographie zu Arno Schmidt = 2.0.3.10 (überarbeitet)
.9	34—35	Jörg Drews: Schmidt & Schlotter zu: 1.1.9.2

2.0.2 Reimer Bull:
BAUFORMEN DES ERZÄHLENS BEI ARNO SCHMIDT
Ein Beitrag zur Poetik der Erzählkunst.
Bonn: Bouvier 1970. (Literatur und Wirklichkeit Bd. 7).
(vorher: Diss. phil. Kiel 1969).
133 S. kt. 15,9x23.

2.0.3 ARNO SCHMIDT
Text + Kritik, Heft 20, 2. Auflage, Mai 1971.
München: Edition Text + Kritik/Boorberg 1971.
65 S. Kt. 15,1x22,9.

.1	1—14	Eginhard Hora: Materialistische Halbtrauer = 2.0.1.1
.2	15—20	Helmut Heißenbüttel: ,,Zettel's Traum'' als dickes Buch = 2.0.15.5; 2.2.20.72.6
.3	21	Heinz Ludwig Arnold: Marginalie zu ,,Zettel's Traum'' = 2.0.15.6; 3.2.70.08.24
.4	22—28	A.S.: Die Großhauswelten = 1.3.67.2
.5	29—39	Jörg Drews: Die Phänomenologie der Gehirntiere. Zu Arno Schmidts Funkfeatures. = 2.0.1.3
.6	40—48	Klaus Podak: Arno Schmidt: Weltanschauung und Sprache = 2.0.1.4
.7	49—52	Jürke Grau: Aconitumdigitalisbelladonna. Res naturales im Werk Schmidts = 2.0.1.5
.8	53—56	Jörg Drews: Thesen und Notizen zu ,,KAFF'' = 2.0.1.6
.9	57—58	Jörg Drews: Vita Arno Schmidt = 2.0.1.7 (überarbeitet)
.10	59—64	Jörg Drews: Bibliographie zu Arno Schmidt = 2.0.1.8 (überarbeitet)

2.0.4 (Dieter Stündel):
REGISTER ZU ZETTELS TRAUM
(Siegen: Selbstverlag 1971).
49 S. DIN A 4. In Lichtpausen vervielfältigtes Typoskript.
Auflage: 25 Stück

2.0.5 Tony Phelan:
RATIONALIST NARRATIVE IN SOME WORKS OF ARNO SCHMIDT.
(Coventry): University of Warwick (1972). (Occasional Papers in German Studies No 2).
42 S. Kt. 15x21 (DIN A 5).

2.0.6 Hartwig Franz Heinrich Suhrbier:
ZUR PROSATHEORIE VON ARNO SCHMIDT
Hamburg: (ASDS) 1973.
(vorher: M.A.-Arbeit, Bonn 1969).
88 (4,69,11,4) S. Kt. 14,4x20,7.

2.0.7 Heinz Stolte — Gerhard Klußmeier:
ARNO SCHMIDT & KARL MAY
Eine notwendige Klarstellung
Hamburg: Hansa (1973).
49 S. Kt. 12,5x19,5.

.1	7—20	Heinz Stolte: Nachträgliches über ein böses Buch
.2	21—49	Gerhard Klußmeier: Ein seltsamer Weg nach Sitara

2.0.8 VERLEIHUNG DES GOETHEPREISES DER STADT FRANKFURT AM MAIN AN ARNO SCHMIDT AM 28. AUGUST 1973 IN DER PAULSKIRCHE
Hg. v. Kulturdezernat der Stadt Frankfurt am Main.
(Frankfurt/Main: Kulturdezernat 1973).
28 S. Kt. 21x20.

.1	5	Text der Urkunde
.2	7—8	Oberbürgermeister Rudi Arndt: (Rede)
.3	11—13	Arno Schmidt: (Dankadresse) = 1.2.73.08.29.1
.4	14—23	Prof. Dr. Lars Clausen: (Laudatio) = 2.1.73.10.3
.5	24	Der Schriftsteller Arno Schmidt (Biographie)
.6	25	Der Goethepreis
.7	26	Kuratorium zur Verleihung des Goethepreises 1973
.8	27—29	Pressestimmen aus: 2.1.73.08.29.4; 2.1.73.08.24.1; 2.1.73.08.23.2; 2.1.73.08.28.2; 2.1.73.08.30.4; 2.1.73.08.30.6; 2.1.73.07.10.1

2.0.9 Jörg Drews / Hans Michael Bock (Hg.):
DER SOLIPSIST IN DER HEIDE
Materialien zum Werk Arno Schmidts
(München): Edition Text + Kritik (/Boorberg 1974).
199 S. Kt. 13,2x20,4. Umschlag: Dieter Vollendorf, Foto: Alice Schmidt. Fotomontage: Jürke Grau (aus 1.1.11.1)

	5—6	Jörg Drews / Hans-Michael Bock: Vorbemerkung
.1	7—8	Hermann Hesse: Arno Schmidts ,,Leviathan''. Ein Brief an Freunde (1949) = 2.2.1.70.1

.2	9—10	Pressemitteilung des Rowohlt-Verlages (1950) = 1.3.76.2
.3	11—12	Brief Hermann Hesses an Ernst Rowohlt (1950)
.4	13—15	A.P. Eismann: Köpfe der Hansestadt: Arno Schmidt. Schriftsteller und Preisträger der Deutschen Akademie (1950) = 2.1.50.11.12
.5	16—21	Martin Walser: Arno Schmidts Sprache (1953) = 2.1.53.08.1
.6	22—27	Werner Riegel: Arno Schmidt. Porträt eines Dichters (1955) = 2.1.55.09.1
.7	28—42	Karl Schumann: Dichtung oder Bluff. Arno Schmidt in der deutschen Gegenwartsliteratur (1957) = 2.1.57.03.1
.8	43—46	Heinrich Böll: Das weiche Herz des Arno Schmidt (1957) = 2.2.6.57.01.15
.9	47—51	Helmut Heißenbüttel: Der Solipsist in der Heide (1961) = 2.2.11.61.01.21
.10	52—56	Hans Wollschläger: Eines deutschen Dichters Halbjahrhundert. Zum 50. Geburtstag Arno Schmidts (1964) = 2.1.64.01.18.2
.11	57—61	Rolf Becks: 10°20'53'' ö.L., 52°42'20'' n.Br. Notizen nach einem Besuch bei Arno Schmidt (1964) = 2.1.64.01.25
.12	62—68	Jörg Drews: ,,Großer Kain'' & ,,Bullenkuhle''. Besuch in der Landschaft Arno Schmidts (1968) = 2.1.68.06.01
.13	69—89	Wolfram Schütte: Bargfelder Ich. Das Spätwerk und sein Vorgelände (1973) = 2.1.73.06.21
.14	90—110	Jürgen Busche: Eidyllion — das heißt kleines Bildchen. Arno Schmdit und Heimito von Doderer
.15	111—119	bert blumenthal: brotarbeiten eines buchfeinschmeckers. eine übersicht und analyse von arno schmidts zeitungsartikeln
.16	120—129	Gerd Haffmanns: Von A.Sch. zu A.Sch. Prolegomena zur Chronik einer Schopenhauer'schen Linken
.17	130—162	Hans-Michael Bock: Potz Geck und kein Ende! Die Presse und ,,Zettels Traum''
.18	163—182	Jörg Drews: Arno Schmidt vor ,,Zettels Traum'' = 2.1.73.01.25
.19	183—188	Klaus Podak: Problematische Genauigkeit. Primitive Spekulationen zu einem ernsten Thema
.20	189—194	Wolfram Schütte: ,,Zu Spät!'' — mehrfach. Ein paar gewagte Überlegungen zur Frankfurter ,,Dankadresse'' = 2.1.73.09.21
	195—199	Notizen

2.0.10 Hans-Michael Bock:
BIBLIOGRAFIE ARNO SCHMIDT 1949—1973
(München): edition text + kritik (/Boorberg 1974).
147 S. Kt. 14,6x20,9. Umschlag: Dieter Vollendorf.

2.0.11 Dieter Stündel:
REGISTER ZU ZETTELS TRAUM
Eine Annäherung
(München): edition text + kritik (/Boorberg 1974).
538 S. Lose Blätter in Plastikordner. 18,8x21,5. Umschlag: Dieter Vollendorf.

2.0.12 Samuel Christian Pape:
WERKE
Hg. v. Klaus Seehafer.
(München): edition text + kritik (1975). (Bargfelder Bote. Sonderlieferung März 1975).
56 S. Kt. 14,7x21. Umschlag: Dieter Vollendorf.
u.a. zu: 1.1.16.0.4

2.0.13 Heiko Postma:
AUFARBEITUNG UND VERMITTLUNG LITERARISCHER TRADITIONEN
Arno Schmidt und seine Arbeiten zur Literatur
Diss. phil. Hannover 1975.
216, XVII S. Hln. 14,6x20,6. als Typoskript gedruckt.

2.0.14 Jörg Drews:
ARNO SCHMIDT: ,,ZETTELS TRAUM'', SEITE 1 (ZT 4).
Ein Kommentar.
Bielefeld: Universität Bielefeld 1975. (Bielefelder Papiere zur Linguistik und Literaturwissenschaft. 4—75).
33 S. Kt. DIN A 4.
Antrittsvorlesung vom 3.7.1974.
= 2.0.0.9 (kürzer: 1. Fassung)
= 2.2.20.77.1 (erweitert: 3. Fassung)

2.0.15 ARNO SCHMIDT
Text + Kritik, Heft 20/20 a, 3. Aufl, Mai 1977.
München: edition text + kritik 1977.
102 S. Kt. 15x23.

.1	1—14	Eginhard Hora: Materialistische Halbtrauer = 2.0.1.1
.2	15—26	Roland Rall: Historischer Sinn. Nachforschungen zu Arno Schmidts Roman ,,Das steinerne Herz'' (1956)
.3	27—32	Jörg Drews: Es lebe Jean Paul (Marat & Richter)! Thesen und Notizen zu ,,KAFF'' = 2.0.1.6 (überarbeitet)
.4	33—47	Reinhard Finke: ,,Kundisches Geschirr'' — Kein Begriff? Ein Beitrag zur Verwendung mythischer Muster bei Arno Schmidt
.5	48—53	Helmut Heißenbüttel: ,,Zettel's Traum'' als dickes Buch = 2.0.3.2
.6	54	Heinz Ludwig Arnold: Marginalie zu ,,Zettel's Traum'' = 2.0.3.3
.7	55—62	Wolfram Schütte: Das offene Geheimnis: Jean Paul & Arno Schmidt. Ein Vorkapitel
.8	63—73	Jörg Drews: Phänomenologie der Gehirntiere. Zu Arno Schmidts Funkreatures = 2.0.1.3
.9	74—81	Wolfram Schütte: SpätwerkGespi/enst. Novellen-Comödie und Märchenposse s: 2.2.22.75.09.28
.10	82—88	Jörg Drews: Arno Schmidt und August Stramm. Beobachtungen zu den expressionistischen Stilelementen in den frühen Romanen
.11	89—91	Vita Arno Schmidt
.12	92—100	Hans-Michael Bock: Auswahlbibliografie Arno Schmidt

2.0.16 Leibl Rosenberg:
DAS HAUSGESPENST
Ein begleitendes Handbuch zu Arno Schmidts ,,Die Schule der Atheisten''
(München): edition text + kritik (1977). (Sonderlieferung Bargfelder Bote).
437 S. Kt. 14,5x21. Umschlag: Dieter Vollendorf.

2.1 ALLGEMEINE DARSTELLUNGEN ZU VITA UND WERK

2.1.50.11.12 A.P.E. (= Alexander P. Eismann):
ARNO SCHMIDT
Schriftsteller und Preisträger der Deutschen Akademie
Welt am Sonntag, 12.11.50
= 2.0.9.4

2.1.51.01.15.1 Dr. Nav:
DÖBLIN AN DIE DEUTSCHEN SCHRIFTSTELLER
Preisverleihung in der Mainzer Akademie
Allgemeine Zeitung, Mainz, 15.1.51

2.1.51.01.15.2 NZ:
LITERATURPREIS ALS SOZIALE AUFGABE
Die Neue Zeitung, 15.1.51

2.1.51.01.16 dpa:
MAINZER LITERATURPREIS ÜBERREICHT
Frankfurter Rundschau, 16.1.51

2.1.51.01.26 (anonym):
PREISTRÄGER DER MAINZER AKADEMIE
Allgemeine Zeitung, Mainz, 26.1.51

2.1.52.01.19 Günther Cwojdrak:
Von Günther Cwojdrak ins rechte Licht gerückt:
Der „KÜHNSTE PIONIER" DER NEUEREN DEUTSCHEN EPIK
BZ am Abend, Berlin/DDR, 19.1.1952
zu: 2.2.2.52.01.10

2.1.52.04.28 Martin Walser:
KRITIK DER KRITIK
in: ZEICHEN DER ZEIT, 1. Folge
SDR, 28.4.52, 21.00—22.00, Ms: 5/15 S.

2.1.52.05.1 Alfred Andersch:
DIE KUNST IST KEIN SCHULZIMMER
Frankfurter Hefte, 7. Jg, 1952, H.5, 375—377.
zu: 2.2.2.51.12.08

2.1.52.07.24 Karl Bachler:
GESTATTEN: HERR SCHMIDT — EIN GENIE!
Rhein-Neckar-Zeitung, 24.7.52
= 2.1.52.08.27

2.1.52.08.27 Dr. Karl Bachler:
FREIHEIT UND FRECHHEIT — EIN BUCHSTABE UNTERSCHIED
Rheinpfalz, 27.8.52
= 2.1.52.07.24

2.1.52.09.1 Jeanlois Cornuz:
ARNO SCHMIDT
Allemagne d'Aujourd'hui, 1952, H.11, Sep—Okt, 22—23.

2.1.52.1 Franz Lennartz:
SCHMIDT, ARNO
F.L.: Die Dichter unserer Zeit. Einzeldarstellungen zur deutschen Dichtung der Gegenwart. 5. Aufl. Stuttgart: Kröner (1952). (KTA 151). 431—432.
s: 2.1.54.1, .57.1, .59.1, .63.1, .69.1

2.1.53.08.08 H.J.:
JUNGE LITERATUR — ARNO SCHMIDT
Hamburger Echo, 8.8.53

2.1.53.08.1 Martin Walser:
ARNO SCHMIDT'S SPRACHE
Aufklärung, 2. Jg, 1953, H.3, 206—208.
= 2.0.9.0.4

2.1.54.01.08 H.B.:
FRÜHGEBURTEN DER LITERATUR
Rheinischer Merkur, 8.1.54
zu: 2.2.3.53.12.19

2.1.54.08.15 Werner Steinberg:
ARNO SCHMIDT
Porträt eines Avantgardisten
Die Kultur, Nr. 38/39, 15.8.54

2.1.54.1 Franz Lennartz:
ARNO SCHMIDT
F.L.: Deutsche Dichter und Schriftsteller unserer Zeit. Einzeldarstellungen zur Schönen Literatur in deutscher Sprache. 6. Aufl. v. ,,Die Dichter unserer Zeit''. Stuttgart: Kröner (1954). (KTA 151). 511-513.
s: 2.1.52.1

2.1.55.01.1 Robert Chalons:
Le Portrait
ARNO SCHMIDT
Allemagne d'Aujourd'hui, 1955, H.1, Jan—Feb, 59—72

2.1.55.03.11 Gert H. Theunissen:
DIE HALBSTARKEN
Zu einer ,,Literarischen Zeitschrift''
Rheinischer Merkur, 11.3.55
zu: 1.3.55.1

2.1.55.04.03 Gruppe 55:
TEXTE UND SCHLIMME ZEICHEN
Neue literarische Zeitschrift — Im Sprachstil der modernen Literatur besprochen
Echo der Zeit, 3.4.55

2.1.55.05.1 Adolf Endler:
HINWEIS AUF ARNO SCHMIDT
Heute und Morgen, Schwerin, Mai 1955

2.1.55.09.1 Lothar Leu (= Werner Riegel):
SCHMIDT / PORTRÄT EINES DICHTERS
Zwischen den Kriegen, Hamburg, H.25, Sep 1955
= 2.0.9.0.6
= 2.1.56.01.1
= 2.1.61.3

2.1.55.10.09 Helmut Uhlig:
DAS STRAPAZIERTE EXPERIMENT
Zu den Prosaversuchen Arno Schmidts
Der Tagesspiegel, 9.10.55

2.1.56.01.1 Werner Riegel:
ARNO SCHMIDT PORTRÄT EINES DICHTERS
Studenten-Kurier, Hamburg, Nr. 8 (1), Jan/Feb 56
= 2.1.55.09.1

2.1.56.07.15 -mpe:
AUF EIN WORT, HERR ARNO SCHMIDT!
Der Pamphlet-Schrei des „Augenblick"
Sonntagsblatt, 15.7.56

2.1.56.09.14 Alfred Andersch:
DER AUSSENSEITER IM MITTELPUNKT
Ein Hinweis auf Arno Schmidt
SDR, 14.9.56, 22.30—23.15

2.1.57.04.28 Ric van Rijn:
Darmstädter Porträts (CXLI)
DER SCHRIFTSTELLER ARNO SCHMIDT
Darmstädter Tagblatt, 28.4.57

2.1.57.07.13 Max Pfannenstiel:
AM SEXTANTEN SITZEND
Frankfurter Allgemeine Zeitung, 13.7.57
Leserbrief zu: 1.2.57.06.28

2.1.57.09.1 Karl Schumann:
DICHTUNG ODER BLUFF?
Arno Schmidt in der deutschen Gegenwartsliteratur
Eckart, 27. Jg, 1957, H. 3, Juli—Sep, 227—234.
= 2.0.9.0.7

2.1.57.1.2.12.06 Georg Goyert:
NOCH EINMAL: ULYSSES IN DEUTSCHLAND
Frankfurter Allgemeine Zeitung, 6.12.57
s: 1.2.57.10.26, .57.12.06

2.1.57.12.1 Rolf Becks:
darmstädter künstler:
„NI DIEU — NI MAITRE"
Darmstädter Studentenzeitung, Dez 57

2.1.57.1 Franz Lennartz:
ARNO SCHMIDT
F.L.: Deutsche Dichter und Schriftsteller unserer Zeit. 7. Aufl.
Stuttgart: Kröner (1957). (KTA 151). 511—513.
s: 2.1.52.1

2.1.58.08.05 Wolfgang Weyrauch:
DAS LITERARISCHE PORTRAIT
Arno Schmidt
NDR (MW), 5.8.58, 17.25—17.45, Ms: 8 S.

2.1.58.09.15 Karl Schumann:
DICHTUNG ODER PROVOKATION?
Arno Schmidts experimentelle Prosa, kritisch untersucht von K.S.
RIAS I, 15.9.58, 23.20—24.00, 39'00'', Ms: 29 S.
auch: RIAS 2, 16.9.58, 23.20—24.00

2.1.58.09.23 Paul Schallück:
VIER DEUTSCHE PROSAISTEN
Deutsche Welle, Köln, 23.9.58
über: M. Walser, J. Rehn, W. Jens, A. Schmidt

2.1.58.11.1 Richard Wolf:
REBELL & TOPOGRAPH
Zu den Büchern von Arno Schmidt
Diskus, Frankfurter Studentenzeitung, Nov 1958

2.1.59.05.13 (anonym):
Arno Schmidt
,, , ; . — : ! — : !! ''
Der Spiegel Nr. 20, 13.5.59
Titelgeschichte

2.1.59.05.27 AUSGEPUNKTET
Der Spiegel Nr. 22, 27.5.59
Leserbriefe zu: 2.1.59.05.13

2.1.59.06.03 STILGEWÜHL
Der Spiegel Nr. 23, 3.6.59
Leserbriefe zu: 2.1.59.05.13

2.1.59.06.24 AUTOR SEZIERT
Der Spiegel Nr. 26, 24.6.59
Leserbriefe zu: 2.1.59.05.13

2.1.59.07.15 G. Ewald:
KEINE ,,MILDERE'' METHODE
Die Andere Zeitung, 15.7.59
Leserbrief zu: 1.2.59.05.06

2.1.59.08.05 B. Selinger-Döring:
HITZEBLASEN UM WINNETOU
Die Andere Zeitung, 5.8.59
Leserbrief zu: 1.2.59.07.08, .15

2.1.59.08.28 (anonym):
ARNO SCHMIDT
Munzinger-Archiv, Lieferung 35/59, 29.8.59
s: 2.1.63.11.09
s: 2.1.68.05.25
s: 2.1.72.04.22

2.1.59.12.30.1 Interpress:
SCHMIDT ARNO
Interpress-Archiv, Nr. 460, 30.12.59

2.1.59.12.30.2 Stephan Linhardt:
ARNO SCHMIDT
Ein satirisches Talent moderner Prosa — Die ,,epische Rastermethode''
Interpress-kultur, Nr. 250, 30.12.59

2.1.59.1 Franz Lennartz:
ARNO SCHMIDT
F.L.: Deutsche Dichter und Schriftsteller unserer Zeit. 8. erw. Aufl. Stuttgart: Kröner (1959). (KTA 151). 675—677.
s: 2.1.52.1

2.1.60.04.27 (anonym):
PERSONALIEN
Der Spiegel, Nr. 18, 27.4.60
zu: 1.2.60.02.12

2.1.61.01.14 W.Gs.:
ANGST VOR WILDEN TIEREN
Deutsche Zeitung, 14.1.61
zu: 1.2.61.01.13

2.1.61.01.27 Gert Schiff:
DAS SCHWIERIGSTE WERK DER WELTLITERATUR
,,Finnegans Wake'' ist anderes und mehr als Familienzank
Die Zeit, 27.1.61
zu: 1.2.60.12.02, .09, .16

2.1.61.02.03 Kurt Heinrich Hansen:
GROSSE KUNST MIT KLEINEM GELÄCHTER
Zu James Joyces ,,Finnegans Wake''
Die Zeit, 3.2.61
zu: 1.2.60.12.02, .09, .16

2.1.61.03.13 Fritz Kölling:
ARNO SCHMIDT ODER DAS NOTWENDIGE ÄRGERNIS
SWF, 13.3.61, 22.30—23.00, Ms: 18 S.

2.1.61.09.06 Harold Hartung:
TABLETT GLITZERNDER SNAPSHOTS
Notizen über Arno Schmidt
Vorwärts, 6.9.61

2.1.61.10.20 Rudolf Walter Leonhardt:
SO LEBEN UNSERE SCHRIFTSTELLER HEUTE
Zwanzigmal sechsunddreißig Antworten auf sechsunddreißig Fragen ausgewertet und erläutert von R.W.L.
Die Zeit, 20.10.61
u.a.: A.S.

2.1.61.10.27 Rudolf Walter Leonhardt:
So leben unsere Schriftsteller heute. Fortsetzung und Schluß
KLEINE SOZIOLOGIE SCHRIFTSTELLERISCHER ARBEIT
Die Zeit, 27.10.61
u.a.: A.S.

2.1.61.1 (anonym):
SCHMIDT, ARNO
Günter Albrecht, Kurt Böttcher, Herbert Greiner-Mai, Paul Günter Krohn: Deutsches Schriftstellerlexikon von den Anfängen bis

zur Gegenwart. 2., bearb. u. verb. Aufl. Weimar: Volksverlag 1961. 515—516.
s: 2.1.63.3, .64.1, .68.2, .74.2

2.1.61.2 Karlheinz Deschner:
ARNO SCHMIDT
Lexikon der Weltliteratur im 20. Jahrhundert. 2. Bd. 1. & 2. Aufl. Freiburg — Basel — Wien: Herder (1961).
882—883.
s: 2.1.64.3

2.1.61.3 Werner Riegel:
ARNO SCHMIDT
Porträt eines Dichters.
W.R.: Gedichte und Prosa. Wiesbaden: Limes 1961. 27—34
= 2.1.55.09.1

2.1.62.04.07 Walter Mussler:
SELTSAME WORTSCHÖPFUNGEN
Deutsche Zeitung, 7.4.62
Leserbrief zu: 1.2.62.03.24

2.1.62.05.25 H.-A. Walter:
KAFKA EIN LANDVERMESSER?
Frankfurter Rundschau, 25.5.62
Leserbrief zu: 1.2.62.05.12

2.1.62.06.1 Jürgen Manthey:
ARNO SCHMIDT UND SEINE KRITIKER
Bemerkungen zur Artistik in der Zeit
Frankfurter Hefte, 17. Jg, 1962, H. 6, 408—416.
s: 2.3.12.62.07.01

2.1.62.07.10 Karlheinz Schauder:
EIN NOTWENDIGES ÄRGERNIS
Der Dichter Arno Schmidt
Deutsche Post, 10.7.62

2.1.62.08.19 Jean Améry:
ICH, GROSS GESCHRIEBEN
Bildnisse berühmter Zeitgenossen: Arno Schmidt
St. Galler Tagblatt, 19.8.62

2.1.62.12.1 Wulf Segebrecht:
ARNO SCHMIDT
abschnitte, Nr. 4, Dez 62

2.1.63.03.1 Helmut Heißenbüttel:
ANNÄHERUNG AN ARNO SCHMIDT
Merkur, 17. Jg, 1963, H. 3, 289—300.
= 2.1.66.1
= 2.1.70.3
= 2.1.71.2
= 2.1.72.1

2.1.63.08.02 Ernst Lippold / Heinrich Schwamborn / Klaus Schreiber:
DURCH ALLE FETTNÄPFCHEN
Die Zeit, 2.8.63
Leserbriefe zu: 1.2.63.07.19

2.1.63.08.06 Thomas von Vegesack:
MISANTROPEN ARNO SCHMIDT
Stockholms Tidningen, 6.8.63

2.1.63.08.09 Emil Franzel:
Zum 13. August:
... OPTIERT FÜR ULBRICHT
Arno Schmidt und die Wahrheit
Deutsche Tagespost, 9/10.8.63
zu: 1.2.63.07.19

2.1.63.08.1 (anonym = Jörg Drews):
ARNO SCHMIDT: AUSSENSEITER ODER MITTELPUNKT?
Civis, Nr. 8, Aug 63
Titelgeschichte

2.1.63.09.1 Franz-Michael Kent / Herbert Frank:
ARNO SCHMIDT: AUSSENSEITER ODER MITTELPUNKT?
Civis, Nr. 9, Sep 63
Leserbriefe zu: 2.1.63.08.1

2.1.63.09.2 Christoph Kuhn:
EIN WORTBESSSENER WORTBESITZER
Gedanken zu Arno Schmidt
Du, Nr. 9, Sep 63

2.1.63.11.09 (anonym):
ARNO SCHMIDT
Munzinger-Archiv, Lieferung 45/63, 9.11.63
s. 2.1.59.08.29

2.1.63.12.1 Arnhelm Neusüß:
ARNO SCHMIDT (TITEL)
Civis, Nr. 12, Dez 63
Leserbrief zu: 2.1.63.08.1

2.1.63.1 Franz Lennartz:
ARNO SCHMIDT
F.L.: Deutsche Dichter und Schriftsteller unserer Zeit. 9. erw. Aufl. Stuttgart: Kröner (1963). (KTA 151). 618—621.
s: 2.1.52.1

2.1.63.2 Jürgen Manthey:
ARNO SCHMIDT
Schriftsteller der Gegenwart. Deutsche Literatur. Dreiundfünfzig Porträts. Hg. v. Klaus Nonnenmann. Olten-Freiburg/Br: Walter (1963). (Walter Paperback). 279—286.

2.1.63.3 (anonym):
SCHMIDT, ARNO
Günter Albrecht u.a.: Deutsches Schriftstellerlexikon von den Anfängen bis zur Gegenwart. 4., erg. u. bearb. Aufl. Weimar: Volksverlag 1963. 580—581.
s: 2.1.61.1

2.1.64.01.13 Interpress:
SCHMIDT, ARNO
Interpress-Archiv, Nr. 15, 13.1.64

2.1.64.01.15 Karlheinz Kramberg:
DER KULTURSPIEGEL
Arno Schmidt zum 50. Geburtstag
BR 1, 15.1.64, 21.45—22.15, Ms: 4 S.

2.1.64.01.17 (anonym):
ARNO SCHMIDT 50
General-Anzeiger für Bonn, 17.1.64

2.1.64.01.18.1 (Günther) Giefer:
AUS DEM KULTURELLEN LEBEN
Arno Schmidt zum 50. Geburtstag
RB 2, 18.1.64, 21.35—22.00, Ms: 3 S.

2.1.64.01.18.2 Hans Wollschläger:
„EINES DEUTSCHEN DICHTERS HALBJAHRHUNDERT"
Zum 50. Geburtstag Arno Schmidts
HR, 18.1.64
= 2.0.9.0.10

2.1.64.01.18.3 j.l.:
IM BLICKPUNKT
Oberösterreichische Nachrichten, Linz, 18.1.64

2.1.64.01.18.4 Karl Schumann:
SALUT FÜR HERRN SCHMIDT
Abendzeitung, München, 18/19.1.64

2.1.64.01.18.5 Rainer Hagen:
ARNO SCHMIDT ZUM 50. GEBURTSTAG
in: PRISMA
NDR 2, 18.1.64, 3'35''
Interview mit A.S., aufgenommen (7'30'') am 16.1.64

2.1.64.01.21 Friedrich Rasche:
EIN MANN NAMENS SCHMIDT
Geburtstagsadresse für einen Schriftsteller
Hannoversche Presse, 21.1.64

2.1.64.01.25 Rolf Becks:
10° 20' 53'' ö. L., 52° 42' 20'' n. Br.
Notizen nach einem Besuch bei Arno Schmidt
Frankfurter Rundschau, 25.1.64
= 2.0.9.0.11

2.1.64.01.1 W.M. (= Wilhelm Michels):
„EIN VOR DER SCHREIBMASCHINE ERGRAUTER WORT-METZ"
Arno Schmidt feierte am 18. Januar seinen fünfzigsten Geburtstag
Bücherschiff, Nr. 1, Jan/Feb 64

2.1.64.01.2 Enno Lange:
ARNO SCHMIDT 50 JAHRE
Darmstädter Studentenzeitung, Jan 64

2.1.64.01.3 Karl Heinz Nowotny:
FANATIKER DER WAHRHEIT
Bemerkungen über Arno Schmidt
N — notizen für junge menschen, Kassel, 1/64

2.1.64.02.1 (Rudolf) Descher:
HALBTRAUER ZU FÜNFZIG
Publikation, 14. Jg, 1964, Nr. 2 (152)

2.1.64.03.04 ORTOGRAVIEH-SCHOX
Der Spiegel, Nr. 10, 4.3.64
Leserbriefe zu: 1.2.64.02.05

FONTANEPREIS 1964

2.1.64.03.18 (anonym):
„BERLINER KUNSTPREIS" VERLIEHEN
Pressedienst des Landes Berlin, Nr. 56, 18.3.64

Meldungen zum FONTANEPREIS
18.3. AZ, Der Abend, Badische Neueste Nachrichten, Kurier, SZ
19.3. Badische Neueste Nachrichten, Berliner Morgenpost, Deutsche Zeitung, Neue Tagespost, NRZ, Spandauer Volksblatt, Stuttgarter Zeitung, Telegraf, Tagesspiegel, Die Welt
20.3. Die Zeit
21.3. Berliner Stimme
u.a.

2.1.64.03.19.1 Heinrich Dittmar
WEIT GEBRACHT
Neue Ruhr-Zeitung, 19.3.64

2.1.64.03.19.2 Franz Schonauer:
EIN PFAHL IM FLEISCH DES LITERATURBETRIEBS
Fontane-Preis 1964 für den Schriftsteller Arno Schmidt
Kölner Stadt-Anzeiger, 19.3.64

2.1.64.03.19.3 Günter Grass:
KLEINE REDE FÜR ARNO SCHMIDT
Frankfurter Allgemeine Zeitung, 19.3.64
= 2.1.64.04.1
= 2.1.68.3

2.1.64.04.29.1 hbb (= Hans Bertram Bock):
Arno-Schmidt-Lesung im Neuen Theater Nürnberg
DIE GELEHRTENREPUBLIK
8-Uhr-Blatt, Nürnberg, 29.4.64

2.1.64.04.29.2 W.F.:
DER LINKE ZIGARETTETE
Lesung Arno Schmidt im Neuen Theater
Nürnberger Nachrichten, 29.4.64

2.1.64.04.29.3 E.M.:
EIN INTELLEKTUELLER ERZÄHLER
Lesungen aus Werken von Arno Schmidt im Neuen Theater Nürnberg — Das Experiment gelang
Fränkische Tagespost, 29.4.64

2.1.64.04.29.4 (anonym):
ARNO SCHMIDTS WERKE
Lesung im Neuen Theater
Nürnberger Zeitung, 29.4.64

2.1.64.04.1 Günter Grass:
KLEINE REDE FÜR ARNO SCHMIDT
Konkret, Nr. 4, Apr 64
= 2.1.64.03.19.3

2.1.64.05.1 Karlheinz Schauder:
ARNO SCHMIDTS EXPERIMENTELLE PROSA
Neue Deutsche Hefte, Nr. 99, Mai/Juni 64, 39—62.

2.1.64.06.1 Wolfram Deml:
„DER FREIHEIT HAUCH WEHT MÄCHTIG DURCH DIE WELT"
Deutscher Studenten-Anzeiger, Sommer-Semester 64

2.1.64.06.2 H.L. Mulder:
DICHTERS, DENKERS EN ARNO SCHMIDT
Tirade, Amsterdam, Nr. 90/91, 8. Jg, Juni/Juli 1964, 501—504.

2.1.64.1 (anonym)
SCHMIDT, ARNO
Günter Albrecht u.a.: Deutsches Schriftstellerlexikon von den Anfängen bis zur Gegenwart. 5. Aufl. = Durchges. Nachdruck der 4. Aufl. Weimar: Volksverlag 1964. 580—581.
s: 2.1.61.1

2.1.64.2 (anonym):
ARNO SCHMIDT
Reclams Literatur-Kalender 1965. 11. Jg. Redaktion: Albert Haueis. Stuttgart: Reclam (1964). 142—143.
s: 1.2.64.4

2.1.64.3 Karlheinz Deschner:
ARNO SCHMIDT:
Kleines Lexikon der Weltliteratur im 20. Jahrhundert. Hg. v. Helmut Olles. Freiburg-Basel-Wien: Herder (1964). (Herder-Bücherei 180/181). 312—313.
s: 2.1.61.2

2.1.65.01.21 Heinrich Vormweg:
SCHRIFTSTELLER UNSERER ZEIT
Arno Schmidt
Porträtiert von H.V.
Deutschlandfunk, Köln, 21.1.65. 22.00—22.30, Ms: 17 S.

2.1.65.01.23 Josef Reding:
AUS DER WERKSTATT
Arno Schmidt
Ruhrnachrichten, 23.1.65

2.1.65.03.1 Henning Rischbieter:
HEIDEDICHTUNG
Einiges über Arno Schmidt
Egoist, Nr. 7, März 65
Vortrag, gehalten im Januar 1964 anläßlich der Eröffnung der Stadt- und Kreisbücherei Gifhorn.

2.1.65.03.2 Erasmus Schöfer:
SPRACHSTELLER UND WIRKLICHKEITSJÄGER
Wirkendes Wort, 15. Jg, 1965, H.3, 202—206.

2.1.65.04.1 Klaus Siegel:
ARNO SCHMIDT: GEVAARLIJKE MIKROBE
Litterair Paspoort, Apr 65

2.1.65.06.08 Werner Hees:
DER SOLIPSIST IN DER HEIDE
Porträt eines Schriftstellers
Deutsche Welle, Köln, 8.6.65

2.1.65.08.08 Volker Klotz:
ANMERKUNGEN ZU CELAN UND SCHMIDT
Spandauer Volksblatt, 8.8.65
Vorabdruck aus: Fricke/Klotz: Geschichte der deutschen Dichtung. 11. erw. Aufl. Lübeck — Hamburg: Matthiesen 1965.

2.1.65.10.1 H.L. Mulder:
DIE SCHRIJVER ARNO SCHMIDT
Tirade, Amsterdam, Nr. 106, 9. Jg, Okt 1965, 570—575.

2.1.65.12.09 Jochen Hoffbauer:
AUSZEICHNUNG FÜR ARNO SCHMIDT
Der Schlesier / Breslauer Nachrichten, 9.12.65
= 2.1.65.12.1 (ausführlicher)

2.1.65.12.1 Jochen Hoffbauer:
AUSZEICHNUNG FÜR ARNO SCHMIDT
Schlesien, 10. Jg, 1965, H. 4, 252—253
= 2.1.65.12.09 (gekürzt)

2.1.65.1 Helmut Kreuzer:
SCHMIDT, Arno
Handbuch der deutschen Gegenwartsliteratur. Hg. v. Hermann Kunisch. (München): Nymphenburger (1965). 522.
s: 2.1.70.2

2.1.66.01.1 (anonym):
DER TRIUMPH DES TRIVIALEN FINDET NICHT STATT
Zur Deutung Arno Schmidts
moderner buch-club (Mitteilungen), 1/1966

2.1.66.11.17 Eike Barmeyer / Richard Blank / Jakob Hausmann:
DIE LITERATEN UND IHRE REPUBLIK
Gesellschaft im Wandel, Teil 3
BR-TV 3 (Studienprogramm), 17.11.66, 20.05—21.00
u.a.: AS
vgl.: G. Just: Die Literaten-Republik, Süddeutsche Zeitung, 19.11.66

2.1.66.12.1 Günter Maschke:
ARNO SCHMIDTS EINZUG INS PANTHEON
Tagebuch, Wien, Dez 1966

2.1.66.1 Helmut Heißenbüttel
ANNÄHERUNG AN ARNO SCHMIDT
H.H.: Über Literatur. Olten — Freiburg/Br: Walter (1966). 56—70.
= 2.1.63.03.1

2.1.67.03.30 Fritz W. Hardach:
ÜBERSETZER
Welt der Literatur, 30.3.67
Leserbrief zu: 1.6.12, 1.6.15

2.1.67.06.21 Kurt W. Marek:
DANN NEHMEN WIR DEN MIT SCHNAPS
Als Lektor bei Ernst Rowohlt
Saarbrücker Zeitung, 21.6.67

2.1.67.06.1 Hartwig F.H. Suhrbier:
WORTMETZ UND PROSAARCHITEKT — ARNO FÜR ARME
Akut, Nr. 33, Juni 67

2.1.67.07.12 Wolfram Schütte:
BESCHEIDENER VORSCHLAG FÜR ARNO SCHMIDT
Zur Büchner-Preis-Vergabe der Akademie für Sprache und Dichtung
Frankfurter Rundschau, 12.7.67

2.1.67.09.05 Marcel Reich-Ranicki:
ARNO SCHMIDT
oder Eine Selfmadeworld in Halbtrauer
HR 1, 5.9.67, 22.20—23.20
= 2.1.67.10.13
= 2.1.67.1
= 2.1.73.3

2.1.67.09.08 (anonym):
„ABTRITT EINES MUNDES"
Pornographische Buchstabenclown der Linksintellektuellen
Deutsche Nachrichten, 8.9.67

2.1.67.10.13 Marcel Reich-Ranicki:
SELFMADEWORLD IN HALBTRAUER
Das Werk Arno Schmidts
Die Zeit, 13.10.67
= 2.1.67.09.05

2.1.67.10.18 WoS (= Wolfram Schütte):
ÄRGERNISSE — UND EIN HARAKIRI
Frankfurter Rundschau, 18.10.67
zu: 2.1.67.10.13

2.1.67.10.27 W. Jüngling / P. Aufmuth / H.F.H. Suhrbier / A. Ott:
WAR SEIN BLICK EIN WENIG GETRÜBT?
Die Zeit, 27.10.67
Leserbriefe zu: 2.1.67.09.05

2.1.67.1 Marcel Reich-Ranicki:
ARNO SCHMIDTS WERK
oder Eine Selfmadeworld in Halbtrauer
M. R.-R.: Literatur der kleinen Schritte. Deutsche Schriftsteller heute. München: Piper (1967). 285—311, 334.
= 2.1.67.09.05

2.1.67.2 Walther Kiaulehn:
(ARNO SCHMIDT BEI ERNST ROWOHLT)
W.K.: Mein Freund der Verleger. (Reinbek): Rowohlt (1967). 243—245.

2.1.68.01.19 Rudolf U. Klaus:
WER IST ARNO SCHMIDT?
Zu einem literarischen Abend der „werkstatt" im Palais Palffy
Kurier, Wien, 19.1.68

2.1.68.05.25 (anonym):
ARNO SCHMIDT
Munzinger-Archiv, Lieferung 21/68, 25.5.68
s: 2.1.59.08.29

2.1.68.06.01 Jörg Drews:
„GROSSER KAIN" UND „BULLENKUHLE"
Besuch in der Landschaft Arno Schmidts
Süddeutsche Zeitung, 1.6.68
= 2.0.9.12

2.1.68.1 Werner Eggers:
ARNO SCHMIDT
Deutsche Literatur seit 1945 in Einzeldarstellungen. Hg. v. Dietrich Weber. Stuttgart: Kröner (1968). (KTA 382). 130—154.
s: 2.1.70.1
s: 2.1.76.1

2.1.68.2 (anonym):
SCHMIDT, ARNO
Günter Albrecht u.a.: Lexikon deutschsprachiger Schriftsteller von den Anfängen bis zur Gegenwart. Bd. 2. 1. Aufl. (= 6. Aufl. des Deutschen Schriftstellerlexikons). Leipzig: VEB Bibl. Inst. 1968, 433—435.
s: 2.1.61.1

2.1.68.3 Günter Grass:
KLEINE REDE FÜR ARNO SCHMIDT
G.G.: Über meinen Lehrer Döblin und andere Vorträge. Berlin: Literarisches Colloquium 1968 (LCB-Editionen 1). 73—77.
= 2.1.64.03.19

2.1.69.01.02 Jochen Hoffbauer:
ARNO SCHMIDT ZUM 55. GEBURTSTAG
Der Schlesier, 3.1.69

2.1.69.01.20 Jörg Drews:
KULTURSPIEGEL
Arno Schmidt zum 55. Geburtstag
BR 1, 20.1.69, 22.00, Ms: 4 S.

2.1.69.02.1 (anonym):
NICHT MEHR IN MODE
Civis, Nr. 2, Feb 69

2.1.69.06.23 Alexander Mitscherlich:
FREUD-KENNER
Der Spiegel, Nr. 26, 23.6.69
Leserbrief, zu: 1.2.69.03.19

2.1.69.11.02 Christel Buschmann:
„SPRACHSCHLUDEREI“ ODER „DAS ÄUSSERSTE AN PRÄGNANZ“
Im Irrgarten der Kritik
8. Die Prosa Arno Schmidts
HR 1, 2.11.69, 9.30—10.00, Ms: 18 S.

2.1.69.1 Franz Lennartz:
ARNO SCHMIDT
F.L.: Deutsche Dichter und Schriftsteller unserer Zeit, 10., erw. Aufl. Stuttgart: Kröner (1969). (KTA 151). 607—611.
s: 2.1.52.1

2.1.70.04.1 (anonym = H. Vogt):
Proza moderna ARNO SCHMIDT
Prisma, Hamburg/Bukarest, 4/70
s: 1.5.17.6

2.1.70.06.22 WoS (= Wolfram Schütte):
NUR EINER NICHT
Frankfurter Rundschau, 22.6.70

2.1.70.08.1 Günter Herburger:
EINSIEDEL UND GIGANT DER LITERATUR
Twen, Nr. 8, Aug 70

2.1.70.09.26 Heinz Gollhardt:
DAS IST EINE SACHE, BEI DER ES NOCH WUNDER GIBT
Literatur-Import & Export oder Auf dem Verschiebebahnhof der Autoren und Übersetzer, der Verleger und Drucker
Frankfurter Rundschau, 26.9.70
u.a.: A.S. als Übersetzer

2.1.70.10.1 Peter Aufmuth / Jörg Drews:
SYMBOLE
Twen, Nr. 10, Okt 70
Leserbriefe zu: 2.1.70.08.1

2.1.70.12.1 Wilfried von Bredow:
DER MILITANTE EREMIT
oder: Vom Schicksal eines westdeutschen Jakobiners
Kürbiskern, Nr. 4, Dez 70, 598—610.

2.1.70.1 Werner Eggers:
ARNO SCHMIDT
Deutsche Literatur seit 1945 in Einzeldarstellungen. Hg. v. Dietrich Weber. 2., überarb. u. erw. Ausg. Stuttgart: Kröner (1970). (KTA 382). 155—180.
s: 2.1.68.1

2.1.70.2 Helmut Kreuzer:
SCHMIDT, Arno
Hermann Kunisch: Handbuch der deutschen Gegenwartsliteratur. 2., verb. u. erw. Ausg. Bd. 2. München: Nymphenburger (1970). 177—178.
s: 2.1.65.1

2.1.70.3 Helmut Heißenbüttel:
ANNÄHERUNG AN ARNO SCHMIDT
H.H.: Über Literatur. (München): DTV (1970). (dtv-sr 84). 51—65.
= 2.1.63.03.1

Zur Uraufführung von „EBERHARD SCHLOTTER: DAS ZWEITE PROGRAMM" (1.3.67.1) am 13.5.71:

2.1.71.04.19 FR:
ARNO SCHMIDTS-URAUFFÜHRUNG
In der Pfalzgalerie Kaiserslautern
Frankfurter Rundschau, 29.4.71

2.1.71.05.12.1 zg:
ARNO SCHMIDT UND SEIN „ZWEITES PROGRAMM"
Eine Veranstaltung morgen in der Pfalzgalerie
Pirmasenser Zeitung, 12.5.71

2.1.71.05.12.2 pr:
DAS ZWEITE PROGRAMM
Arno Schmidt-Uraufführung
Wiesbadener Tagblatt, 12.5.71

2.1.71.05.13 (anonym):
WER IST DER ARNO SCHMIDT?
Zur Uraufführung „Das Zweite Programm"
Pfälzer Tagblatt, Landau, 13.5.71

2.1.71.05.15 Hermann Hartwig:
WORTMUSIK ZU BILDGESTALTEN
Premiere in der Pfalzgalerie: „Das Zweite Programm" von Arno Schmidt
Die Rheinpfalz, 15.5.71

2.1.71.05.17 W.E.:
ERDACHTE GESPRÄCHE ZU EINEM GEMÄLDE
„Das Zweite Programm" von Arno Schmidt in Kaiserslautern uraufgeführt
Mannheimer Morgen, 17.5.71

2.1.71.05.18 HS (= Helmut Schmitz):
ARNO-SCHMIDT-SPÄSSLE
Frankfurter Rundschau, 18.5.71

2.1.71.05.19.1 Jörg Drews:
EINE NEGATIVE ALLEGORIE
Schmidt/Schlotters „Das II. Programm", in Kaiserslautern gezeigt und gelesen
Süddeutsche Zeitung, 19./20.5.71

2.1.71.05.19.2 Hermann Dannecker:
ARNO SCHMIDT ALS BÄNKELSÄNGER
Kieler Nachrichten, 19.5.71
bearbeitet auch in:
Schwäbische Zeitung, Leutkirch, 19.5.71
Weser-Kurier, Bremen, 22.5.71
Münstersche Zeitung, 27.5.71

2.1.71.05.27 Klaus Podak:
SCHLOTTERNDE KÜNSTE
Ein Text, ein Bild, ein Stück in der Pfalzgalerie Kaiserslautern
Stuttgarter Zeitung, 27.5.71
s: 2.2.9.71.05.1

2.1.71.07.1 Georg Hensel:
MORITAT VON ARNO SCHMIDT
„Das zweite Programm"
Pfalzgalerie Kaiserslautern
Theater heute, Juli 71

2.1.71.08.05 Uwe Schultz:
BITTERE WAHRHEIT FÜR DIE BUCHBRANCHE
Die Eingliederung der Verlage Goverts, Krüger, Stahlberg in den S. Fischer Verlag
Süddeutsche Zeitung, 5.8.71

2.1.71.08.14 Thomas Scheuffelen:
BARGFELD, NACH ZETTEL'S TRAUM
Besuch in Arno Schmidts Heidedorf
Stuttgarter Zeitung, 14.8.71

2.1.71.10.14 (anonym):
ABSCHRECKUNG FÜR INTERESSIERTE
FUNK-Korrespondenz, Nr. 42—43, 14.10.71
zu: 1.4.71.10.05

2.1.71.1 U.G. (= Ulrich Glienke):
SCHMIDT, ARNO
Literaturlexikon 20. Jahrhundert. Hg. v. Helmut Olles. (Reinbek): Rowohlt (1971). (auch: rororo 6163). 708—709.

2.1.71.2 Helmut Heißenbüttel:
ANNÄHERUNG AN ARNO SCHMIDT
Deutsche Literaturkritik der Gegenwart. Hg. v. Hans Mayer. (Bd. IV, 2). Vorkrieg, Zweiter Weltkrieg und Zweite Nachkriegszeit. (1933—1968). (Stuttgart): Goverts (1971). (Neue Bibliothek der Weltliteratur).
= 2.1.63.03.1

2.1.71.3 Marcel Reich-Ranicki:
ARNO SCHMIDTS WERK ODER EINE SELFMADEWORLD IN HALBTRAUER
M. R.-R.: Literatur der kleinen Schritte. Deutsche Schriftsteller heute. (Frankfurt/M — Berlin — Wien): Ullstein (1971). (UTB 2867). 214—234, 277—278.
= 2.1.67.09.05

2.1.72.03.20 J. Dr. (= Jörg Drews):
WEITERE WERKE ARNO SCHMIDTS VOM FISCHER-VERLAG ANGEKÜNDIGT
Süddeutsche Zeitung, 20.3.72

2.1.72.04.15 Paul Kersten:
TASCHENBUCHEMPFEHLUNGEN VI (ARNO SCHMIDT)
in: Neue Bibliothek Nr. 69
NDR (RB/SFB) TV 3, 15.4.72, 5'53", Ms: 3 S.

2.1.72.04.22 (anonym):
ARNO SCHMIDT
Munzinger-Archiv, Lieferung 16/72, 22.4.72
s: 2.1.59.08.29

2.1.72.07.14 Christian Linder:
DAS BUCH DER ZUKUNFT?
,,Akustische Literatur'': Ein Versuch der Edition S Press / Auch Arno Schmidt auf Tonband
Rheinische Post, Düsseldorf, 14.7.72
Falschmeldung

2.1.72.10.16 Jörg Drews:
AUTORENMUSIK
Musik bei Arno Schmidt
SR 2, 16.10.72, 21.05—22.00, 51'15'', Ms: 8 S.

2.1.72.1 Helmut Heißenbüttel:
ANNÄHERUNG AN ARNO SCHMIDT
Heinz Ludwig Arnold (Hg): Geschichte der deutschen Literatur aus Methoden. Westdeutsche Literatur von 1945—71. Bd. 1. (Frankfurt/M): Athenäum Fischer Taschenbuch Verlag (1972). (FAT 2030). 322—333.
= 2.1.63.03.1

2.1.73.01.25 Jörg Drews:
ARNO-SCHMIDT-LESEMODELL 5
Beobachtungen zu den Werken vor ,,Zettels Traum''
SDR 2, 25.1.73. 22.10—22.50, Ms: 25 S.
= 2.0.9.0.18

2.1.73.02.1 Christel Buschmann:
STINKT ARNO SCHMIDT?
Der Geruch als Kriterium deutscher Literaturkritik
Pardon, H. 2, Feb 73

2.1.73.04.1 Hans Egon Holthusen:
A.S. — NUR FÜR FANS
Pardon, H. 4, Apr 73
Leserbrief zu: 2.1.73.02.1

2.1.73.05.12 Friedrich Sieburg:
,,IN WIRKLICHKEIT BIN ICH MELANCHOLIKER''
Die Schwierigkeiten des Herrn Schmidt
Süddeutsche Zeitung 12./13.5.73
Brief Sieburgs an Ernst Krawehl vom 9.1.62

2.1.73.06.21 Wolfram Schütte:
BARGFELDER ICH
Jüngster, spätester Arno Schmidt
Deutschlandfunk, Köln, 21.6.73, 22.05—23.00, Ms: 26 S.
= 2.1.73.08.25 (gekürzt)
= 2.1.73.08.1
= 2.0.9.0.13

GOETHEPREIS 1973

2.1.73.07.09.1 dpa — lh:
frankfurter goethe-preis fuer arno schmidt
dpa 201 ak re er 09. jul 73 1820

2.1.73.07.09.2 (ap):
goethepreis an arno schmidt
ap 94 / hei 1720 / 9. juli 73

abgedruckt u.a.:
11.7. Spandauer Volksblatt, Westfälische Nachrichten, Die Welt
13.7. Neue Zürcher Zeitung

2.1.73.07.10.1 WoS (= Wolfram Schütte):
GOETHEPREIS FÜR ARNO SCHMIDT
Frankfurter Rundschau, 10.7.73

2.1.73.07.10.2 gefi:
GOETHEPREIS AN ARNO SCHMIDT
Magistrat stimmte zu
Frankfurter Rundschau, 10.7.73

2.1.73.07.10.3 F.A.Z.:
ARNO SCHMIDT ERHÄLT DEN GOETHEPREIS
Frankfurter Allgemeine Zeitung, 10.7.73

2.1.73.07.10.4 ech:
DER GOETHEPREIS 1973 ...
Frankfurter Allgemeine Zeitung, 10.7.73, S-Ausgabe

2.1.73.07.10.5 — sd:
ARNO SCHMIDT ERHÄLT FRANKFURTER GOETHEPREIS
Übergabe am 28. August in der Paulskirche
Frankfurter Neue Presse, 10.7.73

2.1.73.07.10.6 AN:
FRANKFURTER GOETHE-PREIS AN LITERARISCHEN AUSSENSEITER
Abendpost, Frankfurt, 10.7.73

2.1.73.07.10.7 J. Dr. (= Jörg Drews):
ARNO SCHMIDT ERHÄLT DEN GOETHE-PREIS DER STADT FRANKFURT
Süddeutsche Zeitung, 10.7.73

2.1.73.07.10.8 hbb (= Hans Bertram Bock):
GOETHEPREIS AN ARNO SCHMIDT
Als Spracherneuerer geehrt
Nürberger Nachrichten, 10.7.73

2.1.73.07.10.9 el.:
GOETHE-PREIS FÜR HAMBURGER POLIZISTEN-SOHN
BILD-Hamburg, 10.7.73

2.1.73.07.11.1 Br. (= Karl Heinz Bohrer):
FREIBEUTER DER SPRACHE
Arno Schmidt, Goethe-Preisträger der Stadt Frankfurt
Frankfurter Allgemeine Zeitung, 11.7.73

2.1.73.07.11.2 ew.:
FRANKFURTER GOETHE-PREIS AN ARNO SCHMIDT
Mannheimer Morgen, 11.7.73

2.1.73.07.13 (anonym):
Zeitmosaik
EHRUNG FÜR ARNO SCHMIDT
Die Zeit, 13.7.73

2.1.73.07.19 Hartwig Suhrbier:
Arno Schmidt
EHRUNG FÜR DEN EINZELGÄNGER
Vorwärts, 19.7.73

2.1.73.07.20 d.w.:
INDIREKTE NACHRICHTEN ÜBER ARNO SCHMIDT
Mannheimer Morgen, 20.7.73

2.1.73.07.1 Johannes Totius (= Gianni Toti):
FILMs TRAUM
per Arno SCHMIDT e Sebastian SCHADHAUSER
Carte segrete, Nr. 23, 7. Jg, 1973, Juli-Dez, 217—221.
s: 3.1.74.1

2.1.73.08.11.1 (anonym):
FRANKFURTER GOETHEPREIS AN ARNO SCHMIDT
Der Festakt am 28. August 1973 in der historischen Paulskirche
Mitteilungen der Stadtverwaltung Frankfurt a.M., Nr. 32, 11.8.73, 303—304.

2.1.73.08.11.2 (anonym):
EIN GOETHE-PREISTRÄGER NAMENS ARNO SCHMIDT
Oberhessische Presse, 11.8.73
= 2.1.73.08.16

2.1.73.08.15 hbb (= Hans Bertram Bock):
NEUEDITION FÜR ARNO SCHMIDT
Gesamtwerk des Goethepreisträgers
Nürnberger Nachrichten, 15.8.73

2.1.73.08.16 pt.:
GOETHEPREISTRÄGER NAMENS SCHMIDT
Frankfurter Literaturpreis geht dieses Jahr in die Lüneburger Heide
Hanauer Anzeiger, 16.8.73
= 2.1.73.08.11.2

2.1.73.08.18 Jürgen Schreiber:
NACHRICHTEN VON BÜCHERN UND BIESTERN
Besuch beim Bargfelder Boten
Stuttgarter Zeitung, 18.8.73

2.1.73.08.21 Helmut Schmitz:
BARGFELDER IMPRESSIONEN
Im Gelände des Goethe-Preisträgers Arno Schmidt
Frankfurter Rundschau, 21.8.73
= 2.1.73.08.23.1

2.1.73.08.23.1 Helmut Schmitz:
Auf den Spuren des Goethe-Preisträgers Arno Schmidt
BARGFELDER IMPRESSIONEN
Das Heidehaus des Olympiers in der Einsamkeit — Kein Wallfahrtsort für einen Heiligen — Die vergessenen Freunde
Nürnberger Nachrichten, 23.8.73
= 2.1.73.08.21

2.1.73.08.23.2 Hertha Theunert (= Jürgen Kolbe):
Preisträger
RÄTSEL VOM HEIDE-DICHTER
Mit vertrackten Sprachmontagen schreckt Arno Schmidt die Literaturkonsumenten. Jetzt wird er mit dem Goethe-Preis belohnt.
Der Stern, Nr. 35, 23.8.73

2.1.73.08.23.3 J. Dr. (= Jörg Drews):
ARNO SCHMIDT KOMMT NICHT NACH FRANKFURT
Süddeutsche Zeitung, 23.8.73

2.1.73.08.23.4 sd.:
PREISRÄTSEL
Frankfurter Allgemeine Zeitung, 23.8.73, S-Ausgabe

2.1.73.08.23.1 (anonym):
Am 28. August erhält Arno Schmidt den Frankfurter Goethe-Preis
GOETHE NICH; NEE
Die Zeit, 24.8.73

2.1.73.08.24.2 Wilfried Schoeller / Gerd Winkler:
RÄTSEL AUS BARGFELD — ARNO SCHMIDT
in: Titel, Thesen, Temperamente
HR-TV, 24.8.73, 20.15—22.33; Ms: 10 S.

2.1.73.08.25.1 Wolfram Schütte:
IN DIE LITERATUR VERSUNKEN UND VON IHR VERZAUBERT
Einige Überlegungen zum Werk des Goethepreisträgers Arno Schmidt
Frankfurter Rundschau, 25.8.73
= 2.1.73.06.21

2.1.73.08.25.2 Jürgen Busche:
IN BARGFELD UND KEIN GEHEIMRAT
Das niederdeutsche Panorama des Goethepreisträgers Arno Schmidt
Frankfurter Rundschau, 25.8.73

2.1.73.08.25.3 Christian Linder:
Arno Schmidt erhält den Goethepreis der Stadt Frankfurt
BOXKAMPF MIT DEM KLASSIKER
Kölner Stadt-Anzeiger, 25/26.8.73
= 2.1.73.08.28.1

2.1.73.08.25.4 G.G. (= Günter Grack):
ARNO SCHMIDT UND GOETHE
Der Tagesspiegel, 25.8.73

2.1.73.08.27 (anonym):
szene
GOETHE-PREIS: BOTSCHAFT AUS BARGFELD
Der Spiegel, Nr. 35, 27.8.73

2.1.73.08.28.1 Christian Linder:
STEIFBEINIGER ONKEL ZU BESUCH
Arno Schmidt: Das prekäre Verhältnis des Goethe-Preisträgers zu Goethe
Badische Zeitung, 28.8.73
= 2.1.73.08.25.3

2.1.73.08.28.2 Grn. (= Ulrich Greiner):
DIOGENES SCHMIDT
Frankfurter Allgemeine Zeitung, 28.8.73

2.1.73.08.28.3 E.:
,,—: 'Wie sag Ich'S (M) = 1 Kinde?''
,,Bei Goethe ist die Prosa keine Kunstform, sondern eine Rumpelkiste''
Münchner Merkur, 28.8.73

2.1.73.08.28.4 Josef Müerkamp:
ENTDECKUNG EINES EINSIEDLERS
Arno Schmidt erhält den Goethe-Preis — Böll: Verhinderter Volkschriftsteller
Ruhrnachrichten, 28.8.73

2.1.73.08.25.5 Baldur Filoda:
DER EINSAME DICHTER AUS BARGFELD
In: Nordschau-Magazin
NDR-TV (Regional), 28.8.73, 18.55—19.20

2.1.73.08.28.6 dpa/lh:
goethepreis an schriftsteller arno schmidt verliehen
dpa 234/218 od js sr 28.8.73, 18.30
abgedruckt u.a.:
29.8. Bremer Nachrichten, Neue Hannoversche Presse
30.8. Aachener Nachrichten, Badische Zeitung, Braunschweiger Zeitung, General-Anzeiger für Bonn, Kieler Nachrichten, Lübecker Nachrichten, Der Tagesspiegel, Saarbrücker Zeitung

2.1.73.08.28.7 Nino Erné:
ARNO SCHMIDT: GOETHE PREIS 1973
in: HEUTE
Zweites Deutsches Fernsehen, 28.8.73, 21.00, Ms: 4 S.

2.1.73.08.29.1 sd.:
,,DER SCHRIFTSTELLER SOLL ALLEINE GEHEN''
Verleihung des Goethepreises 1973 an Arno Schmidt / Feierstunde der Paulskirche
Frankfurter Allgemeine Zeitung, 29.8.73, S-Ausgabe

2.1.73.08.29.2 Helmut Schmitz:
Goethe-Preis der Stadt Frankfurt wurde an Arno Schmidt verliehen
SONDERLICH, UNBEUGSAM, UNNACHGIEBIG
Preisträger war krank
Frankfurter Rundschau, 29.8.73, S-Ausgabe
= 2.1.73.08.30.2
= 2.1.73.08.30.5 (gekürzt)

2.1.73.08.29.3 DH (= Dieter Hoffmann):
DEN DANK ABER SPRACH DIE FRAU DES DICHTERS
Feierstunde ohne Arno Schmidt
Frankfurter Neue Presse, 29.8.73

2.1.73.08.29.4 hbb (= Hans Bertram Bock):
Auszüge aus der Dankesrede von Arno Schmidt zur Verleihung des Goethe-Preises
DER UNHEIMLICHE EINSIEDLER
Überreichung der Auszeichnung gestern abend in der Frankfurter Paulskirche an die Ehefrau — Lars Clausens Laudatio
Nürnberger Nachrichten, 29.8.73

2.1.73.08.29.5 (anonym):
ARNO SCHMIDT: KRITISCHE HALTUNG
Hamburger Abendblatt, 29.8.73

2.1.73.08.29.6 Karl Corino:
GOETHE-PREIS
In: DAS PRISMA — Aus dem kulturellen Leben in Hessen
HR 2, 29.8.73, 19.30—20.00, Ms: 4/9 S.
darin: 1.4.73.08.29

2.1.73.08.29.7 Jörg Drews:
(GOETHE-PREIS-VERLEIHUNG)
in: STUDIO 3
NDR 3, 29.8.73, 20.40—20.50
= 2.1.73.08.30.4

2.1.73.08.30.1 Ulrich Greiner:
„VIEL TAUSENDSTÜNDIGE MÜHSAL"
Die Verleihung des Goethe-Preises an Arno Schmidt
Frankfurter Allgemeine Zeitung, 30.8.73

2.1.73.08.30.2 Helmut Schmitz:
Goethepreis der Stadt Frankfurt an Arno Schmidt verliehen
IN LAUDATIO „AUGE DES JAHRHUNDERTS" GENANNT
Die „Fährfrau" Alice Schmidt nahm die Ehrung entgegen
Frankfurter Rundschau, 30.8.73
= 2.1.73.08.29.2

2.1.73.08.30.3 Dieter Hoffmann:
TAUPACKEN — NICH SNACKEN
Woher kommt und wohin führt der Goethepreisträger Arno Schmidt
Frankfurter Neue Presse, 30.8.73

2.1.73.08.30.4 Jörg Drews:
DAS GEHIRNTIER IST NICH SOZIABEL
Arno Schmidt erhielt in der Frankfurter Paulskirche den Goethe-Preis 1973
Süddeutsche Zeitung, 30.8.73
= 2.1.73.08.29.7

2.1.73.08.30.5 Helmut Schmitz:
EIN EINSAMER AUSSENSEITER
Goethe-Preis für Arno Schmidt
Hannoversche Allgemeine Zeitung, 30.8.73
= 2.1.73.08.29.2

2.1.73.08.30.6 Thomas Kielinger:
VON DER MÜHSAL, EIN SCHRIFTSTELLER ZU SEIN
Arno Schmidt erhielt den Frankfurter Goethe-Preis
Die Welt, 30.8.73

2.1.73.08.30.7 Uwe Schultz:
SCHWIERIGKEITEN MIT ARNO SCHMIDT
Zur Verleihung des Goethe-Preises
Stuttgarter Zeitung, 30.8.73

2.1.73.08.30.8 Lin. (= Christian Linder):
BOTSCHAFT AUF DER HEIDE
Der Goethe-Preisträger Arno Schmidt über Arno Schmidt
Kölner Stadt-Anzeiger, 30.8.73

2.1.73.08.31.1 ki. (= Thomas Kielinger):
WAR DAS ZETTELS RACHE?
Die Welt, 31.8.73

2.1.73.08.31.2 OZ:
GOETHEPREISTRÄGER SCHMIDT
Deutsche Zeitung — Christ und Welt, 31.8.73

2.1.73.08.31.3 E-E:
WERKE ARNO SCHMIDTS WERDEN AUSGESTELLT
Frankfurter Rundschau, 31.8.73, S-Ausgabe

2.1.73.08.1 Wolfram Schütte:
DAS BARGFELDER ICH
Reflexionen über das Werk Arno Schmidts
Neue Rundschau, 84. Jg, 1973, H. 3, 531—545.
= 2.1.73.06.21

2.1.73.09.01.1 Hans Jansen:
ARNO SCHMIDT: WORTMETZ IM STEINBRUCH DER SPRACHE
Schriftsteller erhielt den Goethe-Preis 1973
Westdeutsche Allgemeine Zeitung, 1.9.73

2.1.73.09.01.2 M.:
Goethe-Preis
ARNO SCHMIDT ODER DER AUSGESPERRTE LESER
Bayernkurier, 1.9.73

2.1.73.09.01.3 (anonym):
Porträt der Woche
ARNO SCHMIDT
Badische Neueste Nachrichten, 1.9.73

2.1.73.09.01.4 Hans Joachim Schröder:
MAROTTE DER WORTASSOZIATIONEN
Frankfurter Rundschau, 1.9.73
Leserbrief zu: 1.2.73.08.29

2.1.73.09.01.5 Hans-Peter Krüger:
(GOETHE-PREIS-VERLEIHUNG)
In: GULLIVER — Sätze und Gegensätze
SFB 1, 1.9.73, 17.05—17.55

2.1.73.09.03 Arnulf Herbst:
NICHT IM GESPRÄCH
Der Spiegel, Nr. 36, 3.9.73
Leserbrief zu: 2.1.73.08.27

2.1.73.09.04 Werner Jaspert:
DER GOETHEPREISTRÄGER IRRT
Frankfurter Allgemeine Zeitung, 4.9.73, S-Ausgabe
Leserbrief

2.1.73.09.06 R. Pfriem / Bernd-Volker Bulling:
GOETHE-PREIS ZURÜCKGEGEBEN
Frankfurter Rundschau, 6.9.73
Leserbriefe zu: 1.2.73.08.29

2.1.73.09.07 Bernd Otto / Thomas Steinforth:
WIESO ARNO SCHMIDT?
Frankfurter Rundschau, 7.9.73
Leserbriefe zu: 1.2.73.08.29

2.1.73.09.09.1 Klu. (= Heinz Klunker):
ARNO SCHMIDT ODER DIE HEIDE LEBT
Deutsches Allgemeines Sonntagsblatt, 9.8.73

2.1.73.09.09.2 Gerhard Zwerenz:
GOETHEPREIS AN ARNO SCHMIDT
In: BLICK IN DIE ZEIT
SWF 2, 9.9.73, 19.05—19.15
= 2.1.73.09.14.2
= 2.1.73.11.01: erweitert

2.1.73.09.14.1 Pius al Wetzel:
OFFENER BRIEF
an Herrn Arno Schmidt zu Bargfeld in der Haiden
Frankfurter Rundschau, 14.9.73
Einleitung: HS (= Helmut Schmidt)

2.1.73.09.14.2 Gerhard Zwerenz:
GOETHE-PREIS UND ARBEITERGROSCHEN
Ein Jurymitglied macht sich nachträglich Gedanken über den Preisgekrönten
Welt der Arbeit, Köln, 14.9.73
= 2.1.73.09.09.2

2.1.73.09.15 Willi Bär:
EHRUNG EINES IGNORANTEN
Zur Verleihung des Goethe-Preises
Die Tat, Frankfurt, 15.9.73

2.1.73.09.17 J.B. (= Jürgen Busche):
MISSLUNGENER VORTRAG
Schauspieler lesen Arno Schmidt
Frankfurter Allgemeine Zeitung, 17.9.73, S-Ausgabe

2.1.73.09.21 Wolfram Schütte:
ARNO SCHMIDT UND SEINE KRITIKER
SWF + WDR, 21.9.73, 22.15
= 2.0.9.20

2.1.73.09.23 Ernst Nef:
DIE „MENAGERIEBILDER" DES ARNO SCHMIDT
Neue Zürcher Zeitung, 23.9.73

2.1.73.09.24 K. Horn / Dr. Wolfgang Pewesin:
NICHT DIE RECHTEN KRITIKER
Frankfurter Rundschau, 24.9.73
Leserbriefe

2.1.73.09.1 HST (= Herbert Stettner):
EINER NAMENS SCHMIDT
Der Sozialdemokrat, Nr. 9, Sep 73

2.1.73.09.2 Karl Krolow:
EIN DEUTSCHES ORIGINAL
Goethepreisträger Arno Schmidt
der literat, Nr. 9, Sep 73
= 2.1.74.01.18.5 (gekürzt)

2.1.73.09.3 Günther Swars
FRANKFURT, GOETHE UND EINER SEINER BEWUNDERER
Über den Goethepreis-Träger Arno Schmidt
Kulturjournal für Frankfurt am Main, Sep/Okt 73, 3—5.

2.1.73.10.1 Peter Knorr:
WER HAT SICH DEN BLOSS EINFALLEN LASSEN?
Pardon, 10/73

2.1.73.10.2 Fred Perlus:
ÜBER EIN GEGENWORT, ÜBER ZWEI UNBEANTWORTETE FRAGEN UND ÜBER EINEN UNSERER ALLERLETZTEN GÖTTER
Die Wahrheit / Pardon, 10/73

2.1.73.10.3 Lars Clausen:
REDE AUF ARNO SCHMIDT
Frankfurter Hefte, 28. Jg, 1973, H. 10, 736—747.
Laudatio, gehalten auf der Feier am 28.8.73
= 2.0.8.4

2.1.73.11.1 Gerhard Zwerenz:
(Ansichten eines SNOBS)
das da, Nr. 2, 1.11.73
= 2.1.73.09.09.2

2.1.73.1 Gerhard Schmidt-Henkel:
ARNO SCHMIDT
Deutsche Dichter der Gegenwart. Ihr Leben und Werk. Hg. v. Benno von Wiese. (Berlin): Erich Schmidt (1973). 261—276.

2.1.73.2 R. Ti. (= Rüdiger von Tiedemann):
Kleines Literarisches Lexikon. Autoren 2. 20.Jahrhundert L—Z. 4., neu bearb. stark erw. Ausg. Hg. v. Horst Rüdiger u. Erwin Koppen. 2. Bd. Teil 2. Bern — München: Francke 1973. (Slg. Dalp 166). 289—290.

2.1.73.3 Heinrich Vormweg:
DER FALL ARNO SCHMIDT
Die Literatur der Bundesrepublik Deutschland. Hg. v. Dieter Lattmann. München — Zürich: Kindler (1973). (Kindlers Literaturgeschichte der Gegenwart). 270—279.

2.1.74.01.11 Karen Matthes:
GEHIRNTIER HINTER STACHELDRAHT
Arno Schmidt wird 60 (18.1.) — Bedeutender Neuerer der deutschen Sprache
interpress — kultur, Nr. 3, 11.1.74
nachgedruckt u.a. in:
15.1. Lübecker Nachrichten
17.1. Mittelbayerische Zeitung, Kieler Nachrichten
18.1. General-Anzeiger für Bonn, Siegener Zeitung

2.1.74.01.16 Jörg Drews:
ARNO SCHMIDT 60
in: JOURNAL 3
NDR 3, 16.1.74, 20.45—21.45, Ms: 4 S.
= 2.1.74.01.18.1 (bearbeitet)

2.1.74.01.17 Heinz Albers
DER EINSIEDLER VON BARGFELD
Arno Schmidt — Außenseiter der Literatur
Hamburger Abendblatt, 17.1.74
Hinweis auf: 2.0.9

2.1.74.01.18.1 Jörg Drews
FLEISS & KONSEQUENZ
Arno Schmidt wird 60 Jahre alt
Süddeutsche Zeitung, 18.1.74
= 2.1.74.01.14 (bearbeitet)

2.1.74.01.18.2 Jürgen Busche:
DIE WELT AUS LITERATUR
Arno Schmidt wird sechzig
Frankfurter Allgemeine Zeitung, 18.1.74

2.1.74.01.18.3 Gerhard Schmidt-Henkel:
AUTOR MIT ANGST VOR DEM BEIFALL DER MENGE
Arno Schmidt wird heute 60 Jahre alt
Saarbrücker Zeitung, 18.1.74

2.1.74.01.18.4 Werner Hees:
DER BARGFELDER BOTE
Anmerkungen zu Arno Schmidt
Deutsche Welle, 18.1.74

2.1.74.01.18.5 Karl Krolow:
GENIALES AUS DEM ZETTELKASTEN
Zum sechzigsten Geburtstag Arno Schmidts am 18. Januar
Hannoversche Allgemeine Zeitung, 18.1.74
Darmstädter Echo, 18.1.74
= 2.1.73.09.2 (ausführlicher)
= 2.1.74.01.18.6 (Teil)

2.1.74.01.18.6 K.K./hbb (= Karl Krolow / Hans Bertram Bock):
ZETTELS TRAUM OHNE ERWACHEN
Arno Schmidt wird 60 Jahre
Nürnberger Nachrichten, 18.1.74
= 2.1.74.01.18.5 (Teil)
Hinweis auf: 2.0.0.5, 2.0.6, 2.0.8, 2.0.9

2.1.74.01.18.7 A.R. (= Arnd Rühle):
MEIN EIGENES SCHALKS-ESPERANTO
Der Schriftsteller Arno Schmidt wird heute 60 Jahre alt
Münchner Merkur, 18.1.74

2.1.74.01.18.8 (anonym):
EIN HÄUSLICHER LITERATURBERSERKER
Zum sechzigsten Geburtstag von Arno Schmidt
Stuttgarter Zeitung, 18.1.74

2.1.74.01.18.9 Heino Griem:
ARNO SCHMIDT 60 JAHRE
Einer der orginellsten deutschen Autoren der Zeit
Nordwest-Zeitung / Oldenburger Nachrichten, 18.1.74

2.1.74.01.18.10 sine (= Sabine Schultze):
SCHMIDT ODER NICHT SCHMIDT — DAS IST DIE FRAGE
In Bargfeld bei Celle feiert eine schreibende Heidschnucke 60. Geburtstag
Rhein-Neckar-Zeitung, 18.1.74

2.1.74.01.18.11 WJ:
EXPERIMENTE MIT DER SPRACHE
Arno Schmidt / Zu seinem 60. Geburtstag
Wiesbadener Kurier, 18.1.74

2.1.74.01.19 (anonym):
DER „WORTMETZE" ARNO SCHMIDT
Zum 60. Geburtstag des umstrittenen Schriftstellers
Cellesche Zeitung, 19.1.74

2.1.74.01.25 (anonym):
ZUR PERSON
GUSTAV HEINEMANN ...
Berliner Extra-Dienst, Nr. 8, 25.1.74

2.1.74.06.1 Hartwig Suhrbier:
ARNO SCHMIDT DER MERK-WÜRDIGE LITERAT
Der Wegweiser, Nr. 6/7, Juni—Juli 1974

2.1.74.07.22 J.B. (= Jürgen Busche):
DER GANZE SCHMIDT
Frankfurter Allgemeine Zeitung, 22.7.74

2.1.74.08.13 Fritz Otto Wiede:
ARNO SCHMIDT
Frankfurter Allgemeine Zeitung, 13.8.74
Leserbrief zu: 2.1.74.07.22

2.1.74.11.16 Jörg Drews:
WAS HAT ER DAMIT GEMACHT?
Arno Schmidt als Übersetzer aus dem Englischen
WDR 3, 16.11.74, 20.15—21.15, Ms: 30 S.
darin: AS spricht Joyce- + Poe-Übersetzungen aus:
1.4.61.11.10, 1.4.69.04.29

2.1.74.1 Karsten Diettrich:
NACHWORT
Arno Schmidt: Windmühlen. (Gütersloh: Bertelsmann ... 1974). 283—286.
= 1.1.15.2, 283—286

2.1.74.2 (anonym):
SCHMIDT, ARNO
Günter Albrecht, u.a.: Lexikon deutschsprachiger Schriftsteller von den Anfängen bis zur Gegenwart. Band 2. L—Z. 2., überarb. Aufl. Leipzig: VEB Bibl. Inst. 1974. (auch: Kronberg/Ts: Scriptor 1974. (Skriptor Taschenbuch S 26)). 273—275.
s: 2.1.61.1

2.1.75.03.01 (anonym = Dietrich Kuhlbrodt):
WER GING MIT ARNO SCHMIDT LATERNE?
Szene Hamburg, Nr. 15, 1.3.75

2.1.75.08.22 Uwe Gruhle:
Literatur in Not
ARNO SCHMIDT IM HEIDEBRAND
Deutsche Zeitung — Christ und Welt, 22.8.75

2.1.75.04.13 Johannes Lehmann:
BUCHBESPRECHUNG
SDR 1, 13.4.75, 20.20—22.00
darin: Gespräch Lehmann — Jörg Drews über A.S. + B.B.

2.1.75.08.23 sub (= Harwig Suhrbier):
JULIA, LASS DAS!
Blick in Arno Schmidts Zettelkästen
Frankfurter Rundschau, 23.8.75

2.1.75.08.27 Theo Meier-Ewert:
WOHLSTAND IN BARGFELD?
Neues von Arno Schmidt
Badische Zeitung, Freiburg, 27.8.75

2.1.75.09.01 J. Dr. (= Jörg Drews):
ARNO SCHMIDT ÜBERRASCHT MIT VIELEN PLÄNEN
Süddeutsche Zeitung, 1.9.75

2.1.75.09.06 (anonym):
NEUES VON ARNO SCHMIDT
Neue Vorarlberger Tageszeitung, Bregenz, 6.9.75

2.1.75.09.09 (anonym)
Zeitmosaik
MIT BÜCHERN AUSGEBUCHT: ARNO SCHMIDT
Die Zeit, 19.9.75

2.1.75.10.10 JB (= Jürgen Busche):
Gestern auf der Buchmesse: Die Ernsten, die Kleinen und die Populären
ARNO UND DER PYROMANE
Frankfurter Allgemeine Zeitung, 10.10.75

2.1.75.1 Heinrich Vormweg:
NACHWORT
Arno Schmidt: Krakatau. Stuttgart: Reclam (1975). (RUB 9754). 61—67.
= 1.1.17.3, 61—67

2.1.76.01.19 Hans-Michael Bock:
ARNO SCHMIDT
in: KULTURSPIEGEL
NDR TV (Regional), 19.1.76, 18.50—19.15, 5'02'', Ms: 5 S.
auch in: LITERATURMAGAZIN, SWF/SDR/SR TV 3, 14.2.76, 20.15—21.00
darin: Teile von 2.2.11.61.03.23 (A.S.-Interview)

2.1.76.03.1 Günter Häntzschel:
ARNO SCHMIDT, EIN VERKANNTER IDYLLIKER
Schwierigkeiten beim Bewerten eines unbequemen Autors
GRM (Germanisch-Romanische Monatsschrift), Neue Folge, Band XXVI, Heft 3/4, März 1976, 307—321.

2.1.76.06.19.1 Lothar Schmidt-Mühlisch:
„SPRECHEN WIR BITTE NICHT VON MIR!"
„Mittelsmann" Ernst Krawehl beschreibt den Autor im Gespräch
Die Welt (des Buches), 19.6.76
s: 2.2.22.76.06.19

2.1.76.06.19.2 (anonym):
Diese Woche
ARNO SCHMIDT: ZETTELS TRAUM
Die Welt (des Buches), 19.6.76
s: 2.2.22.76.06.19

2.1.76.06.28 Hartwig Suhrbier:
SIC TRANSIT BARGFELD
Frankfurter Rundschau, 28.6.76

2.1.76.07.08 Josef Huerkamp:
WER IN BARGFELD STÖRT
Frankfurter Rundschau, 8.7.76
Leserbrief zu: 2.1.76.06.28

2.1.76.08.1 H(ugo) Verdaasdonk:
HET REALISME VAN ARNO SCHMIDT
De Revisor, Amsterdam, 3. Jg, H. 4, Aug 1976, 77—81.

2.1.76.1 Werner Eggers:
ARNO SCHMIDT
Deutsche Literatur der Gegenwart in Einzeldarstellungen. Bd. 1. Hg. v. Dietrich Weber. 3., überarb. Aufl. Stuttgart: Kröner (1976). (KTA 382). 312—337.
s: 2.1.65.1

2.1.76.2 Henry + Mary Garland:
SCHMIDT, ARNO
H+M.G.: The Oxford Companion to German Literatur. Oxford: Clarendon Press 1976. 768—769.

2.1.76.3 Eberhard Schlotter:
BETROFFEN
Aus einem Brief an den Herausgeber
Protokolle 76/1. Hg. v. Otto Breicha. Wien — München: Jugend und Volk 1976. 216.
zu: 1.3.76.1

2.1.76.4 Gerhard Charles Rump:
„ONOMATOPOIESIS" BEI JAMES JOYCE UND ARNO SCHMIDT
ORBIS, 25. Jg., 1976, H.4, 5—12.

2.1.77.03.1 Reinhard Pilkmann:
ARNO SCHMIDT UND DAS NIEDERDEUTSCHE
Korrespondenzblatt des Vereins für niederdeutsche Sprachforschung, Münster, Heft 84, 1. März 1977, 7—13.

2.1.77.07.26 fr:
VON ARNO SCHMIDT IM HERBST: NEUAUFLAGE, ÜBERSETZUNG, PLATTE
Frankfurter Rundschau, 26.7.77

2.1.77.09.1 Armin Mohler:
DIE WESTDEUTSCHE LITERATUR SEIT 1945
Am Beispiel von Arno Schmidt
Criticón 43, Sep—Okt 77, 229—236.

2.1.77.11.04 (anonym):
ARNO SCHMIDT SOLL AUCH IN DEN USA EINE GEMEINDE BEKOMMEN
Buchreport, Nr. 44, 4.11.77

2.1.77.12.09 Ernst Krawehl:
SCHMIDT-LESER
Buchreport, Nr. 49, 9.12.77
Leserbrief zu: 2.1.77.11.04

2.1.77.12.1 Roland Brauch:
„OP ICH NACH'M TOD 1 OFEN WEER'?"
Hinweis auf Arno Schmidt
SALZ, Salzburger Literaturzeitung, 3. Jg, Nr. 10, Dez 77

2.1.77.1 Bernd Rauschenbach:
SCHMALWASSER MIT TOPOGRAPHISCHER KARTE UND ERZÄHLUNG
manuskripte, Graz, 16. Jg, 1977, H. 57, 54—55

2.1.77.2 Wolfram Schütte:
ROBINSONADEN UND BIBLIOMANIA ODER : KOPFWELTEN
Notizen zu den Anfängen Arno Schmidts
Literaturmagazin 7. Nachkriegsliteratur. Hg. v. Nicolas Born und Jürgen Manthey. (Reinbek): Rowohlt (1977). (dnb 87). 296—302.

2.1.78.01.1 F. Peter Ott:
TRADITION AND INNOVATION:
An Introduction to the Prose Theory and Practice of Arno Schmidt
The German Quarterly, Vol. LI, No. 1, Jan 1978, 19—38.

2.1.78.04.26 Jürgen Busche:
BÖSE MIT A. SCHMIDT
Frankfurter Allgemeine Zeitung, 26.4.78
u.a. zu: 2.0.0.28

2.1.78.09.09 Hans Bertram Bock:
DIE ZWEIFEL AM GEHIRNTIER
Mutmaßungen über die Wandlung des Schriftstellers Arno Schmidt — Präzise Plagiatsvorwürfe seines Clans
Nürnberger Nachrichten, 9./10.9.78

2.1.78.1 Alfred Döblin:
DÖBLIN AN ARNO SCHMIDT
Paris, 15. Oktober 1953 (Brief)
Alfred Döblin. 1878 · 1978. Hg. v. Jochen Meyer. Marbach am Neckar: Schiller-Nationalmuseum (1978). (Katalog 30). 513/515.
Antwort auf: 1.3.78.1

2.1.78.2 Horst Denkler:
(DER REIZ DER WÖRTER)
Der Reiz der Wörter. Eine Anthologie zum 150jährigen Bestehen des Reclam-Verlages. Stuttgart: Reclam (1978). (RUB 9999). 45—47.

2.1.78.3 Reinhard Kotter:
OFFENER BRIEF
Siope, Freiburg, Nr. 1, 1978

2.1.78.4 Heiko Postma:
ARNO SCHMIDT
Niedersachsen literarisch. Bio-bibliographische Daten, Fotos und Texte von 65 Autoren. Hg. v. D.P. Meier-Lenz und Kurt Morawietz. (Bremerhaven: Wirtschaftsverlag 1978). 227—233.

2.1.78.5 Bernd Rauschenbach:
SEELANDSCHAFT MIT KULTURMENSCH
Protokolle 78/2. Wien—München: Jugend und Volk 1978. 40—45.
darin: 2.3.78.3

2.2 REZENSIONEN

2.2.1 LEVIATHAN

2.2.1.49.11.27 E.:
LEVIATHAN
Welt am Sonntag, 27.11.49

2.2.1.49.12.21 Nt.:
DER MENSCH AUF DER FLUCHT
Darmstädter Echo, 21.12.49

2.2.1.49.12.29.1 O.:
VERZWEIFELTE KONSEQUENZ
Stuttgarter Nachrichten, 29.12.49

2.2.1.49.12.29.2 G.P.:
JUNGE DEUTSCHE LITERATUR?
Berliner Zeitung, Berlin/DDR, 29.12.49

2.2.1.50.01.03 Alfred Andersch:
BÜCHERSTUNDE
A. A. bespricht neue Erzähler
HR, 3.1.50, 17.00—17.15

2.2.1.50.01.14 Rudolf Krämer-Badoni:
DER RUF NACH DEM JUNGEN AUTOR
Frankfurter Allgemeine Zeitung, 14.1.50

2.2.1.50.01.1 WG (= Walter M. Guggenheimer):
ZU DEN WELTRÄNDERN INS MENSCHENLOSE
Frankfurter Hefte, 5. Jg, 1950, H. 1, 103.

2.2.1.50.02.05 m.:
DIE BESEITIGUNG DES TRAUMSCHUTTS
Zu zwei jungen Autoren
Der Sozialdemokrat, 5.2.50

2.2.1.50.03.03 Nino Erné:
JUNGE DEUTSCHE ERZÄHLER / 2. Folge
Münchner Merkur, 3.3.50

2.2.1.50.03.22 Walter Jens:
AUF HÖHERER EBENE GEBÜNDELT
Württembergische Abend-Zeitung, 22.3.50

2.2.1.50.05.1 Wolfgang Bächler:
SCHMIDT, ARNO: LEVIATHAN
Welt und Wort, 5. Jg, 1950, H. 5, 211—212.

2.2.1.50.07.05 Joachim Ernst Berendt:
BÜCHERSCHAU
SWF, 5.7.50, 17.00—17.15, Ms: 2/7 S.

2.2.1.50.07.18 R.:
SPIEGELGESICHT
Süddeutsche Zeitung, 18.7.50

2.2.1.50.08.11 Percy Eckstein:
NICHT DER AUTOR, DER REZENSENT IST SCHULDIG
Der Standpunkt, Meran, 11.8.50

2.2.1.51.02.17 Luise Rinser:
CHARAKTER, STANDORT UND BEDEUTUNG DER JUNGEN DEUTSCHEN LITERATUR
Ein kritischer Bericht, der Versuch einer Bilanz und ein Resumé
Die Neue Zeitung, 17.2.51

2.2.1.51.05.17 — ey —:
ES GIBT EINE JUNGE DEUTSCHE LITERATUR
Der Weg durch Finsternis und der Kampf mit der Form / Eine Umschau
Christ und Welt, 17.5.51
= 2.2.1.51.07.1

2.2.1.51.07.1 (anonym):
LE DEBAT SUR LA LITTERATURE CONTEMPORAINE ALLEMANDE
Il existe une jeune littérature allemande!
Allemagne d'aujourd'hui, 1951, H. 2, Juli—Aug, 117-118.
= 2.2.1.51.05.17

2.2.1.51.08.27 Friedrich Sieburg:
BUCH DES TAGES
NWDR (Köln), 27.8.51, 17.15—17.30, Ms: 1/6 S.

2.2.1.51.11.24 M.R. (= Max Rychner):
ARNO SCHMIDT: ZU DEN PROSABÄNDEN ,,BRANDS HAIDE'' UND ,,LEVIATHAN''
Die Tat, Zürich, 24.11.51

2.2.1.51.12.15 Hans Georg Brenner:
GRIFFE IN DIE ZEIT
Darmstädter Echo, 15.12.51

2.2.1.52.01.26 Wb.:
JUNGE DEUTSCHE DICHTER III.
Arno Schmidt
Neue Zürcher Zeitung, 26/27.1.52
zu: 1.1.1.0.1

2.2.1.52.02.02 Wb.:
JUNGE DEUTSCHE DICHTER IV.
Arno Schmidt (Fortsetzung)
Neue Zürcher Zeitung, 2/3.2.52
zu: 1.1.1.0.2; 0.3

2.2.1.53.01.22 (anonym):
EINE STUDIO-AUFFÜHRUNG
Frankfurter Rundschau, 22.1.53
zu: 1.4.53.01.12 / 1.1.1.0.1

2.2.1.56.06.1 (anonym):
ARNO SCHMIDT: LEVIATHAN
Die Kultur, Juni 1956

2.2.1.59.1 Bonaventura Tecchi:
,,LEVIATHAN'' DI ARNO SCHMIDT
B.T.: Scrittori tedesci moderni. Rom: Ed. di storia e letteratura 1959. 187—191.

2.2.1.63.09.13 Urs Jenny:
EIN RÜBEZAHL MIT EMPFINDSAMER SEELE
Die Weltwoche, Zürich, 13.9.63

2.2.1.63.11.1 Hans Walz:
ARNO SCHMIDT: LEVIATHAN
Bücherei und Bildung, 15. Jg, 1963, H. 11/12, 944.

2.2.1.63.1 Cesare Cases:
ARNO SCHMIDT E IL LEVIATANO
C.C.: Saggi e note di letteratura tedesca. Turin: Einaudi 1963. 250—258.

2.2.1.65.04.17 Harald Kaufmann:
(SCHMIDTS ,,LEVIATHAN'')
Neue Zeit, Graz, 17.4.65

2.2.1.68.1 F.J.B. (= Friedrich J. Bröder):
LEVIATHAN
Lexikon der Weltliteratur. Bd. II. Hauptwerke der Weltliteratur in Charakteristiken und Kurzinterpretationen. Hg. v. Gero von Wilpert. Stuttgart: Kröner (1968). 643.

2.2.1.70.1 Hermann Hesse:
ARNO SCHMIDT *1910 (!) ,,LEVIATHAN''
H.H.: Schriften zur Literatur. 2. Bd. Eine Literaturgeschichte in Rezensionen und Aufsätzen. Hg. v. Volker Michels. (Frankfurt/M.): Suhrkamp (1970). (Ges. Werke. Werkausg. 12). [auch: Schriften zur Literatur. (Sonderausg.) (Frankfurt/M.): Suhrkamp (1972).] 563.
geschrieben: 1950
= 2.0.9.1
= 2.2.1.77.1

s: 2.0.0.16

2.2.1.77.1 Hermann Hesse:
BESPRECHUNG VON ARNO SCHMIDTS 'LEVIATHAN'
Typoskript. 7.5.1950
Hermann Hesse. 1877 · 1977. Hg. v. Friedrich Pfäfflin. Marbach am Neckar: Schiller-Nationalmuseum (1977). (Katalog 28). 300.
= 2.2.1.70.1

2.2.2 BRAND'S HAIDE

2.2.2.51.09.1 Georg Ramseger:
ARNO SCHMIDT: BRAND'S HAIDE
Neue Bücher, Hauswedell, Hamburg, Sep 1951
s: 2.2.1.51.11.24

2.2.2.51.11.29 Hansgeorg Maier:
FRECHHEIT UND FREIHEIT
Die Zeit, 29.11.51

2.2.2.51.12.08 Hans Egon Holthusen:
BÄRENDIENST FÜR ARNO SCHMIDT
Deutsche Zeitung, 8.12.51
s: 2.2.2.52.08.1

2.2.2.51.12.09 Gerhard Weidenmüller:
ZWISCHEN AUFRUHR UND ZYNISMUS
Die Neue Zeitung, 9.12.51
s: 2.2.1.51.12.15

2.2.2.52.01.05 Herbert Nette:
MONOLOGE DER VERZWEIFLUNG
Frankfurter Allgemeine Zeitung, 5.1.52

2.2.2.52.01.10 Hermann Kasack:
EIN POETISCHER SEISMOGRAPH
Neue Literarische Welt, Darmstadt, 10.1.52

2.2.2.52.01.19 Christian Ferber:
EIN EINSAMES „GENIE" IM NARZISS-SPIEGEL
Die Neue Zeitung, 19./20.1.52

2.2.2.52.01.25 rjh. (= R. J. Humm):
ARNO SCHMIDT: BRAND'S HAIDE
Die Weltwoche, 25.1.52

2.2.2.52.01.1 C.P.M.:
BRAND'S HAIDE
PEN, Bulletin of Selected Books, London, Jan 52

2.2.2.52.02.06 (anonym):
Tagebuch-Bericht
MENSCH NACH DER KATASTROPHE
Der Spiegel, Nr. 6, 6.2.52

2.2.2.52.02.09.1 Johann Schuh:
ARNO SCHMIDT: BRAND'S HAIDE
Stuttgarter Nachrichten, 9.2.52

2.2.2.52.02.09.2 Wb.:
JUNGE DEUTSCHE DICHTER V.
Arno Schmidt (Schluß)
Neue Zürcher Zeitung, 9/10.2.52

2.2.2.52.03.08 Helmut M. Braem:
DAS EXPERIMENT MENSCH
Arno Schmidt und die Freiheit
Stuttgarter Zeitung, 8.3.52

2.2.2.52.03.26 Hans von Savigny:
BÜCHERSCHAU
SWF, 26.3.52, 16.15—16.30

2.2.2.52.03.1 (anonym):
ARNO SCHMIDT BRANDS HAIDE
Allemagne d'aujourd'hui, 1952, H. 3/4, März—April, 97—99.

2.2.2.52.04.12 Bert Kohlhaas:
„BRAND'S HAIDE"
Das freie Wort, 12.4.52

2.2.2.52.04.1 Jürgen Eyssen:
ARNO SCHMIDT: BRAND'S HAIDE
Bücherei und Bildung, 4. Jg, 1952, H. 4, 390—391.

2.2.2.52.08.15 (anonym):
(ARNO SCHMIDT: BRAND'S HAIDE)
Rheinischer Merkur, 15.8.1952

2.2.2.52.08.1 E.W.:
AMBIVALENTE KRITIK
Aufklärung, 1. Jg, 1952, H. 8, 230—233.
zu: 2.2.2.51.12.08

2.2.2.52.09.13 Friedrich Rasche:
RÜCKBLICK AUF NEUE BÜCHER
Hannoversche Presse, 13.9.52

2.2.2.52.10.31 Rg:
(BRAND'S HAIDE)
Der Bund, Bern, Abendausgabe, 31.10.52

2.2.2.54.02.1 H.H. Hahnl:
DER AUTOR MIT SICH ALLEIN
Die Zukunft, Wien, Nr. 2, Feb 54

s: 2.0.0.21

2.2.2.78.03.25 Helmut Heißenbüttel:
LITERATUR-QUIZ
LEGENDE VOM ARMEN HEIMKEHRER
Die Welt, 25.3.78

2.2.3 **DIE UMSIEDLER**

2.2.3.53.07.08 (anonym):
ARNO SCHMIDT: „DIE UMSIEDLER"
dpa-Buchbrief, 8.7.53

2.2.3.53.07.21 Max Bense:
Das literarische Experiment
Bemerkungen zu Arno Schmidts „Prosastudien"
St. Galler Tagblatt, Abendblatt, Nr. 342, 21.7.53

2.2.3.53.08.01 Helmut M. Braem:
MITGERISSEN VON DER ZEITLAWINE
Romane und Erzählungen deutscher Autoren von heute
Stuttgarter Zeitung, 1.8.53

2.2.3.53.08.29 Regina Bohne:
MIT BEDACHT ZU LESEN
Frankfurter Allgemeine Zeitung, 29.8.53

2.2.3.53.09.05 Günter Blöcker:
IM DSCHUNGEL DER WORTE
Süddeutsche Zeitung, 5.9.53

2.2.3.53.09.15 Hans Daiber:
LITERARISCHES EXPERIMENT
Die Bücher-Kommentare, Nr. 3, 15.9.53

2.2.3.53.09.29 Georg Hensel:
MONOLOG EINES EINZELGÄNGERS
Zu neuen Büchern von Arno Schmidt: „Aus dem Leben eines Fauns" und „Die Umsiedler"
Darmstädter Echo, 29.9.53

2.2.3.53.10.14 (anonym):
Neu in Deutschland
ARNO SCHMIDT: DIE UMSIEDLER
Der Spiegel, Nr. 42, 14.10.53

2.2.3.53.10.17 — ger:
ARNO SCHMIDT: DIE UMSIEDLER
Die Welt, 17.10.53

2.2.3.53.10.1 Jürgen Eyssen:
ARNO SCHMIDT: DIE UMSIEDLER
Bücherei und Bildung, 5. Jg, 1953, H. 10, 1024—1025.

2.2.3.53.11.1 J.L.:
DIE UMSIEDLER
Documents 11, Nov 53, 1117.

2.2.3.53.12.19 Siegfried Lenz:
STEINBRUCH-PROSA
Hamburger Anzeiger, 19.12.53
s.: 2.1.54.01.08

2.2.3.54.02.1 Hermann Kasack:
LITERARISCHES KURIOSITÄTENKABINETT
Deutsche Rundschau, 80. Jg, 1954, H. 2, 203—204.

2.2.3.54.08.1 Helmut Günther:
SCHMIDT, ARNO: DIE UMSIEDLER
Welt und Wort, 9. Jg, 1954, H. 8, 276.

2.2.3.54.1 Hans Reimann:
studio frankfurt
6. ARNO SCHMIDT / DIE UMSIEDLER
H.R.: Die dritte Literazzia. Ein Streifzug durchs Dickicht der Bücher. München: Pohl (1954). 179.

2.2.3.64.08.01 Niklaus Windhag:
HEIMSUCHUNG DER UMSIEDLER
Stilistisch eigenbrötlerische Nachkriegserzählung von Arno Schmidt
Oberösterreichische Nachrichten, Linz, 1.8.64

2.2.3.64.1 Helmut Heißenbüttel:
NACHWORT
A.S.: Die Umsiedler. (Frankfurt/Main): Insel (1964). (Insel-Bücherei 818). 53-57.
datiert: März 1964
= 1.1.3.1, 53—57

2.2.4 AUS DEM LEBEN EINES FAUNS

2.2.4.53.09.05 WiPl:
DIE APARTE PEITSCHE
Stuttgarter Nachrichten, 5.9.53

2.2.4.53.09.11 Anton Böhm:
DISKONTINUITÄT
Das Abgründige in Herrn Schmidt
Rheinischer Merkur, 11.9.53

2.2.4.53.09.15 Karl Silex:
AN DER ZEIT VORBEI
Die Bücher-Kommentare, Nr. 3, 15.9.53

2.2.4.53.09.23 Clara Menck:
BEWÄHRTES LITERATURREZEPT
Deutsche Zeitung, 23.9.53

2.2.4.53.09.24 Wilhelm Westecker:
EIN VEITSTÄNZER DER SPRACHE
Zu Arno Schmidts Kurzroman „Aus dem Leben eines Fauns"
Christ und Welt, 24.9.53

2.2.4.53.09.26 sbg. (= Friedrich Sieburg):
UM EIN HAAR
Die Gegenwart, Nr. 191, 8. Jg, 1953 (Nr. 20), 26.9.53, 622.
= 2.2.4.55.2
= 2.2.4.61.1

s: 2.2.3.53.09.29

2.2.4.53.10.02 rjh (= R.J. Humm):
ARNO SCHMIDT „AUS DEM LEBEN EINES FAUNS"
Die Weltwoche, Zürich, 2.10.53

2.2.4.53.10.31 E. Ronneberger:
LICHTER UND IRRLICHTER EINER NEUEN POESIE
Westdeutsche Allgemeine Zeitung, 31.10.53

2.2.4.53.10.1 R.C. (= Robert Chalons):
(ARNO SCHMIDT: „AUS DEM LEBEN EINES FAUNS")
Allemagne d'aujourd'hui, 1953, H. 7, Okt—Nov, 846.

2.2.4.53.11.06 Hans Helmut Kirst:
FAUNE IM TREIBHAUS DER LITERATUR
Zwei beachtliche Außenseiter
Münchner Merkur, 6.11.53

2.2.4.53.11.07 Helmut M. Braem:
ATHEISTISCHER MONOLOG
Stuttgarter Zeitung, 7.11.53

2.2.4.53.11.21 Hans Bänziger:
ARNO SCHMIDT: AUS DEM LEBEN EINES FAUNS
St. Galler Tagblatt, 21.11.53

2.2.4.53.11.28 elwe:
ARNO SCHMIDT: AUS DEM LEBEN EINES FAUNS
Mannheimer Morgen, 28.11.53

2.2.4.53.11.30 CRS:
EINIGE ROMANE
Baseler Nachrichten, 30.11.53

2.2.4.53.12.15 Richard Blunck:
„GEHEIMNIS UND GEWALT"
und vier weitere neue deutsche Zeitromane
Hamburger Abendblatt, 15.12.53

2.2.4.53.12.18 Ernst Kreuder:
DER HARTGESOTTENE FAUN
Standpunkt, Meran, 18.12.53
= 2.2.4.55.06.1
s: 2.2.3.53.12.19

2.2.4.53.12.25 Alfred Polgar:
„AUS DEM LEBEN EINES FAUNS" VON ARNO SCHMIDT
Die Neue Zeitung, 25.12.53
Antwort zu: MEINE STÄRKSTEN EINDRÜCKE

2.2.4.53.12.1 Karl August Horst:
AUF DER SUCHE NACH DER VERLORENEN WELT
Merkur, 7. Jg, 1953, H. 12, 1185—1189.

2.2.4.53.12.2 Jürgen Eyssen:
ARNO SCHMIDT: AUS DEM LEBEN EINES FAUNS
Bücherei und Bildung, 5. Jg, 1953, H. 12, 1324—1325.
s: 2.2.2.54.02.1
s: 2.2.3.54.02.1

2.2.4.54.01.1 Erich Kock:
ARNO SCHMIDT, KLEIN GESCHRIEBEN
Welt und Wort, 9. Jg, 1954, H. 1

2.2.4.54.03.12 (anonym):
KLEINE LITERATURSCHAU
Zu Büchern von Arno Schmidt, K. L. Opitz und Walter Jens
Tagesblatt, Luxemburg, 12.3.54

2.2.4.54.04.1 Heinz Piontek:
SCHMIDT, ARNO: AUS DEM LEBEN EINES FAUNS
Welt und Wort, 9. Jg, 1954, H. 4, 131

2.2.4.54.05.1 A. Plankensteiner:
ARNO SCHMIDT: AUS DEM LEBEN EINES FAUNS
Zeit im Buch, Wien, Mai 54

2.2.4.54.08.21 H.J.L.:
JUBEL DER SPRACHE
Hamburger Echo, 21.8.54

2.2.4.54.10.1 Kurt Ihlenfeld:
KLAPPENTEXTE
Eckart, 24. Jg, 1954, H. 10, 576—577.

2.2.4.55.06.1 Ernst Kreuder:
KURZNOTIZ ZU EINEM KURZROMAN
Augenblick, 1. Jg, 1955, H. 2, Juni, 61—62.
= 2.2.4.53.12.18

2.2.4.55.07.22 Hanns Martin Elster:
VON HITLER ZU STALIN
Der Mittag, Düsseldorf, 22.7.55

2.2.4.55.08.1 Wolfgang Grötzninger:
DER ROMAN DER GEGENWART
Kriegs- und Friedenswelt
Hochland, 47. Jg, 1955, H. 6, Aug, 580—581.

2.2.4.55.1 Hans Reimann:
ARNO SCHMIDT / „AUS DEM LEBEN EINES FAUNS"
H.R.: Die vierte Literazzia. (Heidenheim): Heidenheimer Verlags-Anstalt (1955). 333.

2.2.4.55.2 Friedrich Sieburg:
UM EIN HAAR
F.S.: Nur für Leser. Jahre und Bücher. (Stuttgart): DVA (1955). 261—263.
= 2.2.4.53.09.26

2.2.4.61.1 Friedrich Sieburg:
UM EIN HAAR
F.S.: Nur für Leser. Jahre und Bücher. (München): DTV (1961). (dtv 3). 147—148
= 2.2.4.53.09.26

2.2.4.62.1 Jean-Claude Hémery:
POSTFACE
A.S.: Scènes de la vie d'un faune. Paris: Julliard (1962). (Les lettres nouvelles 31). 185—188.
= 1.5.4.1, 185—188
= 2.2.4.76.1

2.2.4.63.01.30 Claude Mauriac:
QUI EST ARNO SCHMIDT?
Figaro, 30.1.63

2.2.4.63.02.01 (anonym):
Zeitmosaik
SCHMIDT FRANZÖSISCH
Die Zeit, 1.2.63

2.2.4.63.02.02 Jacqueline Piatier:
LA REVELATION D'ARNO SCHMIDT
enfant terrible des lettres allemandes
Le Monde, 2.2.63

2.2.4.63.02.21.1 François Erval:
ARNO SCHMIDT
F.E. vous présenté „le forcené des Landes de Lünebourg"
L'Express, 21.2.63

2.2.4.63.02.21.2 Roger Sazerat:
ARNO SCHMIDT: UN SAUVAGE
france-Observateur, 21.2.63

2.2.4.63.03.1 Gilbert Vincent:
(SCENES DE LA VIE D'UN FAUNE)
La nouvelle Revue Française, Nr. 123, 11. Jg, März 1963, 539.

2.2.4.63.04.1 (anonym):
SCENES DE LA VIE D'UN FAUNE
Bulletin critique du livres français, Nr. 208, 18. Jg, Apr 1963, 315.

2.2.4.63.05.1 Marcel Schneider:
(SCENES DE LA VIE D'UN FAUNE)
Revue de Paris, Mai 1963, 146.

2.2.4.64.1 M.C. (= Max Carstenn):
AUS DEM LEBEN EINES FAUNS
Der Romanführer. Hg. v. Johannes Beer. Bd. 13. Stuttgart: Hiersemann (1964). 329—330.

2.2.4.65.07.1 Jean-Claude Schneider:
(SCENES DE LA VIE D'UN FAUNE / LA REPUBLIQUE DES SAVANTS)
Mercure de France, Bd. 354, Jul/Aug 1965, 524—526.

2.2.4.73.08.02 sub (= Hartwig Suhrbier):
„FAUN" GREIFBAR
Frankfurter Rundschau, 2.8.73

2.2.4.76.1 Jean-Claude Hémery:
POSTFACE
A.S.: Scènes de la vie d'un faune. (Paris): Les lettres nouvelles 1976). (10/18 Nr. 1068). 185—188.
= 2.2.4.62.1

2.2.5	**KOSMAS ODER VOM BERGE DES NORDENS**
2.2.5.55.06.04	Wolfgang Schwerbrock: ARNO SCHMIDTS TOPOGRAPHIE Frankfurter Allgemeine Zeitung, 4.6.55
2.2.5.55.06.23	Paul Hühnerfeld: WIE SCHREIBT MAN NUR DIE WAHRHEIT? Zu Büchern von Arno Schmidt, Jens Rehn und Karlludwig Opitz Die Zeit, 23.6.55
2.2.5.55.07.1	Jürgen Eyssen: ARNO SCHMIDT: KOSMAS ODER VOM BERGE DES NORDENS Bücherei und Bildung, 7. Jg, 1955, H. 7, 729.
2.2.5.55.08.06.1	Helmuth de Haas: GROSSE NAMEN NEBEN JUNGEN TALENTEN Der Agis-Verlag stellt sich vor — Publikationen, die überraschen Die Welt, 6.8.55
2.2.5.55.08.06.2	Go (= Rudolf Goldschmit): LITERARISCHES NOTIZBUCH Süddeutsche Zeitung, 6.8.55
2.2.5.55.1	Hans Reimann: ARNO SCHMIDT / KOSMAS H.R.: Die vierte Literazzia. Unbekümmerter Streifzug durch das Jahr zu Jahr üppiger wuchernde Dickicht der Bücher. (Heidenheim): Heidenheimer Verlags-Anstalt (1955). 289.
2.2.5.56.01.07	Helmut M. Braem: EIN REAKTIONÄRER HEIDE Deutsche Kommentare, 7.1.56

2.2.6 DAS STEINERNE HERZ

2.2.6.56.09.15 (anonym):
ARNO SCHMIDT: DAS STEINERNE HERZ
Die Bücherkommentare, Nr. 3, 15.9.56

2.2.6.56.10.12 Bernhard Rübenach:
BRIEF VON DER FRANKFURTER BUCHMESSE 1956
SWF MW + UKW 1, 12.10.56, 17.30—18.00

2.2.6.56.10.20 b.r. (= Benno Reifenberg):
EIN SKURRILES BUCH
Die Gegenwart, Nr. 271, 11. Jg, 1956 (Nr. 21), 20.10.56

2.2.6.56.11.03 H. Wielck:
Nieuwe roman van Arno Schmidt
MACHT WERD ONMACHT IN „DAS STEINERNE HERZ"
Het Parool, Amsterdam, 3.11.56

2.2.6.56.11.15 Erich Franzen:
EIN BUCH UND EINE MEINUNG
E.F. spricht über Arno Schmidts „Steinernes Herz"
SDR 1, 15.11.56, 22.45—23.00, Ms: 5 S.

2.2.6.56.11.20 K.Z. (= Kurt Ziesel):
DEUTSCHE „LITERATUR" 1956
Europäischer Kulturdienst, München, 20.11.56
= 2.2.6.56.12.2

2.2.6.56.11.22 J.H.:
ZUERST ÄRGERT MAN SICH
Die Andere Zeitung, 22.11.56

2.2.6.56.12.01 K.F.:
KLEINES LESE-TAGEBUCH
Schwäbische Donau-Zeitung, Ulm, 1.12.56

2.2.6.56.12.07 Dr. Horst Biernath:
GOTT SCHÜTZE DIE DEUTSCHE LITERATUR
Zu einem „Historischen Roman aus dem Jahre 1954" von Arno Schmidt
Mannheimer Morgen, 7.12.56

2.2.6.56.12.08 K.H. Kramberg:
IM STIL DER ZEIT
Süddeutsche Zeitung, 8.12.56

2.2.6.56.12.15 B.:
ARNO SCHMIDT: DAS STEINERNE HERZ
dpa-Buchbrief, 15.12.56

2.2.6.56.12.17 Karlheinz Kramberg:
BUCHBESPRECHUNG
BR(UKW), 17.12.56, 23.10—23.25, Ms: 3/7 S.

2.2.6.56.12.18 G.M.-M.:
ARNO SCHMIDT: „DAS STEINERNE HERZ"
Mut zum Experiment in Ehren — aber nicht um des Experimentes willen
Die Rheinpfalz, Ludwigshafen, 18.12.56

2.2.6.56.12.19 Hg.:
VON DER HISTORIE BESESSEN
Arno Schmidts neuer Roman
Deutsche Zeitung, 19.12.56

2.2.6.56.12.22 Willi Fehse:
IN „INNEREN MONOLOGEN"
Stuttgarter Nachrichten, 22.12.56

2.2.6.56.12.28 -ric-:
Unter der Leselampe
DAS MILIEU UND DER MENSCH
Darmstädter Tagblatt, 28.12.56

2.2.6.56.12.1 Leslie Meier (= Peter Rühmkorf):
HISTORISCHER ROMAN AUS DEM JAHRE 1954
Studenten-Kurier, Hamburg, 2. Jg, Nr. 8, Dez 56

2.2.6.56.12.2 Kurt Ziesel:
DEUTSCHE „LITERATUR" 1956
Verlogener Realismus — Triumpf des Sexus — Zerstörung der Sprache
Publikation, Bremen, 6. Jg, 1956, Nr. 6 (66), Dez 56
= 2.2.6.56.11.20

2.2.6.56.12.3 h.h.h. (= Hans Heinz Hahnl):
WIRKLICHKEIT UND WUNSCHTRAUM
Die Zukunft, Wien, Dez 56

2.2.6.56.12.4 (anonym):
ACHT JÜNGERE DEUTSCHE ERZÄHLER
Bücherschiff, Dez 56

2.2.6.57.01.03 Helmut Uhlig:
LITERARISCHE UMSCHAU
Literatur aus der Retorte
SFB, 3.1.57, 17.10—17.30, Ms: 2 S.

2.2.6.57.01.05 Manfred Delling:
ZWISCHEN MEISTERSCHAFT UND PLATITÜDE
Immer noch umstrittener Arno Schmidt — Zu seinem neuen „historischen" Roman.
Die Welt, 5.1.57

2.2.6.57.01.15 Heinrich Böll:
DAS WEICHE HERZ DES ARNO SCHMIDT
Texte und Zeichen, 3. Jg, 1957, H. 1, 15.1.57, 85—87.
= 2.0.9.0.8

2.2.6.57.01.19 Karl Korn:
AUF DEN ABFALLHALDEN DER SPRACHE
Frankfurter Allgemeine Zeitung, 19.1.57

2.2.6.57.01.26.1 Heinrich Dittmar:
ROMAN WIE EIN KREUZWORTRÄTSEL
Umstrittener Autor Arno Schmidt legt „Das steinere Herz" seiner „Geheimsprache" vor.
Neue Ruhr-Zeitung, 26.1.57

2.2.6.57.01.26.2 Fritz Kölling:
GEOMETRIE DER BITTEREN WAHRHEIT
Rheinische Post, 26.1.57

2.2.6.57.02.04 Guenter Klingmann:
NY TYSK PROSA
Svenska Dagbladet, Stockholm, 4.2.57

2.2.6.57.02.09 M.R. (= Max Rychner):
DAS STEINERNE HERZ
Die Tat, Zürich, 9.2.57
= 2.2.6.57.02.14 (gekürzt)
= 2.2.6.57.05.31
= 2.2.6.62.1 (gekürzt)

2.2.6.57.02.14 Max Rychner:
DER KESSE HERR ARNO SCHMIDT
Mitten in sein steinernes Herz
Die Zeit 14.2.57
= 2.2.6.57.02.09 (ausführlicher)

2.2.6.57.02.23 Manfred Delling:
WIRKLICH AUS STEIN?
Kölner Stadt-Anzeiger, 23.2.57

2.2.6.57.02.1 Bert Berlin:
DAS STEINERNE HERZ
Ostdeutscher Literatur-Anzeiger, Würzburg, Feb 57

2.2.6.57.02.2 Jürgen Eyssen:
ARNO SCHMIDT: DAS STEINERNE HERZ
Bücherei und Bildung, 9. Jg, 1957, H. 2, 78.

2.2.6.57.03.07 schm. (= Walter Schmieding):
LITERATUR AM HINTERAUSGANG
Westdeutsche Allgemeine Zeitung, 7.3.57

2.2.6.57.03.19 Kasch (= Karl Schumann):
Unser Literaturbummel
EIN HERR NAMENS SCHMIDT
Abendzeitung, München, 19.3.57

2.2.6.57.03.22 Ernst Krawehl:
NOCH EINMAL: ARNO SCHMIDT
Neue Ruhr-Zeitung, 22.3.57
Leserbrief zu: 2.2.6.57.01.26

2.2.6.57.03.24 Günther Geisler:
SEELEN UNTERM MIKROSKOP
Berliner Morgenpost, 24.3.57

2.2.6.57.03.26 Hellmut Ullrich:
(DAS STEINERNE HERZ)
In: LITERARISCHE UMSCHAU
Deutschlandsender, Berlin/DDR, 26.3.57

2.2.6.57.03.1 Horst Bingel:
UND TROTZDEM: NEIN ZU ARNO SCHMIDT
Deutsche Rundschau, 83. Jg, 1957, H. 3, 322—323.

2.2.6.57.03.2 Hans Reimann:
ARNO SCHMIDT / DAS STEINERNE HERZ
Simplicissimus, März 57
= 2.2.6.57.1

2.2.6.57.04.04.1 Hh.:
ARNO SCHMIDT: „DAS STEINERNE HERZ“
Schwäbische Zeitung, Leutkirch, 4.4.57

2.2.6.57.04.04.2 Wolfgang Weyrauch:
DAS BUCH MEINER WAHL
NDR (UKW), 4.4.57, 22.05—22.35, Ms: 5 S.

2.2.6.57.04.06 Jochen Ziem:
DAS „STEINERNE HERZ" DES KRITISCHEN HERRN SCHMIDT
Zu einem Experiment mit Sprache und Form
Deutsche Volks-Zeitung, Düsseldorf, 6.4.57

2.2.6.57.04.16 -ll-:
DAS ALTE ROMANSCHEMA GESPRENGT
Fuldaer Volkszeitung, 16.4.57

2.2.6.57.04.18 R.J. Humm:
DER „KAHLSCHLAG" IN DER DEUTSCHEN PROSA-DICHTUNG
Zu neuen Büchern von Andersch, Schmidt und Bender
Die Weltwoche, Zürich, 18.4.57

2.2.6.57.05.05 Manfred Delling:
SCHMIDTS HACKEPETER-PROSA
Sonntagsblatt, 5.5.57

2.2.6.57.05.31 Max Rychner:
VEREITELTES TALENT
Der Standpunkt, Meran, 31.5.57
= 2.2.6.57.02.09

2.2.6.57.06.22 Georg Hensel:
STIL MIT MAROTTEN
Neues von Arno Schmidt
Darmstädter Echo, 22.6.57

2.2.6.57.06.1 Helmut Günther:
ARNO SCHMIDTS EXPERIMENTE
Welt und Wort, 12. Jg. 1957, H. 6, 176.

2.2.6.57.06.2 H.M.B. (= Helmut M. Braem):
DAS STEINERNE HERZ
Documents, Köln/Paris, Juni 57
s: 2.2.6.57.12.20 (ausführlicher)

2.2.6.57.07.10 h.h.:
DER MUT ZUR ABNORMITÄT
Einiges über das Geheimnis des Erfolges
Kulturpolitische Korrespondenz, Nr. 45/46, 10.7.57

2.2.6.57.07.1 Hans Nürbauer:
37 CHINESISCHE ARTEN DEN MOND ZU BETRACHTEN
Magnum, Köln, Juli 57

2.2.6.57.08.10 U. van de Voorde:
DAS STEINERNE HERZ
van Arno Schmidt
Hoe men de literatuur vernietigt, niet enkel Dultse
De Standaard, Brüssel, 10.8.57

2.2.6.57.08.24 Franz Schonauer:
ARNO SCHMIDT — ODER DAS NOTWENDIGE ÄRGERNIS
St. Galler Tagblatt, 24.8.57
= 2.2.6.57.10.1

2.2.6.57.09.02 Richard Blunck:
Drei große deutsche Romane:
SCHMIDT — HABECK — REHN
Hamburger Abendblatt, 2.9.57

2.2.6.57.10.31 W.G.:
„HISTORISCHER ROMAN AUS DEM JAHRE 1954"
Hessische Nachrichten, Kassel, 31.10.57

2.2.6.57.10.1 Franz Schonauer:
DAS NOTWENDIGE ÄRGERNIS
Der bitterböse Schmidt
Panorama, München, Okt 57
= 2.2.6.57.08.24

2.2.6.57.11.15 L.B.:
„DAS STEINERNE HERZ"
Arno Schmidts neuer Zeit-Roman
Nürnberger Nachrichten, 15.11.57

2.2.6.57.11.20 H.M. Braem:
EIN WILDES DURCHEINANDER
Die Bücher-Kommentare, Nr. 4, 20.11.57
s: 2.2.6.57.06.2

2.2.6.57.11.1 R.M. (= Robert Minder):
ARNO SCHMIDT: DAS STEINERNE HERZ
Allemagne d'aujourd'hui, 1957, H. 6, Nov—Dez, 200—201.

2.2.6.57.12.07 Friedrich Rasche:
DIE PROSA EINES MANNES NAMENS SCHMIDT
„Das steinerne Herz" und „Die Gelehrtenrepublik"
Hannoversche Presse, 7/8.12.57

2.2.6.57.12.11 Korbinian Nemo:
DICHTUNG ODER HORMONALES IRRSEIN?
Die Weltbühne, Berlin/DDR, 12. Jg, 1957, Nr. 50, 11.12.57, 1581—1586.

2.2.6.57.1 Hans Reimann:
ARNO SCHMIDT / DAS STEINERNE HERZ
H.R.: Die sechste Literazzia. (Heidenheim): Heidenheimer Verlags-Anstalt (1957). 244—245.
= 2.2.6.57.03.2

2.2.6.58.04.1 Claude Hill:
ARNO SCHMIDT / DAS STEINERNE HERZ
Books Abroad, Spring 58

2.2.6.59.12.1 (anonym):
ARNO SCHMIDT
Der Convent, Mannheim, Dez 59

2.2.6.62.1 Max Rychner:
DER ERZÄHLER ARNO SCHMIDT
M.R.: Bedachte und bezeugte Welt. Darmstadt — Hamburg: Agora — Marion von Schröder 1962. (Agora Bd. 16). 225—228.
= 2.2.6.57.02.09 (ausführlicher)

2.2.6.63.1 M.C. (= Max Carstenn):
DAS STEINERNE HERZ
Reclams Romanführer. Bd. II. Deutsche Romane der Gegenwart. Hg. v. Johannes Beer. Stuttgart: Reclam (1963). (RUB 8862—79). 535—536.
= 2.2.6.64.1
= 2.2.6.72.1

2.2.6.64.1 M.C. (= Max Carstenn):
DAS STEINERNE HERZ
Der Romanführer. Hg. v. Johannes Beer. Bd. 13. Stuttgart: Hiersemann (1964). 330.
= 2.2.6.63.1

2.2.6.67.07.1 Rolv Heuer:
DAS STEINERNE HERZ
Konkret, Nr. 7, Juli 67

2.2.6.68.1 F.J.B. (= Friedrich J. Bröder):
DAS STEINERNE HERZ
Lexikon der Weltliteratur. Bd. 2. Hauptwerke der Weltliteratur. Hg. v. Gero von Wilpert. Stuttgart: Kröner (1968). 992—993.

2.2.6.71.1 J. Dr. (= Jörg Drews)
DAS STEINERNE HERZ
Kindlers Literatur Lexikon. Bd. 6. Zürich: Kindler (1971). 1907—1908.
= 2.2.6.73.1
= 2.2.6.74.1

2.2.6.72.1 M.C. (= Max Carstenn):
DAS STEINERNE HERZ
Reclams Romanführer. Bd. II. Deutsche Romane und Novellen der Gegenwart. Hg. v. Johannes Beer. 4. Aufl. Bearb. v. Wolfgang Thauer. Stuttgart: Reclam (1972). (RUB 8862—79). 579—580.
= 2.2.6.63.1

2.2.6.73.1 J. Dr. (= Jörg Drews):
DAS STEINERNE HERZ
Kindlers Literatur Lexikon. (Sonderausgabe). Bd. 10. Zürich: Kindler [auch: Darmstadt: Wiss. Buchges.] (1973). 8891.
= 2.2.6.71.1

2.2.6.74.07.1 Manfred Lube:
ZUM THEMA: BÜCHERDIEBSTAHL!
Arno Schmidt und die Deutsche Staatsbibliothek in Berlin
Biblos, Wien / Bibliothekspraxis, München-Pullach, 23. Jg, 1974, H. 3, 350—355.

2.2.6.74.1 J. Dr. (= Jörg Drews):
DAS STEINERNE HERZ
Kindlers Literatur Lexikon. Bd. 21. (München): DTV (1974). 8891.
= 2.2.6.71.1

2.2.7 DIE GELEHRTENREPUBLIK

2.2.7.57.11.30.1 Joachim Cromayer:
ARNO SCHMIDTS WELT DREHT SICH IM KREISE
Deutsche Volks-Zeitung, Düsseldorf, 30.11.57

2.2.7.57.11.30.2 K.F.:
KLEINES LESE-TAGEBUCH
Schwäbische Donau-Zeitung, Ulm, 30.11.57

2.2.7.57.12.06 Walter Widmer:
GRIMMIGE HEITERKEIT DES SENSIBLEN ZYNIKERS
Baseler Nachrichten, 6.12.57
s: 2.2.6.57.12.07

2.2.7.57.12.12 Janus:
POESIE DES AUSSENSEITERS
Arno Schmidt ist denkbar unbequem
Die Andere Zeitung, 12.12.57

2.2.7.57.12.14 Georg Hensel:
SCHMIDTS SCHWARZER HUMOR
Darmstädter Echo, 14.12.57

2.2.7.57.12.21.1 Karl Korn:
LITERARISCHES KLEBEBILD
Frankfurter Allgemeine Zeitung, 21.12.57

2.2.7.57.12.21.2 Fritz Kölling:
UNSERE MAKABRE ZUKUNFT
Rheinische Post, 21.12.57

2.2.7.57.12.21.3 H.M.:
EXPERIMENT MIT ZEIT UND WORTEN
Heidelberger Tageblatt, 21./22.12.57

2.2.7.57.12.21.4 Ric van Rijn:
BRUEGHELSCHE VISION VOM JAHRE 2008
Darmstädter Tagblatt, 21./22.12.57

2.2.7.58.01.08 Albert Droste:
ARNO SCHMIDT: DIE GELEHRTENREPUBLIK
dpa-Buchbrief, 8.1.58

2.2.7.58.01.11.1 Heinrich Dittmar:
Zu Oma (!) Schmidts „Gelehrtenrepublik"
DIE ZENTAURIN MIT DER SONNENBRILLE
Utopischer Roman — skurril und ausgeglüht wie Schlacke
Neue Ruhr-Zeitung, 11.1.58

2.2.7.58.01.11.2 Kasch (= Karl Schumann):
Kurz referiert:
ZUKUNFTSBILD
Abendzeitung, München, 11.1.58

2.2.7.58.01.25 Bke.:
DAS TOLLHAUS DER ZUKUNFT
Hamburger Echo, 25./26.1.58

2.2.7.58.01.29 Horst Rott:
DER NEUE GULLIVER
Stimme des Friedens, Düsseldorf, 5. Januar-Woche (29.1.58)

2.2.7.58.01.1 hhp.:
ATOM = MÄRCHEN
skizze, (Studentenzeitung), Kiel, Jan 58

2.2.7.58.02.12 (anonym):
FÜR SIE GELESEN
Aus neuen Büchern
BR (UKW), 12.2.58, 23.00—23.30

2.2.7.58.02.1 Leslie Meier (= Peter Rühmkorf):
JAWOLL — PROGRESSIVE LITERATUR
Konkret, Nr. 2, Feb 58

2.2.7.58.02.2 (anonym):
MANIER ODER METHODE?
Magnum, Köln, Feb 58

2.2.7.58.03.01 Willi Fehse:
DIE UTOPISCHE PERSPEKTIVE
Stuttgarter Nachrichten, 1.3.58

2.2.7.58.03.02.1 Wolfgang Paul:
BEMERKENSWERTES ÄRGERNIS
Berliner Morgenpost, 2.3.58

2.2.7.58.03.02.2 (anonym):
ARNO SCHMIDT: ,,DIE GELEHRTENREPUBLIK''
Solothurner Zeitung, 2.3.58

2.2.7.58.03.06 Kurt Marti:
ARNO SCHMIDT: DIE GELEHRTENREPUBLIK
Kirchenblatt für die reformierte Schweiz, Basel, 6.3.58

2.2.7.58.03.08 Manfred Delling:
UNSER GLOBUS IM JAHRE 2009 — NACH ARNO SCHMIDT
Die Welt, 8.3.58

2.2.7.58.03.22 rkb. (= Rudolf Krämer-Badoni):
ARNO SCHMIDTS KENTAUR
Die Gegenwart, Nr. 308, 13. Jg, 1958, H. 6, 22.3.58

2.2.7.58.03.23 K(urt) L(othar) Tank:
ZWANGSVORSTELLUNGEN
Sonntagsblatt, 23.3.58

2.2.7.58.03.30 Willi Fehse:
TAPFER BLEIBT ER UNBEQUEM
Der Tag, Berlin, 30.3.58

2.2.7.58.03.1 K.H.K. (= Karl Heinz Kramberg):
UPOPIA — GEFÄHRLICHES NEULAND
Das Schönste, München, März 58

2.2.7.58.03.2 -eco-:
ARNO SCHMIDT, DIE GELEHRTENREPUBLIK
Der Leihbuchhändler, Düsseldorf, Nr. 3, März 58

2.2.7.58.04.03 -ng:
AUF DEN SPUREN ALDOUS HUXLEYS
Ruhrnachrichten / Wittener Stadtanzeiger, 3.4.58

2.2.7.58.04.05 Silvio Rizzi:
ZWEIMAL UTOPIA
St. Galler Tagblatt, 5.4.58

2.2.7.58.04.12 Werner Helwig:
ÜBER DIE GRENZEN DES SPRACHLICH MÖGLICHEN
Süddeutsche Zeitung, 12/13.4.58

2.2.7.58.04.19 ak.:
ARNO SCHMIDT: ,,DIE GELEHRTENREPUBLIK''
Neues Winterthurer Tagblatt, 19.4.58

2.2.7.58.04.26 Erich Lissner:
SIND WIR AUF DEM WEG ZU DEN HOMINIDEN?
Frankfurter Rundschau, 26.4.58

2.2.7.58.04.1 (anonym):
DIE GELEHRTENREPUBLIK
Die Zukunft, Wien, Apr/Mai 58

2.2.7.58.04.2 Jürgen Beckelmann:
VON THOMAS MORUS BIS ARNO SCHMIDT
Oder auch: Das Ende der Utopie
Panorama, Apr 58

2.2.7.58.05.10 Holb:
VISION DES JAHRES 2009
Tages-Anzeiger, Zürich, 10.5.58

2.2.7.58.05.27 E.D.:
EIN MISSLUNGENER ZUKUNFTSROMAN
Luzerner Neueste Nachrichten, 27.5.58

2.2.7.58.06.28 ol-:
PERSPEKTIVEN FÜR DAS JAHR 2009
Luzerner Tagblatt, 28.6.58

2.2.7.58.07.15 hdo.:
ARNO SCHMIDT: DIE GELEHRTENREPUBLIK
Die Kultur, München, 15.7.58

2.2.7.58.07.16 F.H.:
ODYSSEUS GESTERN UND MORGEN
Arbeiter-Zeitung, Wien, 16.7.58

2.2.7.58.07.19 -a-:
IN MANIER ERSTARRTES EXPERIMENT
National-Zeitung, Basel, 19.7.58

2.2.7.58.07.24 Hans Georg Brenner:
VON NEUEN BÜCHERN
NDR (MW), 24.7.58, 17.20—17.45, Ms: 5 S

2.2.7.58.07.1 Karl August Horst:
METROMANIE UND SEXUS
Merkur, 12. Jg, 1958, H. 7, 692—694.

2.2.7.58.07.2 John Michalski:
ARNO SCHMIDT: DIE GELEHRTENREPUBLIK
Books Abroad, Summer 58

2.2.7.58.08.22 Paul Hühnerfeld:
DEUTSCH ALS TOTE SPRACHE
Über einen Autor, der viel versprochen und wenig gehalten hat
Die Zeit, 22.8.58

2.2.7.58.08.28 Walter Vix:
Literarische Umschau
DIE OASE DER ALTKLUGEN
SFB, 28.8.58

2.2.7.58.08.1 Ludwin Langenfeld / Jürgen Eyssen:
ARNO SCHMIDT: DIE GELEHRTENREPUBLIK
Bücherei und Bildung, 10. Jg, 1958, H. 8/9, 559—561.

2.2.7.58.09.28 Claus Pack:
AVANTGARDE IM SUMPF
Die Presse, 28.9.58

2.2.7.58.09.1 K. Sch. (= Karl Schumann):
WENN DICHTER REISEN ...
Neue Bücher — kurz notiert
Münchner Leben, Sep 58

2.2.7.58.09.2 Wilhelm Waldstein:
ARNO SCHMIDT: DIE GELEHRTENREPUBLIK
Neue Volksbildung, Wien, Sep 58

2.2.7.58.10.10 W.H.:
EIN BLICK INS JAHR 2009
Weser-Kurierr, Bremen, 10.10.58

2.2.7.58.11.01 Hn.:
ROMAN AUS DEN ROSSBREITEN
Erlanger Tagblatt, 1.11.58

2.2.7.58.11.29 roe.:
ARNO SCHMIDT, DIE GELEHRTENREPUBLIK
Deutsches Ärzteblatt, 29.11.58

2.2.7.58.12.19 L.B.:
DIE GELEHRTENREPUBLIK
Arno Schmidts Roman aus dem Jahre 2008
Nürberger Nachrichten, 19.12.58

2.2.7.58.12.30 H.M.:
ARNO SCHMIDTS ATOMARE SOZIALUTOPIE
Die Rheinpfalz, Ludwigshafen, 30.12.58

2.2.7.58.12.1 B.B.:
ALBERNE LOBHUDELEIEN
Semesterspiegel, (Studentenzeitung), Münster, Dez 58

2.2.7.59.01.10 Roland Adlerberth:
SORGSET SIAR SATIRIKER SCHMIDT
Göteborgs Tidningen, 10.1.59

2.2.7.59.02.27 Werner Helwig:
DIE GELEHRTENREPUBLIK
Schweizerisches Kaufmännisches Zentralblatt, Zürich, 27.2.59
s: 2.2.6.59.12.1

2.2.7.63.1 M.C. (= Max Carstenn):
DIE GELEHRTENREPUBLIK
Reclams Romanführer. Bd. II. Deutsche Romane der Gegenwart. Hg. v. Johannes Beer. Stuttgart: Reclam (1963). (RUB 8862—79). 536—537.
= 2.2.7.64.1
= 2.2.7.72.1

2.2.7.64.11.26 Robert Kanters:
LA REPUBLIQUE DES SAVANTS
Figaro litteraire, Nr. 971, 26.11.64

2.2.7.64.1 M.C. (= Max Carstenn):
DIE GELEHRTENREPUBLIK
Der Romanführer. Hg. v. Johannes Beer. Bd. 13. Stuttgart: Hiersemann (1964). 330—331.
= 2.2.7.63.1

2.2.7.65.01.1 (anonym):
LA REPUBLIQUE DES SAVANTS
Bulletin critique du livres français, Nr. 229, 20. Jg, Jan 1965, 18.

2.2.7.65.02.08 Remi Laureillard:
LA CUISINE DES SORCIERES
L'Express, 8.2.65
s: 2.2.4.65.07.1

2.2.7.67.1 J. Dr. (= Jörg Drews):
DIE GELEHRTENREPUBLIK
Kindlers Literatur Lexikon. Bd. 3. Zürich; Kindler (1967). 571—572.
= 2.2.7.71.1
= 2.2.7.74.1

2.2.7.68.1 Gerhard Schmidt-Henkel:
ARNO SCHMIDT UND SEINE ‚GELEHRTENREPUBLIK'
Zeitschrift für deutsche Philologie, Bd. 87, 1968, H. 4, 563—591.

2.2.7.68.2 F.J.B. (= Friedrich J. Bröder):
DIE GELEHRTENREPUBLIK
Lexikon der Weltliteratur. Bd. 2. Hauptwerke der Weltliteratur. Hg. v. Gero von Wilpert. Stuttgart: Kröner (1968). 358—359.

2.2.7.71.1 J. Dr. (= Jörg Drews):
DIE GELEHRTENREPUBLIK
Kindlers Literatur Lexikon. (Sonderausgabe). Bd. 4. Zürich: Kindler [auch: Darmstadt: Wissenschaftl. Buchges.] (1971). 3832.
= 2.2.7.67.1

2.2.7.72.1 M.C. (= Max Carstenn):
DIE GELEHRTENREPUBLIK
Reclams Romanführer. Bd. II. Deutsche Romane und Novellen der Gegenwart. Hg. v. Johannes Beer. 4. Aufl. Bearb. v. Wolfgang Thauer. Stuttgart: Reclam (1972). (RUB 8862—79). 580—581.

2.2.7.74.1 J. Dr. (= Jörg Drews):
DIE GELEHRTENREPUBLIK
Kindlers Literatur Lexikon. Bd. 9. (München): DTV (1974). 3832.
= 2.2.7.67.1

2.2.8 FOUQUE UND EINIGE SEINER ZEITGENOSSEN

2.2.8.58.11.15.1 Werner Helwig:
UNDINES ÄLTERE UND JÜNGERE KAVALIERE
Süddeutsche Zeitung, 15.11.58
= 2.2.8.58.11.15.2
= 2.2.8.59.04.30

2.2.8.58.11.15.2 Werner Helwig:
PLÄDOYER FÜR EINEN FAST VERGESSENEN DICHTER
Die Welt, 15.11.58
= 2.2.8.58.11.15.1

2.2.8.58.11.15.3 Karl Schumann:
DIE ERSTE FOUQUE-BIOGRAPHIE
Die Bücherkommentare, Nr. 3, 15.11.58

2.2.8.58.11.22.1 Heinrich Dittmar:
Arno Schmidt schreibt die erste Biographie über den Undinendichter
FOUQUE
Neue Ruhr-Zeitung, 22.11.58

2.2.8.58.11.22.2 Friedrich Sieburg:
LEVIATHAN UND UNDINE
Frankfurter Allgemeine Zeitung, 22.11.58
= 2.2.8.66.1

2.2.8.58.12.04 -oc:
FOUQUE
Schwäbische Donau-Zeitung, Ulm, 4.12.58

2.2.8.58.12.05 Klaus Nissen:
BLAUE BLUME MIT FOLGEN
Romantisches Biedermeier kontrastiert mit Arno Schmidt
Frankfurter Rundschau, 5.12.58

2.2.8.58.12.06 L.B.:
UNDINE UND IHR DICHTER
Fouqué, sein Werk, seine Zeit
Nürnberger Nachrichten, 6./7.12.58

2.2.8.58.12.10.1 Heinz Friedrich:
PEDANTERIE IN HEMDSÄRMELN
Deutsche Zeitung, 10.12.58

2.2.8.58.12.10.2 Alfred Andersch:
JEDEN WIDERSTANDS VERLUSTIG?

2.2.8.58.12.10.3 Hermann Dyckerhoff:
AM „NACHSOMMER" VERGANGEN
Frankfurter Allgemeine Zeitung, 10.12.58
Leserbriefe zu: 2.2.8.58.11.22

2.2.8.58.12.16 Karl Krolow:
HERR SCHMIDT ENTDECKT HERRN MEYER
oder Arno Schmidt und einige seiner Eigenschaften
Darmstädter Echo, 16.12.58
= 2.2.8.59.01.10
= 2.2.8.59.01.17
= 2.2.8.59.03.01 (gekürzt)
= 2.2.8.59.03.1

2.2.8.59.01.10 Karl Krolow:
HERR SCHMIDT ENTDECKT HERRN MEYER
Arno Schmidt, der Schriftsteller und einige seiner Eigenschaften
Der Mittag, Düsseldorf, 10./11.1.59
= 2.2.8.58.12.16

2.2.8.59.01.16 Silvio Rizzi:
LITERATURGESCHICHTLICHE ABENTEUER
St. Galler Tagblatt, 16.1.59

2.2.8.59.01.17 Karl Krolow:
HERR SCHMIDT ENTDECKT HERRN MEYER
oder Arno Schmidt und einige seiner Eigenschaften
Die Tat, Zürich, 17.1.59
= 2.2.8.58.12.16

2.2.8.59.01.17 Fritz Kölling:
MODERNE LITERATURGESCHICHTE DES 19. JAHRHUNDERTS
Rheinische Post, 17.1.59

2.2.8.59.01.1 (anonym):
EINE LITERATURSOZIOLOGIE DER ROMANTIK
Die Zukunft, Wien, Jan 59

2.2.8.59.02.05 Kurt Marti:
ARNO SCHMIDT: FOUQUE UND EINIGE SEINER ZEITGENOSSEN
Kirchenblatt für die reformierte Schweiz, Basel, 5.2.59

2.2.8.59.02.28 Rolf Bohlender:
FOUQUE UND EINIGE SEINER ZEITGENOSSEN
Arno Schmidts biographischer Versuch über den Schöpfer der Undine
Die Rheinpfalz, Mannheim, 28.2.59

2.2.8.59.03.01 Karl Krolow:
ARNO SCHMIDT UND SEINE EIGENSCHAFTEN
Der Tagesspiegel, 1.3.59
= 2.2.8.58.12.16 (ausführlicher)

2.2.8.59.03.05 Günter Blöcker:
LITERARISCHE UMSCHAU
SFB, 5.3.59
= 2.2.8.59.03.06
= 2.2.8.62.1

2.2.8.59.03.06 Günter Blöcker:
DER LITERARISCHE SANDKASTENSPIELER
Wie wichtig ist es, daß Nietzsche bei Meyer abschrieb?
Die Zeit, 6.3.59
= 2.2.8.59.03.05

2.2.8.59.03.14 Kasch (= Karl Schumann):
ARNO SCHMIDT — EIN KURIOSER FALL
Abendzeitung, München, 14./15.3.59

2.2.8.59.03.1 Karl Krolow:
ARNO SCHMIDT UND EINIGE SEINER EIGENSCHAFTEN
Zeitwende — Die neue Furche, 30. Jg, 1959, H. 3
= 2.2.8.58.12.16

2.2.8.59.03.2 Bernhard Rang:
ARNO SCHMIDT: FOUQUE UND EINIGE SEINER ZEITGENOSSEN
Bücherei und Bildung, 11. Jg, 1959, H. 3, 225—226.

2.2.8.59.03.3 (anonym):
SCHMIDT, ARNO: FOUQUE UND EINIGE SEINER ZEITGENOSSEN
Literaturanzeiger für das wissenschaftliche Schrifttum, 1959, H. 3

2.2.8.59.04.11 Wolfgang Paul:
GEISTERSTUNDEN MIT LITERATUR
Berliner Morgenpost, 11./12.4.59

2.2.8.59.04.30 Werner Helwig:
UNDINES ÄLTERE UND JÜNGERE KAVALIERE
Schwäbische Landeszeitung, Augsburg, 30.4.59
= 2.2.8.58.11.15.1

2.2.8.59.05.15 Richard Blunck:
LITERATUR — ANDERS GESEHEN
Einmal Karl Kraus — zweimal Arno Schmidt
Hamburger Abendblatt, 15.5.59

2.2.8.59.06.21 Willi Fehse:
EIN MARMORSOCKEL FÜR FOUQUE
Der Tag, Berlin, 21.6.59

2.2.8.59.06.1 Günter Oliass:
ALLES, WAS JE SCHRIEB
Deutsche Rundschau, 85. Jg, 1959, H. 6, 560—562.

2.2.8.60.02.12 Walter Widmer:
GEGEN DIE MAGERMILCH DER FROMMEN DENKART
Baseler Nachrichten, 12.2.60

2.2.8.60.04.1 Wilhelm Alff:
TABLEAU DER NEO-GOTIK
Frankfurter Hefte, 15. Jg, 1960, H. 4, 288—290.

2.2.8.61.06.27 Karlheinz Schauder:
DIE BUCHBESPRECHUNG
Arno Schmidt als Kritiker und Entdecker
SR (MW), 27.6.61, 16.40—17.00, Ms: 5 S.

2.2.8.62.1 Günter Blöcker:
ARNO SCHMIDT: DYA NA SORE, GESPRÄCHE IN EINER BIBLIOTHEK — FOUQUE UND EINIGE SEINER ZEITGENOSSEN
G.B.: Kritisches Lesebuch. Hamburg: Leibniz 1962. 181—187.
= 2.2.8.59.03.05

2.2.8.66.1 Friedrich Sieburg:
LEVIATHAN UND UNDINE
F.S.: Verloren ist kein Wort. Disputationen mit fortgeschrittenen Lesern. Stuttgart: DVA (1966). 141—145.
= 2.2.8.58.11.22.2

2.2.9 DYA NA SORE

2.2.9.58.11.21 Max Stefl:
REPLIK AUF ARNO SCHMIDT, DER SANFTE UNMENSCH
SDR 1, 21.11.58, 22.30—24.00, Ms: 8 S.
s: 1.4.58.11.21

2.2.9.58.12.04 Barbara Klie:
ADALBERT STIFTER — EIN ,,SANFTER UNMENSCH?''
Zu Arno Schmidts Rundfunk-Polemik gegen den ,,Nachsommer''
Christ und Welt, 4.12.58
zu: 1.4.58.11.21 / 1.1.9.0.6

2.2.9.58.12.11 Johanna Höger / Kurt Meyer-Rotermund / Dr. med. Georg Becker:
ARNO SCHMIDT UND ADALBERT STIFTER
Christ und Welt, 11.12.58
Leserbriefe zu: 2.2.9.58.12.04

s: 2.2.8.58.12.16

2.2.9.58.12.20 Heinrich Dittmar:
Der zweite Arno Schmidt in diesem Jahr
DYA NA SORE
Höchst erregende ,,Gespräche in einer Bibliothek''
Neue Ruhr-Zeitung, 20.12.58

s: 2.2.8.59.01.10
s: 2.2.8.59.01.16
s: 2.2.8.59.01.17

2.2.9.59.01.20 (anonym):
(DYA-NA-SORE)
in: VERANSTALTUNGSKALENDER
SDR 2, 20.1.59, 7.50

2.2.9.59.01.21 Karl Heinz Kramberg:
10. ARNO SCHMIDT: ,,DYA NA SORE''
In: FÜR SIE GELESEN — AUS NEUEN BÜCHERN
BR 1, 21.1.59, 22.10—22.40, Ms: 3 S.

2.2.9.59.02.07.1 K. H. Kramberg:
VERFÄNGLICHE ENTDECKUNGEN
Süddeutsche Zeitung, 7./8.2.59

2.2.9.59.02.07.2 Sbg. (= Friedrich Sieburg):
GLÜHENDER BÜCHERWURM
Frankfurter Allgemeine Zeitung, 7.2.59

2.2.9.59.02.11 Heinz Friedrich:
ARNO SCHMIDTS KRITISCHE WAFFENGÄNGE
Deutsche Zeitung, 11.2.59

2.2.9.59.02.14 Werner Helwig:
LITERARISCHE VERHÖRE
,,Gespräche in einer Bibliothek'' von Arno Schmidt
Stuttgarter Zeitung, 14.2.59

2.2.9.59.02.16 E. Brink-Nielsen:
,,WISSENSCHAFT'' UNTER HIMMLER
Frankfurter Allgemeine Zeitung, 16.2.59
Leserbrief zu: 2.2.9.59.02.07.2

2.2.9.59.02.28 Claus Nissen:
LEHR- UND ZUCHTMEISTER ARNO SCHMIDT
Oder: Mit dem Gedächtnis das Gewissen schärfen
Frankfurter Rundschau, 28.2.59

2.2.9.59.02.1 (anonym):
LITERATURSOZIOLOGIE EINES ENTDECKUNGSFREUDIGEN POLEMIKERS
Die Zukunft, Wien, Feb 59
s: 2.2.8.59.03.01

2.2.9.59.03.01 Werner Wien:
Blick ins Buch
DER ,,MARKIGE ENGGEIST``
Arno Schmidt und die Umwertung der Werte
Der Tag, Berlin, 1.3.59
s: 2.2.8.59.03.05
s: 2.2.8.59.03.06

2.2.9.59.03.08 Peter Silens:
SCHMÖKER UND STÖBERER
Telegraf, Berlin, 8.3.59
s: 2.2.8.59.03.14

2.2.9.59.03.14 L.B.:
,DYA NA SORE' UND MEYER AUS ANSBACH
Seltsame Entdeckungen und aktuelle Perspektiven des Schriftstellers Arno Schmidt
Nürnberger Nachrichten, 14./15.3.59

2.2.9.59.03.15 Walter Vix:
DIE BIBLIOTHEK ALS GRUSELKAMMER
Die Bücher-Kommentare, 15.3.59
= 2.2.9.59.10.11
s: 2.2.8.59.03.1

2.2.9.59.03.1 G.B.:
TOTENBESCHWÖRUNG
Panorama, München, März 59
s: 2.2.8.59.04.11

2.2.9.59.04.17 H.M.:
SCHATZGRÄBEREI BEI FACKELBELEUCHTUNG
Noch ein Buch Arno Schmidts: ,,Gespräche in einer Bibliothek''
Die Rheinpfalz, 17.4.59

2.2.9.59.04.1 (anonym):
ARNO SCHMIDT: DYA NA SORE
Magnum, April 59

2.2.9.59.05.01 Werner Helwig:
GESPRÄCH IN ARNO SCHMIDTS BIBLIOTHEK
Die Kultur, Nr. 131, 1.5.59
s: 2.2.8.59.05.15

2.2.9.59.05.1 B.B.:
ZORNIGER ÄLTERER HERR
Semesterspiegel, (Studentenzeitung), Münster, Mai 59

2.2.9.59.06.02 (anonym):
Arno Schmidt
DY NA SORE (!)
Konkret, 2.6.59

2.2.9.59.06.25 Dr. E.:
ARNO SCHMIDTS „DYA NA SORE"
Literaturgeschichte auf den Kopf gestellt
Westdeutsche Allgemeine Zeitung, 25.6.59

2.2.9.59.06.27 Manfred Delling:
ARNO SCHMIDTS NEUE ENTDECKUNGSREISEN
Die Welt, 27.6.59
s: 2.2.8.59.06

2.2.9.59.07.06 Axel Eggebrecht:
BUCHKRITIK
NDR (UKW), 6.7.59, 22.10—22.25, Ms: 6 S.

2.2.9.59.07.22 hesch (= Heinz Schönfeld):
„VON GANZER SEELE VERACHTE ICH DIESEN SCHLECHTEN KERL!"
Abenteuerliche Entdeckungsfahrten in die Literaturgeschichte
Mannheimer Morgen, 22.7.59

2.2.9.59.08.08 Fritz Kölling:
DER GRIMME BIBLIOTHEKAR
Rheinische Post, 8.8.59

2.2.9.59.10.09 jz (= Jochen Ziem):
GESPRÄCH IN EINER BIBLIOTHEK
Deutsche Volks-Zeitung. Düsseldorf, 9.10.59

2.2.9.59.10.11 W.V. (= Walter Vix):
GRUSELIGE BIBLIOTHEK
Staats-Zeitung und Herold, New York, 11.10.59
= 2.2.9.59.03.15

2.2.9.59.11.22 Kurt L. Tank:
STIFTER — EIN SANFTER UNMENSCH
Antwort auf eine Provokation, Biographie, Essay und ein vorbildlicher Neudruck der „Gesammelten Werke"
Sonntagsblatt, 22.11.59

2.2.9.59.1 Kurt Vansca:
DER SANFTE UNMENSCH?
Randbemerkungen zu Arno Schmidt's Anklage gegen Stifter
Adalbert Stifter Institut VjS, 8. Jg, 1959, Folge 354, 99-101.

2.2.9.60.01.1 -ius:
ARNO SCHMIDT: DYA NA SORE
Der Leihbuchhändler, Düsseldorf, Jan 60

2.2.9.60.02.1 -uf-:
DYA NA SORE
Schulspiegel, Hannover, Feb/März 1960

2.2.9.61.01.1 Horst Künnemann:
Historie der Jugendliteratur als
GEISTIGES ABENTEUER
Arno Schmidts Beitrag als Jugendschriftler
Jugendliteratur, München, Jan 61
s: 2.2.8.62.1

2.2.9.63.12.10 Otto Köhler:
Literatur im Taschenbuch
RIAS 1+2, 10.12.63, 16.43—17.03, 19'25''
zu: 1.1.9.1

2.2.9.64.03.13 Hans Mayer:
H. Ms. Büchertagebuch (3)
DIE BÜCHERWELT UND ARNO SCHMIDT
Die Zeit, 13.3.64

2.2.9.65.10.1 Jörg Drews:
ELYSIUM ALS WARTEZIMMER
Civis, Nr. 10/65
zu: 1.1.9.2

2.2.9.66.1 Kurt Gerhard Fischer:
$(KRITIK)^3$ = ARNO SCHMIDT CONTRA STIFTER
Adalbert Stifter Institut VjS, 15. Jg, 1966, Folge 3/4, 117—131.
zu: 1.1.9.0.6, 1.1.16.0.6

2.2.9.67.02.17 J. Dr. (= Jörg Drews):
ZU EMPFEHLEN
Die Zeit, 17.2.67
zu: 1.1.9.2

2.2.9.67.09.15 Ernst Krawhel (= Krawehl)
LE TRAPPOLE LINGUISTISCHE SCHMIDTIANE
Carte Segrete, Nr. 3, 1. Jg, Juli—Sep 67 (15.9.67), (Rom): Carte Segrete 1967. 107—115.
1.5.9.1, 107—115

2.2.9.71.02.28 G.G. (= Günter Grack):
TASCHENBUCH DER WOCHE
Der Taschenspiegel, 28.2.71

2.2.9.71.03.20 sub (= Hartwig Suhrbier):
GEGEN-LITERATURGESCHICHTE
Frankfurter Rundschau, 20.3.71

2.2.9.71.03.25 Anni Carlsson:
ARNO SCHMIDTS ACHTZEHNTES JAHRHUNDERT
Neue Zürcher Zeitung, 25.3.71

2.2.9.71.05.1 Jürgen Walter:
ZUR PROBLEMATIK UND METHODOLOGIE EINER SOZIOLOGISCHEN LITERATURBETRACHTUNG: ARNO SCHMIDTS ARBEITEN ZUR LITERATUR
Der Deutschunterricht, 23. Jg, 1971, H. 2, 103—119.
zu: 1.1.9, 1.1.12, 1.1.16

2.2.9.72.01.14 Jörg Drews:
ENTWEDER KLASSIKER ODER EHRLICH
Arno Schmidts Funk-Features als Taschenbücher
Die Zeit, 14.1.72
zu: 1.1.9.4, 1.1.9.5
s: 2.0.0.28

2.2.10 ROSEN & PORREE

2.2.10.60.02.24 Gunar Ortlepp:
EIN BUCH UND EINE MEINUNG
SDR 2, 24.2.60, 20.15—20.30

2.2.10.60.03.09 (anonym):
ARNO SCHMIDT: „ROSEN & PORREE"
Der Spiegel, Nr. 11, 9.3.60

2.2.10.60.03.12 Hansgeorg Maier:
„ROSEN & PORREE"
Der neue Band von Arno Schmidt — erschienen zur rechten Stunde
Frankfurter Rundschau, 12.3.60

2.2.10.60.04.14.1 Hansgeorg Maier:
ROMANE ALS RATTENFANG UND REIZSCHOCK
Viel vergnügliches Drum und Dran betrommelt den verblüfften Leser
Die Zeit, 14.4.60

2.2.10.60.04.2 port (= Gerhard Portele):
BEWUSST UND INTELLEKTUELL
Mannheimer Morgen, 14.4.60

2.2.10.60.04.17 Otto F. Beer:
ROSEN AUS DEM NORDEN
Frei nach Arno Schmidt
Neues Österreich, Wien, 17.4.60

2.2.10.60.05.04 Y:
NEUE ROMANE & ANDERES VON Y BESPROCHEN
Konkret, Nr. 19/60, 1. Mai-Ausg. (4.5.60)

2.2.10.60.05.07 Heinz Friedrich:
DER ZORNIGE KLEINGÄRTNER DER NACHKRIEGSLITERATUR
Deutsche Zeitung, 7./8.5.60

2.2.10.60.06.08 Janus:
POESIE EINES NONKONFORMISTEN
Die Andere Zeitung, 2. Juni-Ausg. (8.6.60)

2.2.10.60.06.22 Gerd Semmer:
DER AUFKLÄRER ARNO SCHMIDT
„Rosen & Porree", — die Neuherausgabe seiner Kurzromane
Deutsche Woche, München, 22.6.60
= 2.2.10.60.07.1

2.2.10.60.06.1 (anonym):
DICHTUNG UND OPPOSITION
Die Zukunft, Wien, Juni 60

2.2.10.60.06.2 (anonym): (= Jürgen Eyssen):
ARNO SCHMIDT: ROSEN UND PORREE
Bücherei und Bildung, 12. Jg, 1960, H. 6, 408.

2.2.10.60.06.3 B.B.:
ROSEN & PORREE
Semesterspiegel, (Studentenzeitung), Münster, Juni 60

2.2.10.60.06.4 R.W.:
ALTES KRAUT MIT NEUEM DUFT
Diskus, (Studentenzeitung), Frankfurt/M, Juni 60

2.2.10.60.07.09.1 Winfried Engler:
SITUATIONSRASTER
Arno Schmidt als Romancier und Essayist
Stuttgarter Nachrichten, 9.7.60

2.2.10.60.07.09.2 Otto Luther:
VON BÜCHERN UND SCHRIFTSTELLERN
RIAS 2, 9.7.60, 17.40—17.55, 14'05'', Ms: 12 S.

2.2.10.60.07.16 K.K. (= Kurt Kahl):
.GALGENHUMOR AUF DEM NOTBETT
Arbeiter-Zeitung, Wien, 16.7.60

2.2.10.60.07.1 Gerd Semmer:
Unser Buch des Monats
ARNO SCHMIDT: ROSEN & PORREE
Panorama, München, Juli 60
= 2.2.10.60.06.22

2.2.10.60.08.02 Richard Blunck:
BEQUEME UND AGGRESSIVE
Bücher von Hans Henny Jahnn — Arno Schmidt — Christian Geißler
Hamburger Abendblatt, 2.8.60

2.2.10.60.09.04 Josef Reding:
,,ROSEN & PORREE''
Echo der Zeit, Recklinghausen, 4.9.60

2.2.10.60.09.06 j.l.:
(ROSEN & PORREE)
Oberösterreichische Nachrichten, Linz, 6.9.60

2.2.10.60.09.28 Jan Herchenröder:
VON NEUEN BÜCHERN
NDR (MW), 28.9.60, 17.20, Ms: 3 S.

2.2.10.60.10.1 Hans Daiber:
ARNO SCHMIDTS V 2
Deutsche Rundschau, 86. Jg, 1960, H. 10, 948—949.

2.2.10.60.1 Hans Reimann:
ARNO SCHMIDT / ROSEN & PORREE
H.R.: Die neunte Literazzia. (Heidenheim): Heidenheimer Verlags-Anstalt (1960). 193.

2.2.10.62.08.15 L.B.:
BELPHEGOR, KAFF UND PORREE
Essays und Geschichten von Arno Schmidt
Nürnberger Nachrichten, 15.8.62

2.2.10.62.1 Ansgar Skriver:
8. SEELANDSCHAFT MIT POCAHONTAS
A.S.: Gotteslästerung? Hamburg: Rütten & Loening (1962). (das aktuelle thema 11). 93—95.

2.2.10.64.1 M.C. (= Max Carstenn):
ROSEN UND PORREE
Der Romanführer. Hg. v. Johannes Beer. Bd. 13. Stuttgart: Hiersemann (1964). 331—332.

2.2.10.66.02.26 -be:
NEUE TASCHENBÜCHER:
Westdeutsche Rundschau, 26.2.66

2.2.10.66.03.17 H.F.:
SEELANDSCHAFT MIT POCAHONTAS
Welt der Literatur, 17.3.66

2.2.10.66.03.1 Rolv Heuer:
ARNO SCHMIDT: SEELANDSCHAFT MIT POCAHONTAS
Konkret, Nr. 3, März 66

2.2.10.66.07.26 au:
BILD AUS RASTERPUNKTEN
Schwarzwälder Bote, 26.7.66

2.2.10.66.1 Artur Lundkvist:
INLEDNING
Arno Schmidt: Sjöstycke med Pocahontas. (Stockholm): Tidens (1966). (Tellus Serien). 7—9.
s: 1.5.10.3

2.2.10.70.12.31 sub (= Harwig Suhrbier):
VERGRIFFENER ARNO-SCHMIDT-BAND BEI DEN „BÜCHERN DER NEUNZEHN"
Frankfurter Rundschau, 31.12.70

2.2.10.71.07.10 Jörg Drews:
ES GIBT WIEDER ROSEN & PORREE ZU KAUFEN
Wiedersehen mit vier frühen Erzählungen Arno Schmidts
Süddeutsche Zeitung, 10./11.7.71

2.2.10.71.07.21 Edwin Hartl:
Das Buch der Woche:
THEORIE UND PRAXIS VON ARNO
Die Presse, Wien, 21.7.71

2.2.10.71.07.28 PWW:
ARNO SCHMIDT: ROSEN & PORREE
Gelesen und empfohlen
Baseler Nachrichten, 28.7.71

2.2.10.71.08.07 SUB (= Hartwig Suhrbier):
r & p
3 Kurzromane Arno Schmidts
Frankfurter Rundschau, 7.8.71

2.2.10.71.08.15 Martin Gregor-Dellin:
ARNO SCHMIDT IN PRAXIS UND THEORIE
Die Bücherkommentare, 15.8.71

2.2.10.71.10.02 RH:
ROSEN UND PORREE
Kölner Stadt-Anzeiger, 2./3.10.71

2.2.10.72.01.07 (anonym):
ARNO SCHMIDT: ROSEN UND PORREE
Ibbenbürener Volkszeitung, 7.1.72

2.2.10.72.06.03 Hans-Jörg Loskill:
ALBEN DER ERINNERUNG
Neue Erzählungen eines Außenseiters
Westdeutsche Allgemeine Zeitung, 3./4.6.72

2.2.11 KAFF AUCH MARE CRISIUM

2.2.11.61.01.10 Rolf Michaelis:
SCHPRACHSCHPRUDL
Der Wort-Metz Arno Schmidt und sein neues Buch
Stuttgarter Zeitung, 10.1.61

2.2.11.61.01.14.1 Hansgeorg Maier:
,,DU IMMER MIT D'EIM DSCHEUSS''
Arno Schmidts neues Buch geht ins Ohr und gibt manches zu knacken
Frankfurter Rundschau, 14.1.61

2.2.11.61.01.14.2 Ottokar Albert:
PROBLEM ARNO SCHMIDT
Die Rheinpfalz, 14.1.61

2.2.11.61.01.21 Helmut Heißenbüttel:
DER SOLIPSIST IN DER HEIDE
Deutsche Zeitung, 21./22.1.61
= 2.0.9.09

2.2.11.61.02.17 Kurt Lothar Tank:
DAS BUCH MEINER WAHL
Arno Schmidt: ,,Kaff''
mit einer Einführung von K.L.T.
NDR (UKW), 17.2.61, 22.45—23.10, Ms: 11 S.

2.2.11.61.03.04 K.H. Kramberg:
ARNO SCHMIDTS VERTRACKTE PROSA
Süddeutsche Zeitung, 4./5.3.61

2.2.11.61.03.08 (anonym):
Arno Schmidt:
UNTERGANKS = SCHTIMMUNK
Der Spiegel, Nr. 11, 8.3.61

2.2.11.61.03.11 Andreas Stolberg:
IN DEN MOND GESCHAUT
Darmstädter Echo, 11.3.61

2.2.11.61.03.18 Walter Widmer:
PROSA IM HEUTIGEN DEUTSCHLAND
Nichts Niemand Nirgends Nie!
National-Zeitung, Basel, 18.3.61

2.2.11.61.03.23 Jürgen Möller:
ARNO SCHMIDT, KAFF
in: STUDIO
NDR (/RB/SFB) TV 3, 23.3.61
darin: gefilmtes Interview mit A.S.

2.2.11.61.04.01 Rudolf Hartung:
ARNO SCHMIDT: KAFF AUCH MARE CRISIUM
in: DER BÜCHERTISCH
HR 1, 4.61, 16.00—16.30, Ms: 4 S.
= 2.2.11.61.04.25.2

2.2.11.61.04.23 Hans Habe:
DAS IST TALMI, KEIN HUMOR
Welt am Sonntag, 23.4.61

2.2.11.61.04.25.1 Alex Esser:
Till och med stavningen är mängtydig hos Arno Schmidt
SVART, FÖRTVIVLAD HUMOR
Kvälls Posten, 25.4.61

2.2.11.61.04.25.2 Rudolf Hartung:
ARNO SCHMIDT: KAFF AUCH MARE CRISIUM
in: NEUES VOM BÜCHERMARKT
RB 1, 25.4.61, 16.45—17.00
= 2.2.11.61.04.01

2.2.11.61.04.28.1 Rudolf Hartung:
AUF DER HEIDE UND DEM MOND
Handfeste Handlung und handfeste Figuren in ,,experimentellem'' Sprachgewand
Die Zeit, 28.4.61

2.2.11.61.04.28.2 (Karl) Bachler:
EIN MONDFAHRER NAMENS ARNO SCHMIDT
Weser-Kurier, Bremen, 28.4.61

2.2.11.61.04.28.3 (anonym):
KARLSRUHE
Rheinischer Merkur, 28.4.61

2.2.11.61.04.1 Günther Busch:
Unser Buch des Monats:
ARNO SCHMIDTS MOND UND HÖLLENVISION
Panorama, München, April 61

2.2.11.61.05.13 Alf Tamin:
VON BÜCHERN UND SCHRIFTSTELLERN
RIAS 2, 13.5.61, 17.40—17.55, 14'00'', Ms: 11 S.

2.2.11.61.05.1 Ludwin Langenfeld:
VERSPIELT
Bücherei und Bildung, 13. Jg, 1961, H. A 5, 213—214.

2.2.11.61.06.02 Barbara Klie:
DIE VIVISEKTION DER SPRACHE
Christ und Welt, 2.6.61

2.2.11.61.06.16 Hermann Naber:
WENN EINEM DIE SPRACHE IM MUNDE BRENNT
Eine Lanze für Arno Schmidt und seinen neuen Roman ,,Kaff — auch Mare Crisium''
Frankfurter Rundschau, 16.6.61
= 2.2.11.61.06.1
= 2.2.11.62.01.22 (bearbeitet)

2.2.11.61.06.1 Hermann Naber:
,,WENN DIE SPRACHE IM MUNDE BRENNT''
Semesterspiegel, (Studentenzeitung), Münster, Juni 61
= 2.2.11.61.06.16

2.2.11.61.07.1 Hannes Oppermann:
LITERARISCHER AUSVERKAUF
Akut, (Studentenzeitung), Bonn, Nr. 6/7, Juli 61

2.2.11.61.08.05 Wolfgang Paul:
KARL MAY AUF DEM MOND
Der Tag, Berlin, 5.8.61
= 2.2.11.61.08.27

2.2.11.61.08.06 sr. (= Silvio Rizzi):
POHSIETIEWES & NEGATTIEWES BEI ARNO SCHMIDT
St. Galler Tagblatt, 6.8.61
= 2.2.11.61.08.08 (erweitert)

2.2.11.61.08.08 Silvan Jori (= Silvio Rizzi):
EIN ENTDECKER LITERARISCHEN NEULANDS
Pohsietiewes und Negattiewes bei Arno Schmidt
Tages-Anzeiger, Zürich, 8.8.61
= 2.2.11.61.08.06 (gekürzt)

2.2.11.61.08.09 port (= Gerhard Portele):
„FASS-ZIEH-NATION"
Mannheimer Morgen, 9.8.61

2.2.11.61.08.27 Wolfgang Paul:
KARL MAY AUF DEM MOND
Kölnische Rundschau, 27.8.61
= 2.2.11.61.08.05

2.2.11.61.09.28 Gunar Ortlepp:
EIN BUCH UND EINE MEINUNG
SDR 2, 28.9.61, 22.45—23.00, Ms: 8 S.

2.2.11.61.10.13 gobe:
KAFF — AUCH MARE CRISIUM
Deutsche Volks-Zeitung, Düsseldorf, 13.10.61

2.2.11.61.10.14 Hans Daiber:
„FERKORXTES" GEDANKENSPIEL
Eine empfehlende Warnung vor Arno Schmidt
Bremer Nachrichten, 14.10.61

2.2.11.61.10.1 Helmut Günther:
SCHMIDT, ARNO: KAFF, AUCH MARE CRISIUM
Welt und Wort, 16. Jg, 1961, H. 10, 318—319.

2.2.11.61.10.2 Gerhard Portele:
„FASS-ZIEH-NATION"
Zeitwende — Die neue Furche, 32. Jg, 1961, H. 10, 701—702.

2.2.11.61.11.04 (anonym):
Aus dem Mülleimer der deutschen Literatur 1961
HÄRRZLIECHESS BEILEIT
Was heute in Deutschland von der führenden Literaturkritik angepriesen, mit Preisen bedacht und von den deutschen Buchhandlungen vornean verkauft wird
aktuell, München, Nr. 17, 4.11.61

2.2.11.61.1 Hans Reimann:
ARNO SCHMIDT / KAFF
H.R.: Die zehnte Literazzia. (Heidenheim): Heidenheimer Verlags-Anstalt 1961. 303—304.

2.2.11.62.01.22 Hermann Naber:
BUCH DES TAGES
WDR 1, 22.1.62, 17.20—17.35, Ms: 8 S.
= 2.2.11.61.06.16 (bearbeitet)

2.2.11.62.02.18 Kurt Kahl:
ZWISCHEN UTOPIE UND EXPERIMENT
Arbeiter-Zeitung, Wien, 18.2.62

2.2.11.62.02.26 (anonym):
LITERATUR-JOURNAL
Deutschlandsender, Berlin/DDR, 26.2.62

2.2.11.62.03.24 Armin Mohler:
ZIEMLICH LINX, ABER TROTZDEM: ARNO SCHMIDT
Münchner Merkur, 24./25.3.62

2.2.11.62.05.1 Hans Heinz Hahnl:
ARNO SCHMIDT: KAFF ODER(!) MARE CRISIUM
Wort in der Zeit, Wien, 8. Jg, 1962, H. 5
s: 2.2.10.62.08.15

2.2.11.62.09.14 Manfred Delling:
NEUE LITERATUR
Arno Schmidt — Porträt eines literarischen Außenseiters — Zu ,,Kaff auch Mare Crisium'' und ,,Belphegor''
Deutschlandfunk, Köln, 14.9.62, 22.00—22.15, Ms: 9 S.
= 2.2.11.62.09.15 (bearbeitet)

2.2.11.62.09.15 Manfred Delling:
AUSSENSEITER SEIN GENÜGT NOCH NICHT
Die Welt, 15.9.62
= 2.2.11.62.09.14 (bearbeitet)

2.2.11.62.10.13 Walther Schmieding:
ANDERS — UM JEDEN PREIS
Der berufsmäßige Außenseiter Arno Schmidt
Ruhr-Nachrichten, Dortmund, 13.10.62

2.2.11.64.1 M.C. (= Max Carstenn):
KAFF AUCH MARE CRISIUM
Der Romanführer. Hg. v. Johannes Beer. Bd. 13. Stuttgart: Hiersemann (1964). 332—333.

2.2.11.68.1 J. Dr. (= Jörg Drews):
KAFF AUCH MARE CRISIUM
Kindlers Literatur Lexikon. Bd. 4. Zürich: Kindler (1968). 219—221.
= 2.2.11.72.1
= 2.2.11.74.1
= 2.2.11.74.2

2.2.11.69.02.01 -hs- (= Hartwig Suhrbier):
SEIT DEM ERSCHEINEN ...
Frankfurter Rundschau, 1.2.69
zu: 1.1.11.1

2.2.11.70.02.21 Heinrich Vormweg:
Quer durch die Reihen
BECKETT FÜR ALLE
Süddeutsche Zeitung, 21./22.2.70
u.a. zu: 1.1.11.2

2.2.11.70.03.11 sub (= Hartwig Suhrbier):
LESE-LUST
Frankfurter Rundschau, 11.3.70
zu: 1.1.11.2

2.2.11.72.1 J. Dr. (= Jörg Drews):
KAFF AUCH MARE CRISIUM
Kindlers Literatur Lexikon. (Sonderausgabe). Bd. 6. Zürich: Kindler (auch: Darmstadt: Wissenschaftliche Buchges.) (1972), 515—5106.
= 2.2.11.68.1

s: 2.0.0.4

2.2.11.74.1 J. Dr. (= Jörg Drews):
KAFF AUCH MARE CRISIUM
Kindlers Literatur Lexikon. Bd. 12. (München): DTV (1974). 5105—5106.
= 2.2.11.68.1

2.2.11.74.2 J.Dr. (= Jörg Drews):
KAFF AUCH MARE CRISIUM
Hauptwerke der deutschen Literatur. Darstellungen und Interpretationen. Hg. v. Manfred Kluge und Rudolf Radler. (München): Kindler (1974). 577—578.
= 2.2.11.68.1

s: 2.0.0.17
s: 2.0.0.20
s: 2.0.0.23

2.2.12 BELPHEGOR

2.2.12.59.08.07 Helmut M. Braem:
WIEDERBELEBUNGSVERUSCH IM RADIO-ESSAY
Arno Schmidt in Sachen Johannes von Müller
Stuttgarter Zeitung, 7.8.59
zu: 1.4.59.07.31 / 1.1.12.0.3

2.2.12.61.12.20 Hansgeorg Maier:
IN NEUER SICHT
Arno Schmidt präsentiert Bücher und Menschen von einst
Frankfurter Rundschau, 20.12.61

2.2.12.62.01.27 Hansgeorg Maier:
STICHWORT „BELPHEGOR"
Zu Arno Schmidts Nachrichten von Büchern und Menschen
Hannoversche Allgemeine Zeitung, 27./28.1.62

2.2.12.62.02.10 Karlheinz Kramberg:
FÜR SIE GELESEN — AUS NEUEN BÜCHERN
BR 2, 10.2.62, 16.00—16.30, Ms: 2/19 S.
= 2.2.12.62.03.2

2.2.12.62.02.17.1 Friedrich Sieburg:
KEIN BLOSSER SCHULFUCHS
Frankfurter Allgemeine Zeitung, 17.2.62

2.2.12.62.02.17.2 Richard Kirn:
ARNO SCHMIDTS NACHRICHTEN VON BÜCHERN UND MENSCHEN
Frankfurter Neue Presse, 17.2.62

2.2.12.62.02.24 Heinrich Dittmar:
SPIELT „MASSENBACH"!
Arno Schmidt schrieb „Historische Revue" — Zu seinem Buch „Belphegor"
Neue Ruhr-Zeitung, 24.2.62
s: 2.2.11.62.03.24

2.2.12.62.03.30 (anonym):
VON BÜCHERN UND MENSCHEN
Mannheimer Morgen, 30.3.62

2.2.12.62.03.1 Reinhard Döhl:
EIN PHILOLOGE NAMENS SCHMIDT
Die Kultur, München, Nr. 173, März 62

2.2.12.62.03.2 (anonym = Karlheinz Kramberg):
ARNO SCHMIDT: ‚BELPHEGOR'
Stuttgarter Leben, März 62
= 2.2.12.62.02.10

2.2.12.62.05.12 Walter Widmer:
EINE HANDVOLL EHRENRETTUNGEN
Deutsche Zeitung, 12./13.5.62
= 2.2.12.62.07.08

2.2.12.62.05.26 Winfried Engler:
AUFKLÄRER ARNO SCHMIDT
Gassenhauer der Wohlstandsmigräne
Stuttgarter Nachrichten, 26.5.62

2.2.12.62.05.1 (anonym):
WIEDERENTDECKTE RATIONALISTEN
Die Zukunft, Wien, Mai 62

2.2.12.62.05.2 L.G.:
BELPHEGOR
Konkret, Nr. 5, Mai 62

2.2.12.62.06.03 Werner Helwig:
AUSGRABUNGSPHILOLOGIE
St. Galler Tagblatt, 3.6.62
= 2.2.12.62.07.07

2.2.12.62.06.13 Hans Daiber:
Der Schriftsteller Arno Schmidt
AUF ALLE LEUTE BÖSE
Bremer Nachrichten, 13.6.62

2.2.12.62.07.07 Werner Helwig:
IM DICKICHT DER SPRACHE
Süddeutsche Zeitung, 7./8.7.62
= 2.2.12.62.06.03

2.2.12.62.07.08.1 Walter Widmer:
EINE HANDVOLL EHRENRETTUNGEN
National-Zeitung, Basel, 8.7.62
= 2.2.12.62.05.12

2.2.12.62.07.08.2 Carl-Henning Wijkmark:
DEN FÖRBLUFFANDE ARNO SCHMIDT
Sydsvenska Dagbladet Snällposten, 8.7.62

2.2.12.62.07.27 F.:
LITERARISCHER HECHT
Welt der Arbeit, Köln, 27.7.62

2.2.12.62.07.28 Werner Wieberneit:
VON BÜCHERN UND SCHRIFTSTELLERN
RIAS 2, 28.7.62, 17.40—17.55, 14'20", Ms: 7/11 S.

2.2.12.62.07.1 Jürgen Eyssen:
ARNO SCHMIDT, BELPHEGOR
Bücherei und Bildung, 14. Jg, 1962, H. 7, 528.

2.2.12.62.08.10 (anonym):
BELPHEGOR
Deutsche Volks-Zeitung, 10.8.62
s: 2.2.10.62.08.15

2.2.12.62.08.1 Karlheinz Schauder:
WIEDERBELEBUNGSVERSUCHE
Zeitwende — Die neue Furche, 33. Jg, 1962, H. 8, 561—563
= 2.2.12.62.09.28 (gekürzt)

2.2.12.62.09.09 C. Tindemans:
SCHMIDT, ARNO, BELPHEGOR
Streven, Leuven, 9.9.62
s: 2.2.11.62.09.14
s: 2.2.11.62.09.15

2.2.12.62.09.28 Karlheinz Schauder:
GELESEN UND BESPROCHEN
SR (MW), 28.9.62, 16.40, Ms: 4 S.
= 2.2.12.62.08.1 (ausführlicher)

2.2.12.62.09.1 Helmut Günther:
SCHMIDT, ARNO: BELPHEGOR
Welt und Wort, 17. Jg, 1962, H. 9, 294.

2.2.12.62.10.12 Jens Rehn:
DAS SPATENGEHIRN
SFB 1, 12.10.62, 23.00—23.45, Ms: 38 S.
= 2.2.12.63.01.28 (bearbeitet)
s: 2.2.11.62.10.13

2.2.12.63.01.28 Jens Rehn:
DER AUSGRABER
SWF 2, 28.1.63, 20.45—21.45, Ms: 48 S.
= 2.2.12.62.10.12 (bearbeitet)

2.2.12.63.01.1 Dieter Berger:
(BÜCHER ÜBER HERDER)
Zeitschrift für Volkskunde, 1/63
über: 1.1.12.0.2

2.2.12.63.09.15 h./W. Gibbs:
ZEITDICHTER UND ANTIQUARIUS DAZU
Arbeiterzeitung, Wien, 15.9.63
auch über 1.1.13
s: 2.2.9.64.03.13
s: 2.2.9.66.1
s: 2.0.0.28

2.2.13 NOBODADDY'S KINDER

2.2.13.63.06.1 Cn.:
IM GESPRÄCH
Konkret, Nr. 6, Juni 63

2.2.13.63.07.19 D.E.Z. (= Dieter E. Zimmer):
ZU EMPFEHLEN
Die Zeit, 19.7.63

2.2.13.63.08.20 Otto Köhler:
Literatur im Taschenbuch
RIAS 1+2, 20.8.63, 16.40—17.00, 18'00''
s: 2.2.1.63.09.13
s: 2.2.12.63.09.15

2.2.13.63.09.1 Hans Walz:
ARNO SCHMIDT: NOBODADDY'S KINDER
Bücherei und Bildung, 15. Jg, 1963, H. 9, 729.

2.2.13.63.10.11 (anonym):
DIARIES OF A NOBODADDY
Times Literary Supplement, No. 3, 215, 11.10.63, 811.
s: 2.2.14.63.12.07

2.2.13.63.12.20 J.P.W.:
ARNO SCHMIDT: NOBODADDY'S KINDER
Die Tat, 20.12.63

2.2.13.69.1 J. Dr. (= Jörg Drews):
NOBODADDY'S KINDER
Kindlers Literatur Lexikon. Bd. 5. Zürich: Kindler (1969). 555—557.
= 2.2.13.72.1
= 2.2.13.74.1
= 2.2.13.74.2

2.2.13.72.1 J. Dr. (= Jörg Drews):
NOBODADDY'S KINDER
Kindlers Literatur Lexikon. (Sonderausgabe). Bd. 8. Zürich: Kindler (auch: Darmstadt: Wissenschaftliche Buchges.) (1972). 6779—6770.
= 2.2.13.69.1

2.2.13.74.1 J. Dr. (= Jörg Drews):
NOBODADDY'S KINDER
Kindlers Literatur Lexikon. Bd. 16. (München): DTV (1974). 6769—6770.
= 2.2.13.69.1

2.2.13.75.1 J. Dr. (= Jörg Drews):
NOBODADDY'S KINDER
Spektrum der Literatur. Hg. v. Bettina und Lars Clausen. (Gütersloh—Berlin—München—Wien): Bertelsmann Lexikon Verlag (1975). (Lexikothek). 368—369.
s: 3.1.75.1

2.2.14 SITARA, UND DER WEG DORTHIN

2.2.14.63.11.15 Peter Laregh:
KARL MAY AM MARTERPFAHL
Die Bücherkommentare, 15.11.63

2.2.14.63.12.03 Hanspeter Krüger:
DER AUFGEWERTETE KARL MAY
Neues von Arno Schmidt
SFB 2, 3.12.63, 18.00—18.30, Ms: 24 S.

2.2.14.63.12.07 Armin Mohler:
KARL MAY IN DEN FÄNGEN VON ARNO SCHMIDT
Münchner Merkur, 7./8.12.63

2.2.14.63.12.24 Karl Schumann:
DAS ABGRÜNDIGE IN KARL MAY
Winnetous Vater am Marterpfahl der Tiefenpsychologie und Literaturkritik
Abendzeitung, München, 24./25./26.12.63

2.2.14.63.12.28 Hans-Josef Luther:
KARL MAYS IDEALBILD
Abendzeitung, München, 28./29.12.63
Leserbrief zu: 2.2.14.63.12.24

2.2.14.63.12.31.1 Hans Bertram Bock:
Arno Schmidt durchleuchtet ein literarisches Phänomen
KARL MAYS „TALKESSEL"
Zu einer neuerschienenen Studie über Wesen, Werk und Wirkung
8-Uhr-Blatt, Nürnberg, 31.12.63

2.2.14.63.12.31.2 Prof. Dr. Heinz Stolte:
(RUNDBRIEF)
An die Mitglieder der Arbeitsgemeinschaft Karl-May-Biographie, Sylvester 1963, 6 S.

2.2.14.63.12.1 Hans-Ulrich Göhler:
UNTERHALTUNG FÜR INTELLIGENTE LESER
Zu einem neuen Buch von Arno Schmidt
Magnum, Köln, Dez 63

2.2.14.63.12.2 -ern:
Konkret testet Bücher
ARNO SCHMIDT: SITARA
Konkret, Nr. 12, Dez 63

2.2.14.63.1 Hans Reimann:
ARNO SCHMIDT / SITARA UND DER WEG DORTHIN
H.R.: Die zwölfte Literazzia. (Heidenheim): Heidenheimer Verlags-Anstalt 1963. 290—291.

2.2.14.64.01.11.1 Friedrich Sieburg:
ET ALORS? SO WHAT? NA, UND!
Frankfurter Allgemeine Zeitung, 11./12.1.64

2.2.14.64.01.11.2 Werner Helwig:
DAS ABGRÜNDIGE IN KARL MAY
Süddeutsche Zeitung, 11./12.1.64

2.2.14.64.01.14 Claus Behncke:
EIN BUCH IN UNSERER ZEIT
Arno Schmidt: Sitara, und der Weg dorthin
WDR 2, 14.1.64, 16.30—17.00, Ms: 4 S. (Einl)
s: 1.4.64.01.14

2.2.14.64.01.18.1 Karl Heinz Bohrer:
UNVERMAYDLICHE SUCHE NACH SITARA
Arno Schmidts Karl-May-Forschungen
Die Welt, 18.1.64
= 2.2.14.64.04.1

2.2.14.64.01.18.2 Wolfgang Paul:
EIN AUTOR NAMENS ARNO SCHMIDT
Zu seinem 50. Geburtstag — Was er an Karl May zu finden weiß
Saarbrücker Zeitung, 18./19.1.64

2.2.14.64.01.24 Helmut Heißenbüttel:
DER ZWEIDEUTIGE KARL MAY
Arno Schmidt und das ‚S'
Christ und Welt, 24.1.64

2.2.14.64.02.02 Jürgen Manthey:
DAS BUCH DER WOCHE
HR 1, 2.2.64, 17.05—17.20, Ms: 8 S.
= 2.2.14.64.05.1

2.2.14.64.02.08 MR.:
EIN NEUES KERBHOLZ FÜR KARL MAY
Allgemeine Zeitung, Mainz, 8./9.2.64

2.2.14.64.02.15 Wolfgang Paul:
KARA BEN NEMSI — MIT HUMOR GESEHEN
Arno Schmidts Buch über die Welt Karl Mays macht viel Vergnügen
Kölnische Rundschau, 15.2.64

2.2.14.64.02.1 j.d. / ri (= Jörg Drews):
KARL MAY — PSYCHOANALYSIERT
Civis, Feb 64

2.2.14.64.02.2 Fritz Maschke:
DER ERSTE KARL-MAY-FORSCHER!
Mitteilungen der Arbeitsgemeinschaft ,,Karl-May-Biographie'' , Nr. 4, Feb 64, 9—10.

2.2.14.64.02.3 Johannes Nixdorf:
(STELLUNGNAHME):
Mitteilungen der Arbeitsgemeinschaft ,,Karl-May-Biographie'' , Nr. 4, Feb 64, 10.

2.2.14.64.03.03 (anonym):
GESETZT DEN PHALL
Analyse eines ‚Sexual-Golem'
euro-med, Nr. 5, 3.3.64

2.2.14.64.03.04 Robert Neumann:
KARL MAY AUF DEN INDEX!
Der Spiegel, Nr. 10, 4.3.64
= 2.2.14.69.1

2.2.14.64.03.05.1 Otto Kuhn:
DICHTUNG ALS WUNSCHERFÜLLUNG
Ruhr-Nachrichten, Dortmund, 5.3.64

2.2.14.64.03.05.2 (anonym):
WIR GREIFEN HERAUS
Die Tat, Zürich, 5.3.64
zu: 2.2.14.64.03.04

2.2.14.64.03.06 F.N. (= F. Niedermayer):
,,MAY-FILOLOGIE''
Deutsche Tagespost, Würzburg, 6./7.3.64

2.2.14.64.03.20 Karlheinz Schauder:
GRÖSSE UND BANALITÄT
Rheinischer Merkur, 20.3.64
= 2.2.14.64.09.1
= 2.2.14.64.10.30

2.2.14.64.03.22 Gunar Ortlepp:
EIN BUCH UND EINE MEINUNG
SDR 2, 22.3.64, 21.45—22.00, Ms: 9 S.
= 2.2.14.64.05.2

2.2.14.64.03.25 MAY-KUNDGEBUNG
Der Spiegel, Nr. 13, 25.3.64
Leserbriefe zu: 2.2.14.64.03.04

2.2.14.64.03.1 Cornelius von Cöln (= Dr. Rudolf Beissel):
DER GRÖLFUZ UND KARL MAY
Blätter für Volksliteratur, Graz, 3. Jg, Nr. 1, März 64

2.2.14.64.03.2 (Alfred Schneider):
LIEBE FREUNDE!
Mitteilungen der Arbeitsgemeinschaft ,,Karl-May-Biographie'', Nr. 5, März 64, 1—2.
zu: 2.2.14.64.03.04

2.2.14.64.03.3 Georg Rammel:
STELLUNGNAHME ZU ARNO SCHMIDT: SITARA UND DER WEG DORTHIN
Anlage zu den ,,Mitteilungen Nr. 5 der Arbeitsgemeinschaft Karl-May-Biographie'', März 64, 5 S.
,,Bitte streng vertraulich und nur innerhalb unserer Arbeitsgemeinschaft zur Diskussion verwenden!''

2.2.14.64.04.17 Jürgen Ramspeck:
SITARA RETOUR
Soll Karl May verboten werden?
Die Weltwoche, Zürich, 17.4.64

2.2.14.64.04.30 -fa-:
Versuch einer sprachanalytischen ,,Entlarvung'' des Schriftstellers
KARL MAY MIT FREUDS METHODEN SEZIERT
Arno Schmidts ,,Sitara und der Weg dorthin'' sucht nach geheimsten Triebkräften
Nürnberger Nachrichten, 30.4/1.5.64

2.2.14.64.04.1 Karl Heinz Bohrer:
UNVERMAYDLICHE SUCHE NACH SITARA
Arno Schmidts Karl-May-Forschungen
Volkshochschule im Westen, H. 2, Apr 64
= 2.2.14.64.01.18.1

2.2.14.64.04.2 Hainer Plaul:
ANSTELLE EINER REZENSION
Anlage zu den ,,Mitteilungen der AG-Karl-May-Biographie'' Nr. 6, Apr 64, 6 S.

2.2.14.64.04.3 Alfred Schneider / Robert Neumann:
BRIEFWECHSEL
Anlage zu den ,,Mitteilungen der AG-Karl-May-Biographie'', Nr. 6, Apr 64, 6.
Brief AS vom 9.3.64, Brief RN vom 16.3.64
zu: 2.2.14.64.03.04

2.2.14.64.05.1 Jürgen Manthey,
.2 Gunar Ortlepp:
ZWEIMAL ARNO SCHMIDT UND KARL MAY
Neue Rundschau, 75. Jg, 1964, H. 2, Mai, 317—324.
= 2.2.14.64.02.02
= 2.2.14.64.03.22

2.2.14.64.05.3 Amand von Ozoroczy / Robert Neumann:
BRIEFWECHSEL
Sonderanlage zu ,,Mitteilungen (der AG-Karl-May-Biographie)'', Nr. 7, Mai 64, 2 S.
Brief AvO vom 7.4.64, Brief RN vom 11.4.64
zu: 2.2.14.64.03.04

2.2.14.64.05.4 Fritz Maschke:
KARL-MAY-FORSCHUNG MIT ANAL-YSAT
2. Sonderanlage zu den ,,Mitteilungen (der AG-Karl-May-Biographie)'', Nr. 7, Mai 64, 5 S.

2.2.14.64.07.1 Norbert Giese:
2477 SCHMIDT, ARNO: SITARA UND DER WEG DORTHIN
Germanistik, 5. Jg, 1964, H. 3, Juli, 519.

2.2.14.64.07.2 Fritz Maschke:
KARL MAY EIN SEXUELL VERIRRTER?
Anlage 1, ,,Mitteilungen (der AG-Karl-May-Biographie)'', Nr. 8, Jul 64, 2 S.

2.2.14.64.08.01 Werner Hees:
MIT LIST IM SINN UND FREUD IM KOPF
Arno Schmidt über Karl May
Kölner Stadt-Anzeiger, 1./2.8.64

2.2.14.64.09.1 Karlheinz Schauder:
GRÖSSE UND BANALITÄT
Wort in der Zeit, 10. Jg, H. 5, Sep 64
= 2.2.14.64.03.20

2.2.14.64.09.2 Gerhard Morgenroth:
SCHMIDT, ARNO: ,,SITARA UND DER WEG DORTHIN''
Sozial-Pädagogik, Sep 64

2.2.14.64.10.02 Rino Sanders:
DIE KEHRSEITE EINES JUGENDSCHRIFTSTELLERS
Arno Schmidt beleuchtet Karl Mays Romane mit Freuds magischem Auge
Die Zeit, 2.10.64

2.2.14.64.10.07 Hanswilhelm Haefs:
KARL MAY UND TRAUERNDE KÜHE
Arno Schmidts Akribie und poetische Ader
Vorwärts, 7.10.64

2.2.14.64.10.30 Karlheinz Schauder:
Gelesen und besprochen
GRÖSSE UND BANALITÄT
SR, 30.10.64
= 2.2.14.64.03.20

2.2.14.65.01.1 dr. e. j.g.:
LESENSWERT FÜR LESER
Österreichisches Kulturwort, Jan 65

2.2.14.65.10.02 Walther Schmieding:
AUF WINNETOUS SPUREN
Drei neue Bücher über Leben, Werk und Wirken Karl Mays
Frankfurter Rundschau, 2.10.65

2.2.14.65.12.1 Professor Dr. Heinz Stolte / Robert Neumann:
BRIEFWECHSEL
Anlage 2 zu den „Mitteilungen (der AG-Karl-May-Biographie)", Nr. 10, Dez 65, 3 S.
Brief HS vom 12.12.64, Anlage: Brief Professor Dr. Eduard Engel an Dr. jur. E.A. Schmidt vom 14.6.38, Brief RN vom 21.12.64

2.2.14.66.1 Ernst Jandl:
SITARA
Kritisches Jahrbuch I. Hg. v. Wendelin Niedlich.
Stuttgart: Niedlich 1966. 55.

2.2.14.69.02.23 R.St.:
TASCHENBUCH DER WOCHE
Der Tagesspiegel, 23.2.69

2.2.14.69.03.14 Jörg Drews:
„SITARA UND DER WEG DORTHIN"
Die Zeit, 14.3.69

2.2.14.69.05.21 (anonym) (= Hartwig Suhrbier):
Des MAYsters Kerns
Akut, (Studentenzeitung), Bonn, Nr. 2, 21.5.69

2.2.14.69.1 Robert Neumann:
KARL MAY AUF DEN INDEX!
Literatur im Spiegel. Hg. v. Rolf Becker. (Reinbek): Rowohlt (1969). 32—38.
= 2.2.14.64.03.04

2.2.14.70.02.24 Bernhard Praesent:
VERDECKTE SCHICHTEN BEI KARL MAY
Die Rheinpfalz, 24.2.70

s: 2.0.7
s: 3.3.73.10.08
s: 3.3.73.10.09.1
s: 3.3.73.10.09.2
s: 3.3.73.10.13
s: 3.3.73.10.15
s: 3.3.73.10.19
s: 3.3.73.10.25
s: 3.3.73.11.10
s: 3.3.73.12.11
s: 3.3.74.01.05
s: 3.3.74.02.28
s: 3.3.74.04.1
s: 3.3.74.09.1
s: 3.3.75.03.14
s: 3.3.75.12.1

2.2.14.75.12.12 Wolfram Schütte:
DER SCHUT ODER UNTER RUINEN
Hans-Jürgen Syberbergs ,,Karl-May''-Film
Frankfurter Rundschau, 12.12.75

2.2.15 KÜHE IN HALBTRAUER

2.2.15.62.11.1 Hans Wollschläger:
NOCH 'NE ANTHOLOGIE
Aus der Werkstatt deutscher Autoren
Konkret, Nr. 11, Nov 1962
zu: 1.3.62.1 / 1.1.15.0.3

2.2.15.64.06.1 Kurt Seeberger:
4., N NEUER SCHMIDT
twen, Nr. 6/64

2.2.15.64.08.06 Karl Heinz Bohrer:
SATYRSPIEL IM DEUTSCHEN FLACHLAND
Welt der Literatur, 6.8.64

2.2.15.64.08.15 Hans Bertram Bock:
Neue Prosa von Arno Schmidt
„KÜHE IN HALBTRAUER"
8-Uhr-Blatt, Nürnberg, 15.8.64

2.2.15.64.08.27 gb:
FOTO-TEXT-EINHEITEN
Mannheimer Morgen, 27.8.64

2.2.15.64.08.28 Franz Schonauer:
NEUE BÜCHER
HR 1, 28.8.64, 16.45—17.00, Ms: 3/9 S.

2.2.15.64.09.02 W.W.:
am rande
EINES BUCHHÄNDLERS MISSVERSTÄNDIS
8-Uhr-Blatt, Nürnberg, 2.9.64
Glosse

2.2.15.64.09.17 Helmut Heißenbüttel:
DIE SPRACHE ARNO SCHMIDTS
Süddeutsche Zeitung, 17.9.64

2.2.15.64.09.19 K. Sch. (= Karl Schumann):
Das Buch der Woche: Ein neuer Arno Schmidt
KÜHE IN HALBTRAUER
Abendzeitung, München 19./20.9.64

2.2.15.64.09.1 j.d. (= Jörg Drews):
ARNO SCHMIDT: DETAILS
Civis, Nr. 9/10, Sep/Okt 64

2.2.15.64.09.2 (Jürgen) Haderlev:
ARNO SCHMIDT: KÜHE IN HALBTRAUER
Konkret, Nr. 9, Sep 64

2.2.15.64.09.3 -rck:
NORDDEUTSCHER SEELENBETRACHTER
Freies Wort (Revue der Arbeit), 9/64

2.2.15.64.10.03 Herbert Singer:
DER NACHTSCHELM & DAS 7SCHWEIN
Lustbarkeit mit Arno Schmidt
Stuttgarter Zeitung, 3.10.64
s: 2.2.14.64.10.07

2.2.15.64.10.11 Hans Heinz Hahnl:
DIE SPRACHE BRODELT, GÄRT, GEBIERT
Arbeiter-Zeitung, Wien, 11.10.64

2.2.15.64.11.10 J. Laura:
ARNO SCHMIDT
Het Laatste Nieuws, Amsterdam, 10.11.64

2.2.15.64.11.14 Armin Mohler:
WIE WEIT GEHT SCHMIDT DIESMAL ZU WEIT?
Münchner Merkur, 14.11.64

2.2.15.64.11.22 Jürgen Werth:
LÄNDLICHE KOMÖDIE MIT SCHNAPS UND FERNROHR
Spandauer Volksblatt, 22.11.64

2.2.15.64.11.28 Rudolf Mangold:
HEIMKEHR AUS DER UTOPIE
Arno Schmidts dreizehntes Werk: ,,Kühe in Halbtrauer''
Hannoversche Presse, 28./29.11.64
= 2.2.15.64.12.16

2.2.15.64.12.16 Rudolf Mangold:
HEIMKEHR AUS DER UTOPIE
Nordwestdeutsche Rundschau, 16.12.64
= 2.2.15.64.11.28

2.2.15.65.01.02 Günther Giefer:
VON BÜCHERN UND SCHRIFTSTELLERN
RIAS 2, 2.1.65, 18.30—18.40, 9'33'', Ms: 7 S.

2.2.15.65.01.22 H.L. Arnold:
MANIER DER MANIER
Christ und Welt, 22.1.65

2.2.15.65.02.13 André Müller:
DAS WORT ALS TIEFENLOT
Arno Schmidt legte ,,Kühe in Halbtrauer'' vor
Die Tat, Frankfurt/M, 13.2.65

2.2.15.65.02.1 hs (= Hartwig Suhrbier):
Neue Bücher — kurz notiert
ARNO SCHMIDT: KÜHE IN HALBTRAUER
Akut, (Studentenzeitung), Bonn, Feb 65

2.2.15.65.03.16 Hans Wolffheim:
BEGEGNUNG MIT EINEM BUCH
RB 2, 16.3.65, 20.50—21.00, Ms: 6 S.

2.2.15.65.03.19 Hans Gerd Rötzer:
WÜST VON GEISTESBLITZEN
Rheinischer Merkur, 19.3.65

2.2.15.65.04.26 Erasmus Schöfer:
,,KÜHE IN HALBTRAUER''
Arno Schmidts Beschreibungen Schmidts und seiner Zeitgenossen
Rhein-Neckar-Zeitung, 26.4.65
= 2.2.15.65.05.09
= 2.2.15.65.06.09
= 2.2.15.65.06.11 (gekürzt)

2.2.15.65.04.1 Helmut Günther:
SCHMIDT, ARNO: KÜHE IN HALBTRAUER
Welt und Wort, 20. Jg, 1965, H. 4, 129.

2.2.15.65.05.09 Erasmus Schöfer:
ALLTÄGLICHES, ALLZUALLTÄGLICHES
Der Tagesspiegel, 9.5.65
= 2.2.15.65.04.26

2.2.15.65.06.09 Erasmus Schöfer:
HEIDNISCHE MINIATUREN
Arno Schmidts Beschreibungen Schmidts und seiner Zeitgenossen
Badische Zeitung, 9.6.65
= 2.2.15.65.04.26

2.2.15.65.06.11 Erasmus Schöfer:
SCHMIDTS ,,KÜHE IN HALBTRAUER'' — KEIN KOPFKISSENBUCH
Heidnische Miniaturen als Beschreibungen Schmidts und seiner Zeitgenossen.
General-Anzeiger für Bonn, 11.6.65
= 2.2.15.65.04.26

2.2.15.65.06.25 Benno Saal:
PROSA, ZÜGELLOS
St. Galler Tagblatt, 25.6.65

2.2.15.65.07.12 Günter Bien:
MASKENSPIELE UND WIRKLICHKEIT
Der Schriftsteller Arno Schmidt ist nicht mehr zu übersehen
Neue Ruhr-Zeitung, 12.7.65

2.2.15.65.07.1 Günter Giefer:
ARNO SCHMIDT: KÜHE IN HALBTRAUER
Neue Deutsche Hefte, Nr. 106, Juli/Aug 65, 140—142.
= 2.2.15.65.01.02 (bearbeitet)

2.2.15.65.07.2 Kurt Opitz:
ARNO SCHMIDT: KÜHE IN HALBTRAUER
Books Abroad, Summer 65

2.2.15.65.09.1 Gerhard Portele:
,,RÜTT-MUSS''
Zeitwende — Die neue Furche, 36. Jg, 1965, H. 9, 638—639

2.2.15.65.1 Hans Reimann:
ARNO SCHMIDT / KÜHE IN HALBTRAUER
H.R.: Die vierzehnte Literazzia. (Heidenheim): Heidenheimer Verlags-Anstalt 1965. 200—201

2.2.15.66.02.13 Henning Rischbieter:
ZUM LESEN EMPFOHLEN
Arno Schmidt: Kühe in Halbtrauer mit einer Einführung von H.R.
NDR 2, 13.2.66, 21.05—21.30
s: 1.4.66.02.13
s: 2.1.66.12.1

2.2.15.68.1 J. Dr. (= Jörg Drews):
KÜHE IN HALBTRAUER
Kindlers Literatur Lexikon. Bd. 4. Zürich: Kindler (1968). 829—830.
= 2.2.15.72.1
= 2.2.15.74.1

2.2.15.70.11.20 Jörg Drews:
„ORPHEUS"
Fünf Erzählungen von Arno Schmidt
Die Zeit 2.11.70
zu: 1.1.15.2

2.2.15.70.12.01 H. Suhrbier:
URWORTE, ORPHISCH-HELL
Frankfurter Rundschau, 1.12.70
zu: 1.1.15.2

2.2.15.72.01.07.1 Alfred Andersch:
DÜSTERHENNS DUNKELSTUNDE ODER EIN LÄNGERES GEDANKENSPIEL
Arno-Schmidt-Lesemodell 1
SDR 2, 7.1.72, 22.00—22.50, 32', Ms: 23 S.
zu: 1.1.15.0.9
= 2.2.15.72.02.1
= 2.2.15.72.2

2.2.15.72.01.07.2 Jörg Drews:
FUSSNOTE ZU ALFRED ANDERSCH
SDR 2, 7.1.72, 22.00—22.50, 10'10", Ms: 4 S.

2.2.15.72.02.1 Alfred Andersch:
DÜSTERHENNS DUNKELSTUNDE
oder Ein längeres Gedankenspiel
Merkur, 26. Jg, 1972, H. 2, 133-144.
= 2.2.15.72.01.07.1

2.2.15.72.03.1 Awi Adin:
Lieber Ale R&schau
Liberale Rundschau, Tel Aviv, Nr. 10, März 72

2.2.15.72.1 J. Dr. (= Jörg Drews):
KÜHE IN HALBTRAUER
Kindlers Literatur Lexikon. (Sonderausgabe). Bd. 6. Zürich: Kindler (auch: Darmstadt: Wissenschaftliche Buchges) (1972). 5410.
= 2.2.15.68.1

2.2.15.72.2 Alfred Andersch:
DÜSTERHENNS DUNKELSTUNDE
oder Ein längeres Gedankenspiel
A.A.: Norden Süden rechts und links. Zürich: Diogenes 1972. 340—357.
= 2.2.15.72.01.07.1

s: 2.0.0.3
s: 2.0.0.5

2.2.15.74.1 J. Dr. (= Jörg Drews):
KÜHE IN HALBTRAUER
Kindlers Literatur Lexikon. Bd. 13. (München): DTV (1974). 5410.
= 2.2.15.68.1
s: 2.0.0.10

2.2.16	**DIE RITTER VOM GEIST**
2.2.16.59.10.14	Hellmuth Karasek: DER BILDERSTÜRMER Arno Schmidt entlarvt weiter: Zensuren für Romantiker Stuttgarter Zeitung, 14.10.59 zu: 1.4.59.10.09 / 1.1.16.0.5
2.2.16.65.11.10	Zi: ARNO SCHMIDT: „DIE RITTER VOM GEISTE" (!) Osnabrücker Tageblatt, 10.11.65
2.2.16.65.11.12	Otto Jägersberg: NEUE BÜCHER — KRITIKER GEBEN KURZE HINWEISE SRF, Radio Zürich UKW, 12.11.65, 20.30
2.2.16.65.11.15	Wulf Segebrecht: DIE RITTER VOM GEIST Die Bücherkommentare, Nr. 4, 15.11.65
2.2.16.65.11.24	K.H. Kramberg: DIE RITTER VOM GEIST Süddeutsche Zeitung, 24.11.65
2.2.16.65.11.25	Hans Bertram Bock: Arno Schmidt auf vertrauten Pfaden DIE RITTER VOM GEIST Abendzeitung, München, 25.11.65 = 2.2.16.65.12.04 (erweitert) = 2.2.16.66.01.06 (erweitert)
2.2.16.65.11.27.1	Achim Bursti: GRUSS AN DIE KOLLEGEN Münchner Merkur, 27./28.11.65
2.2.16.65.11.27.2	Egon Strohm: VON BÜCHERN UND SCHRIFTSTELLERN RIAS 2, 27.11.65, 18.30—18.40, Ms: 2/6 S.
2.2.16.65.11.1	hs (= Hartwig Suhrbier): NEUES AUS DER LÜNEBURGER HEIDE Akut, (Studentenzeitung), Bonn, Nr. 21, Nov 65
2.2.16.65.11.2	Jürgen Eyssen: ARNO SCHMIDT: DIE RITTER VOM GEIST Bücherei und Bildung, 17. Jg, 1965, H. 11/12, 946.
2.2.16.65.12.04	Hans Bertram Bock: DIE RITTER VOM GEIST Hannoversche Presse, 4./5.12.65 = 2.2.16.65.11.25 (gekürzt)
2.2.16.65.12.09	Karl Heinz Bohrer: VON VERGESSENEN KOLLEGEN Welt der Literatur, 9.12.65
2.2.16.66.01.06	Hans Bertram Bock: DIE RITTER VOM GEIST Die Andere Zeitung, 6.1.66 = 2.2.16.65.11.25 (gekürzt)

2.2.16.66.01.10 (anonym):
AUSWAHL
Der Spiegel, Nr. 3, 10.1.66

2.2.16.66.01.14 Günter Bien:
Ein MAULWURF SUCHT AUTOREN
Arno Schmidt schreibt über vergessene Dichter-Kollegen
Neue Ruhr-Zeitung, 14.1.66
= 2.2.16.66.04.1 (gekürzt)

2.2.16.66.01.23 Nicolas Born:
EHRUNGEN DER VERGESSENEN KOLLEGEN
Arno Schmidt erinnert an Schriftsteller der Vergangenheit
Berliner Morgenpost, 23.1.66

2.2.16.66.01.1 (Jürgen Haderlev):
NEUE BÜCHER
Konkret, Nr. 1, Jan 66

2.2.16.66.02.12 Eckhard Heftrich:
NEUE BÜCHER
HR 2, 12.2.66, 23.05—23.30, Ms: 5/13 S.

2.2.16.66.02.27 Dieter Gert Hensel:
Zu Arno Schmidt:
DES GEHIRNTIERS TIC
Spandauer Volksblatt, 27.2.66

2.2.16.66.02.28 Gunter Hagelberg:
NEUES VOM BÜCHERMARKT
RB 2, 28.2.66, 17.45—18.00, Ms: 6 S.

2.2.16.66.03.12 Ernst Trost:
DICHTER INTERPRETIEREN DICHTER
Die Ritter vom Geist untereinander — Das Ende von Seldwyla — Gegenwärtiger Virgil und andere Notizen — Wie sie heute schreiben
Oberösterreichische Nachrichten, Linz, 12.3.66

2.2.16.66.04.01 F. Niedermayer:
ZWEI ÜBERFORDERTE „NONKONFORMISTEN“
Kathleen Notts und Arno Schmidts eigenwillige literarische Diagnosen
Deutsche Tagespost, Würzburg, 1.4.66

2.2.16.66.04.09 Silvester Huyswoud:
VOOR PUZZELAARS
Elseviers Weekblad, 9.4.66

2.2.16.66.04.10 Marianne Kesting:
BÜCHER IM GESPRÄCH
Deutschlandfunk, Köln, 10.4.66, 15.45—16.00, Ms: 10 S.
= 2.2.16.72.1

2.2.16.66.04.15 Christel Buschmann:
DEN TEUFEL WECKEN
Arno Schmidt über vergessene Kollegen
Die Zeit, 15.4.66

2.2.16.66.04.1 Günter Bien:
DER BÜCHER-MAULWURF
Westermanns Monatshefte, 4/66
= 2.2.16.66.01.14 (ausführlicher)

2.2.16.66.05.06 Wolfgang Paul:
DIE VERGESSENEN
Arno Schmidt setzt die Literaturgespräche fort
Kölnische Rundschau, 6.5.66

2.2.16.66.07.08 Paul F. Reitze:
TPYOLOGIE EINES INTELLEKTUELLEN
Arno Schmidts radikaler Zweifel
Rheinischer Merkur, 8.7.66

2.2.16.66.07.22 Werner Siebert:
BUCHKRITIK
WDR 3, 22.7.66, 19.15—19.30, Ms: 10 S.

2.2.16.66.07.1 K.H. Kramberg:
FÜR SIE GELESEN
Stuttgarter Leben, Juli 66
= 2.2.16.66.09.29 (bearbeitet)

2.2.16.66.09.29 Karlheinz Kramberg:
FÜR UND WIDER — UNSER BUCH DER WOCHE
BR 1, 29.9.66, 20.52—21.00, Ms: 5 S
= 2.2.16.66.07.1 (bearbeitet)

2.2.16.66.09.1 Horst Denkler
SCHMIDT, ARNO: DIE RITTER VOM GEIST
Mitt. d. Deutschen Germanisten Verb., Sep 66

2.2.16.66.10.1 Walter Jansen:
ARNO SCHMIDT: DIE RITTER VOM GEIST
Books Abroad, Okt 66

2.2.16.66.12.22 (anonym):
(DIE RITTER VOM GEIST)
Saarländischer Rundfunk, 22.12.66

2.2.16.66.12.1 (anonym):
„DIE RITTER VOM GEIST"
Wort und Wahrheit, 1966, H. 12

2.2.16.67.03.17 Karlheinz Deschner:
KRITIKEN KRITISCH BETRACHTET
d'Letzeburger Land, 17.3.67

2.2.16.67.04.1 Jürgen Brummack:
1243 SCHMIDT, ARNO: DIE RITTER VOM GEIST
Germanistik, 8. Jg, 1967, H. 2, April, 308—309.

2.2.16.67.07.07 Sch-r:
EIN RITTER ÜBER RITTER
Mannheimer Morgen, 7.7.67

2.2.16.67.10.20 Karlheinz Schauder:
NEUES VOM SCHMIDT
Deutsche Post, Nr. 16, 20.10.67
= 2.2.16.67.10.1

2.2.16.67.10.1 Karlheinz Schauder:
NEUES VON ARNO SCHMIDT
Du, Okt 67, 838/840
= 2.2.16.67.10.20

2.2.16.72.1 Marianne Kesting:
LITERATURBETRACHTUNG IN DER NORDDEUTSCHEN TIEFEBENE
M.K.: Auf der Suche nach der Realität: Kritische Schriften zur modernen Literatur. München: Piper (1972). (Piper Paperback). 259—263.
= 2.2.16.66.04.10

s: 2.0.12

2.2.17 TROMMLER BEIM ZAREN

2.2.17.66.09.27 Hanns Grössel:
BUCHKRITIK
WDR 3, 27.9.66, 19.15—19.30, Ms: 8 S.
= 2.2.17.66.11.1

2.2.17.66.10.15 Wolfram Schütte:
PLÄDOYER IN HALBTRAUER
Versagen der Leser vor Arno Schmidt / Zu seinen Kleinigkeiten
Frankfurter Rundschau, 15.10.66

2.2.17.66.11.08 Dietrich Segebrecht:
VER-SCHMIDT-STE LITERATUR
„Trommler beim Zaren" und andere Neuigkeiten aus der Haide
Frankfurter Allgemeine Zeitung, 8.11.66

2.2.17.66.11.24 Hans Bertram Bock:
Die Schmidtsche Jahresgabe:
AUS DES GEHIRNTIERS ZETTELKASTEN
Abendzeitung, München, 24.11.66
= 2.2.17.68.01.12

2.2.17.66.11.26.1 Günther Engels:
RADSCHLÄGER DER PHANTASIE
Akrobatische Kunststücke auf dem literarisch gespannten Hochseil
Kölnische Rundschau, 26.11.66

2.2.17.66.11.26.2 Achim Bursti:
ARNO SCHMIDT SCHREIBT WIEDER „UND" STATT „+"
Münchner Merkur, 26./27.11.66

2.2.17.66.11.1 Hanns Grössel:
ARNO SCHMIDT / TROMMLER BEIM ZAREN
Neue Rundschau, 77. Jg, 1966, H. 4, 682—686.
= 2.2.17.66.09.27

2.2.17.66.11.2 -hs- (= Hartwig Suhrbier):
NACHLASS ZU LEBZEITEN
Akut, (Studentenzeitung), Bonn, Nr. 28, Nov 66

2.2.17.66.12.04 Kurt Lothar Tank:
ARNO SCHMIDT 1966
Welt am Sonntag, 4.12.66

2.2.17.66.12.08 K.H. Kramberg:
1 STÜCK MOND IM HIMMEL
Süddeutsche Zeitung, 8.12.66
s: 2.1.66.12.1

2.2.17.66.12.1 (anonym):
VER-SCHMIDTS-TES
Notizen, (Studentenzeitung), Tübingen, Nr. 72, Dez 66

2.2.17.67.01.05 Hans Wolffheim:
EIN ALLEINUNTERHALTER MOKIERT SICH
Welt der Literatur, 5.1.67

2.2.17.67.01.13 Urs Jenny:
GEHIRN-CHAMPION, MONDSÜCHTIG
Die Weltwoche, Zürich, 13.1.67
= 2.2.17.67.01.21

2.2.17.67.01.15 Günter Bien:
NACHLESE EINES FLEISSIGEN AUTORS
Neue Ruhr-Zeitung, 15.1.67
= 2.2.17.67.03.04 (ausführlicher)
= 2.2.17.67.11.16 (ausführlicher)

2.2.17.67.01.21 Urs Jenny:
GEHIRN-CHAMPION, MONDSÜCHTIG
Stuttgarter Zeitung, 21.1.67
= 2.2.17.67.01.13

2.2.17.67.01.22 K.L. Tank:
VON THULE ZUM TROMMLER BEIM ZAREN
Kurzrezensionen über die Sammlung Thule, eine Maria Tudor-Biographie und allerlei Ver-Schmidtstes
Sonntagsblatt, 22.1.67

2.2.17.67.01.25 (anonym):
ARNO I
Studentenzeitung Stuttgart, 25.1.67

2.2.17.67.01.1 Alfred Schwartz:
ARNO SCHMIDT: TROMMLER BEIM ZAREN
Bücherei und Bildung, 19. Jg, 1967, H. 1, 26.

2.2.17.67.02.05 Wolfgang Körner:
NICHTS NEUES VON DER KUNST, LAND ZU VERMESSEN
Echo der Zeit, Recklinghausen, 5.2.67

2.2.17.67.02.13.1 (anonym):
KRITIK
Der Spiegel, Nr. 8, 13.2.67

2.2.17.67.02.13.2 (anonym):
ARNO SCHMIDT: TROMMLER BEIM ZAREN
BR 2, 13.2.67, 20.45—21.15, Ms: 3 S.

2.2.17.67.02.1 Jürgen Haderlev:
J. Hs. Bücher Magazin
TROMMLER BEIM ZAREN
Konkret, Nr. 2, Feb 67

2.2.17.67.03.04 Günter Bien:
ÜBER DIE SCHULTER GESCHAUT
Mehr als eine Nachlese von Arno Schmidt
Hannoversche Allgemeine Zeitung, 4./5.3.67
= 2.2.17.67.01.15 (gekürzt)

2.2.17.67.07.21 Katrin Sello:
ARNO IM GEHÄUSE
Keiner braucht alles zu lesen
Christ und Welt, 21.7.67

2.2.17.67.08.01 Jacques Legrand:
ARNO SCHMIDT OU LA RAISON ARDENTE
Quinzaine Littéraire, 1.8.67
s: 2.2.16.67.10.20
s: 2.2.16.67.10.1

2.2.17.67.10.09 (anonym):
TROMMLER BEIM ZAREN
Österreichischer Rundfunk, Studio Steiermark, 9.10.67, Ms: 2 S.

2.2.17.67.10.1 Walter Jansen:
ARNO SCHMIDT: TROMMLER BEIM ZAREN
Books Abroad, Okt 67

2.2.17.67.11.16 b-n (= Günter Bien):
VIELFALT DER THEMEN
Mannheimer Morgen, 16.11.67
= 2.2.17.67.01.15 (gekürzt)

2.2.17.67.1 Hans Reimann
ARNO SCHMIDT / TROMMLER BEIM ZAREN
H.R.: 16. Literazzia. (Würzburg): Arena (1967). 275.

2.2.17.68.01.12 Hans Bertram Bock:
TROMMLER BEIM ZAREN
Neuer Sammelband vom ,,Gehirntier'' Arno Schmidt
Deutsche Volks-Zeitung, 12.1.68
= 2.2.17.66.11.24

2.2.17.69.10.29 sub (= Hartwig Suhrbier):
Taschenbuchtips
SOMMERMETEOR
Frankfurter Rundschau, 29.10.69
= 1.1.17.2

2.2.17.69.11.28 Jörg Drews
,,SOMMERMETEOR''
23 Kurzgeschichten von Arno Schmidt
Die Zeit, 28.11.69
zu: 1.1.17.2
s: 2.0.0.32

2.2.18 DER TRITON MIT DEM SONNENSCHIRM

2.2.18.69.06.17 sub (= Hartwig Suhrbier):
EIN NEUER ARNO SCHMIDT
Frankfurter Rundschau, 17.6.69

2.2.18.69.10.22 Eva Maria Lenz:
EIN BISSCHEN BLUFF MIT BILDUNGSTRÜMMER
Kirche und Rundfunk, 22.10.69
zu: 1.4.69.10.11 / 1.1.18.0.2

2.2.18.69.10.31 Jörg Drews:
VOR ZETTELS TRAUM
Die Zeit, 31.10.69

2.2.18.69.11.08.1 K.H. Kramberg:
DER WORTMETZ VON BARGFELD
Süddeutschen Zeitung, 8./9.11.69

2.2.18.69.11.08.2 Heinrich Vormweg:
SOIREE
Arno Schmidt: „Der Triton mit dem Sonnenschirm"
SWF 2, 8.11.69, 20.00, Ms: 5 S.

2.2.18.69.11.21.1 Helmut Heißenbüttel:
BULWER GEGEN BECKETT
Arno Schmidts ergötzliche Dialoge über großbritannische Autoren
Christ und Welt — Deutsche Zeitung, 21.11.69

2.2.18.69.11.21.2 Th. Hirle:
ZEHN KILOGRAMM ARNO SCHMIDT FÜR 265 MARK
ESSAYS ALS VORSTUDIEN ZU EINEM MAMMUT-ROMAN
Abendzeitung, München, 21.11.69

2.2.18.69.11.26.1 Armin Mohler:
DAS BESSERE ICH VON ARNO SCHMIDT
Münchner Merkur, 26.11.69

2.2.18.69.11.26.2 B.A.:
NICHT UNBESEHEN AKZEPTIEREN
tz, München, 26.11.69

2.2.18.69.11.30 Curt Hohoff:
LOCKERUNGSÜBUNGEN
Radio-Essays von Arno Schmidt
Deutsches Allgemeines Sonntagsblatt, 30.11.69
= 2.2.18.70.02.28

2.2.18.69.11.1 Dietrich Segebrecht:
SCHMIDT, ARNO: DER TRITON MIT DEM SONNEN-SCHIRM
Bücherei und Bildung, 21. Jg, 1969, H. 11/12

2.2.18.69.12.07 Fritz Senn:
UMGANG MIT „FINNEGANS WAKE"
Bemerkungen zu den Büchern von Anthony Burgess und Arno Schmidt
Neue Zürcher Zeitung, 7.12.69

2.2.18.69.12.13.1 Wolfram Schütte:
POLLY & VALENCIEN IN EINER VERSCHMIDTSTEN WELT
Frankfurter Rundschau, 13.12.69

2.2.18.69.12.13.2 Maria Osterkamp:
GEHIRNTIER IM ENGLISCHEN GARTEN
Ein weiterer Band literarischer Essays von Arno Schmidt
Saarbrücker Zeitung, 13./14.12.69

2.2.18.69.12.18 (anonym):
SWIMMING AGAINST THE STREAM
Times Literary Supplement, No. 3,538, 18.12.69, 1445.

2.2.18.70.01.02 Gert Ueding:
NEUE BÜCHER
HR 2, 2.1.70, 17.30—18.00, Ms: 6 S

2.2.18.70.01.17 Gertrud Mander:
SPATENWERK MIT TROMMELKLANG
Arno Schmidts „Großbritannische Gemütsergetzungen"
Stuttgarter Zeitung, 17.1.70

2.2.18.70.01.22 Franz Schöler:
SCHWERARBEIT IM STEINBRUCH DER SPRACHE
Welt der Literatur, 22.1.70

2.2.18.70.01.23 Hans Peter Anderle:
ARNO & DER WEG DORTHIN
Publik, 23.1.70

2.2.18.70.01.30 Anni Carlsson:
DAS GESPRÄCH ALS KUNSTFORM DER KRITIK
Zu Arno Schmidts englischen Studien
Neue Zürcher Zeitung, 30.1.70

2.2.18.70.01.1 Gert Hensel:
ARNO SCHMIDT: DER TRITON MIT DEM SONNENSCHIRM
Neue Deutsche Hefte, Nr. 125, 17. Jg, 1970, H. 1, 174—176.

2.2.18.70.01.2 (anonym):
DER TRITON MIT DEM SONNENSCHIRM
Der praktische Arzt, Nr. 1/70

2.2.18.70.01.3 Jens Peter Becker:
ARNO SCHMIDT: DER TRITON MIT DEM SONNENSCHIRM
Literatur in Wissenschaft und Unterricht, Bd. III, 1970, H. 1, 61—63.

2.2.18.70.02.20 Heinz Albers:
EINSIEDLER IN BARGFELDE (!)
Außenseiter der deutschen Gegenwartsliteratur: Arno Schmidt
Hamburger Abendblatt, 20.2.70

2.2.18.70.02.24 Klaus Reichert:
BUCHBESPRECHUNG
WDR 3, 24.2.70, 19.30—19.40, Ms: 5 S.
= 2.2.18.70.03.17 (bearbeitet)

2.2.18.70.02.26 Christoph Derschau:
DONNERSTAGSTUDIO LITERATUR
Saarländischer Rundfunk, 26.2.70

2.2.18.70.02.28 Curt Hohoff:
NEUES UND ALTES VON ARNO SCHMIDT
Die Presse, Wien, 28.2./1.3.70
= 2.2.18.69.11.30

2.2.18.70.02.1 Gerd Haffmans:
ESSAYS IN DIALOGFORM
Domino, Schweiz, Feb 70

2.2.18.70.03.03 Peter Engel:
ARNO SCHMIDT: DER TRITON MIT DEM SONNENSCHIRM
dpa—Buchbrief / Kultur, 3.3.70
= 2.2.18.70.03.15
= 2.2.18.70.04.03

2.2.18.70.03.06 W. Schl.:
„GEMÜTSERGETZUNGEN" MIT ARNO SCHMIDT ERBRINGEN MANCH ÜBERRASCHENDEN FUND
Hannoversche Presse, 6.3.70

2.2.18.70.03.11 Hans Bertram Bock:
NEUES VOM GEHIRNTIER
Zu Arno Schmidts Radio-Essays — Im April erscheint der Wälzer „Zettels Traum"
Nürnberger Nachrichten, 11.3.70

2.2.18.70.03.15 tz:
TRITON MIT DEM SONNENSCHIRM
Arno Schmidt, ein Schriftsteller, der einfach Spaß macht
Spandauer Volksblatt, 15.3.70
= 2.2.18.70.03.03

2.2.18.70.03.17 Klaus Reichert:
DER DOKTOR ALLWISSEND
Frankfurter Allgemeine Zeitung, 17.3.70
= 2.2.18.70.02.24 (bearbeitet)

2.2.18.70.04.03 Peter Engel:
NEUES VON ARNO SCHMIDT
Zu der Sammlung „Der Triton mit dem Sonnenschirm"
General-Anzeiger für Bonn, 3.4.70
= 2.2.18.70.03.03

2.2.18.70.05.04 Ina Prowe:
BÜCHERBOUTIQUE
WDR 2, 4.5.70, 11.30—11.35, Ms: 4 S.

2.2.18.70.05.15 Marlis Gerhard:
EIN BUCH UND EINE MEINUNG
SDR 2, 15.5.70, 21.45, Ms: 9 S.

2.2.18.70.06.08 ks:
FREUDE AM WORTGEIST
Vorspiel zum Hauptwerk A. Schmidts
Wetzlarer Neue Zeitung, 8.6.70

2.2.18.70.07.1 Hans-Bernhard Moeller:
ARNO SCHMIDT: DER TRITON MIT DEM SONNENSCHIRM
Books Abroad, Jul 70

2.2.18.70.09.19 Eike Hartmann:
DER TRITON MIT DEM SONNENSCHIRM
In: 2 x ARNO SCHMIDT
SFB 2, 19.9.70, 15.05—15.35, Ms: 6 S.
s: 2.2.20.70.09.19

2.2.18.70.11.26 Lothar Streblow:
TRITON MIT DEM SONNENSCHIRM
Der Gegensatz zur professoralen Literaturhistorerei
Deutsche Volks-Zeitung, 26.11.70

2.2.18.70.1 Helmut Heißenbüttel:
ARNO SCHMIDT: DER TRITON MIT DEM SONNENSCHIRM
Das kleine Buch der 100 Bücher. Kritische Stimmen zu neuen Büchern. 1970—1971. 18. Jg. Hg. v. Dieter Lattmann. München: Bücher der Neunzehn 1970.

2.2.18.71.01.20 Willi Karow:
DIE ANREGENDEN DIALOGE DES ARNO SCHMIDT
Essays und Funkstücke der angelsächsischen Literatur
Badische Zeitung, 20.1.71
auch: Lahrer Anzeiger, 27.3.71

2.2.18.71.08.03 d.w. (= Detlef Wolff):
LITERARISCHE GEMÜTSERGETZUNGEN
Weser-Kurier, Bremen, 3.8.71

2.2.18.75.10.25 (anonym):
SCHMIDTS LITERATUR-LEKTIONEN
Die Welt (des Buches), 25.10.75
zu: 1.1.18.1

2.2.20 ZETTELS TRAUM

2.2.20.69.01.18 J. Dr. (= Jörg Drews)
ZETTELS TRAUM IST FERTIG
Süddeutsche Zeitung, 18./19.1.69
s: 2.1.69.01.20

2.2.20.69.01.24 (anonym):
Zeitmosaik
SCHMIDTS TRAUM
Die Zeit, 24.1.69

2.2.20.69.01.25 Hartwig Suhrbier:
In der Heide sitzt der Einsiedler Arno Schmidt
STATT ELFENBEINTURM EIN SECHS FUSS HOHER DRAHTZAUN
Ein Großbuch entsteht: Ein Zettelkasten für ,,Zettels Traum''
Kölner Stadt-Anzeiger, 25./26.1.69
= 2.2.20.69.02.01

2.2.20.69.02.01 Hartwig Suhrbier:
,,ZETTELS TRAUM'' ZU ENDE GEBRACHT
In Erwartung von Arno Schmidts neuem großen Prosawerk
Frankfurter Rundschau, 1.2.69
= 2.2.20.69.01.25

2.2.20.69.02.13 Helmuth de Haas:
DIE TOTGESAGTE LEBT
Welt der Literatur, 13.2.69

2.2.20.69.02.26 hbb (= Hans Bertram Bock):
1000 SEITEN ARNO SCHMIDT
Abendzeitung, München, 26.2.69

2.2.20.69.04.11 dis. (= Dietrich Segebrecht):
HELLSEHER
Frankfurter Allgemeine Zeitung, 11.4.69
zu: 2.2.20.69.02.13

2.2.20.69.04.22 Dr. Wilhelm Michels:
ARNO SCHMIDT UND ,,ZETTELS TRAUM''
Frankfurter Allgemeine Zeitung, 22.4.69
Leserbrief zu: 2.2.20.69.04.11
s: 2.2.18.69.11.21

2.2.20.70.02.1 M.N.:
ZETTELS TRAUM
Westermanns Monatshefte, Nr. 2, Feb 70
s: 2.2.18.70.03.11

2.2.20.70.02.1 ARNO SCHMIDT. ZETTELS TRAUM.
(Verlagsprospekt)
(Stuttgart): Stahlberg (1970). 8 S., 8 Abb.
darin: (Ernst Krawehl): Versuch einer Einführung.
(A.S.): Ausschnitt aus 'zettel 621/622).
(Ernst Krawehl): Anmerkungen zum Aufbau der nebenstehenden Textstelle aus dem V. Buch ,,Franziska-Nameh''.
(A.S.): ,,So gut wie 'ne Fahrkarte nach Frisco-'' (= ZT 732/734).

2.2.20.70.03.20 (anonym):
GEIST PRO PFUND
Abendpost/Frankfurter Nachtausgabe, 20.3.70

2.2.20.70.03.30 Hans Peter Kensy:
HINWEIS AUF ARNO SCHMIDT: ,,ZETTELS TRAUM''
In: TAGEBUCH FÜR LESER
SDR 2, 30.3.70, 22.40, Ms: 3 S.

2.2.20.70.04.04.1 WoS (= Wolfram Schütte):
STEHPULTE FÜR ZETTELS TRAUM
Frankfurter Rundschau 4./5.4.70

2.2.20.70.04.04.2 J.Dr. (= Jörg Drews):
SCHMIDT-POST-TAGE: ,,ZETTELS TRAUM'' AUSGELIEFERT
Süddeutsche Zeitung, 4./5.4.70

2.2.20.70.04.04.3 Hans F. Nöhbauer:
Neuer Arno Schmidt erfordert 600 Lesestunden
DIESER TRAUM IST FÜRS BETT ZU SCHWER
Abendzeitung, München, 4./5.4.70

2.2.20.70.04.20 Gunar Ortlepp:
APROPOS: AH!; PRO = POE
Der Spiegel, Nr. 17, 20.4.70
unter Verwendung eines Gesprächs mit A.S.

2.2.20.70.04.24 (anonym):
Duitse James Joyce
ARNO SCHMIDT SCHREEF ROMAN VAN 17 POND
De nieuwe Gazet, 24.4.70

2.2.20.70.04.25 K.H. Kramberg:
LEKTÜRE FÜR TAUSENDUNDEINEN TAG
Erste Notizen zu einem Zwischenbericht über Arno Schmidts ,,Zettels Traum''
Süddeutsche Zeitung, 25./26.4.70

2.2.20.70.04.30.1 Jost Nolte:
1334 RIESENZETTEL UND IHR DICHTER-PRIESTER
Welt der Literatur, 30.4.70

2.2.20.70.04.30.2 R.T.:
JUMBO-BUCH FÜR 400 FRANKEN
Sie + Er, Zürich, 30.4.70

2.2.20.70.04.1 (anonym):
Abschreiber
SCHMIDTS TRAUM
m, 4/70

2.2.20.70.05.08 Dieter E. Zimmer:
ZETTELS KASTEN
Die Zeit, 8.5.70

2.2.20.70.05.09.1 Karlheinz Kramberg
EIN WELTWUNDER NAMENS SCHMIDT
Vorläufige Anmerkungen zu ,,Zettels Traum''
Nur für Verrückte
BR 1, 9.5.70, 22.05—22.50, Ms: 24 S.

2.2.20.70.05.09.2 Hans Habe:
DREI GLOSSEN
Schmidt
tz, München / Kölnische Rundschau (u.a.), 9.5.70

2.2.20.70.05.16 (anonym):
ARBEIT AN ZETTELS TRAUM
Der Tagesspiegel, 16.5.70

2.2.20.70.05.18 ROH-MAN GEPHALLT
Der Spiegel, Nr. 21, 18.5.70
Leserbriefe zu: 2.2.20.70.04.20

2.2.20.70.05.21 Karlheinz Kramberg / Jochen Richter / Jörg Drews:
ARNO SCHMIDT — ,,ZETTELS TRAUM''
in: ALMANACH XXVI
BR-TV 3 (Studienprogramm), 21.5.70, 17'05''

2.2.20.70.05.23 Volker Zielke:
(ARNO SCHMIDT: ZETTELS TRAUM)
in: DIE NEUE BIBLIOTHEK
NDR-TV 3, 23.5.70, 21.20, Ms: 4 S., 13'14''
von anderen Sendern wiederholt

2.2.20.70.05.26.1 Christian Enzensberger
.2 Helmut Heißenbüttel:
EIN BUCH — ZWEI MEINUNGEN
NDR 3, 26.5.70, 21.45—22.05, Ms: 4+5 S.

2.2.20.70.05.29.1 Helmut Heißenbüttel:
ZETTELS TRAUM-DEUTER
Arno Schmidts Riesen-Opus und seine Erklärer
Christ und Welt — Deutsche Zeitung, 29.5.70

2.2.30.70.05.29.2 Helene Schreiber:
SCHMIDTS ZETTELKASTEN
Rheinischer Merkur, 29.5.70

2.2.20.70.05.30 Gert Ueding:
LITERATUR UND GESELLSCHAFT
Dublin inmitten der Lüneburger Heide
Arno Schmidt und sein Buch ,,Zettels Traum''
HR 2, 30.5.70, 20.15—21.00, Ms: 20 S.
= 2.2.20.71.11.1 (bearbeitet)

2.2.20.70.06.02 (anonym):
MONUMENTALE ROMAN VAN ARNO SCHMIDT
Het Laatste Nieuwe, Brüssel, 2.6.70

2.2.20.70.06.27.1 Günter Bien:
ANNÄHERUNG AN EINEN EISBERG
,,Zettels Traum'' von Arno Schmidt — ein Klotz von 10 Kilo Papier
Rheinische Post, 27.6.70
= 2.2.20.06.27.2 (erweitert)
= 2.2.20.70.06.29
= 2.2.20.70.08.02
= 2.2.20.70.08.21.1

2.2.20.70.06.27.2 Günter Bien:
ANNÄHERUNG AN EINEN SPRACHBERG
Hannoversche Allgemeine Zeitung, 27./28.6.70
= 2.2.20.70.06.27.1 (gekürzt)

2.2.20.70.06.28 (anonym):
A GIANT
The New York Times Book Review, 28.6.70

2.2.20.70.06.29 Günter Bien:
ANNÄHERUNG AN EINEN EISBERG
Badische Neueste Nachrichten, 29.6.70

2.2.20.70.07.02 fr.:
AUCH BEI SIEMENS SCHEITERTEN SIE AN ARNO SCHMIDT
Versuch, das unverständlichste Buch des Jahres zu erläutern: ,,Zettels Traum''
Münchner Merkur, 2.7.70

2.2.20.70.07.03.1 Toni Meissner:
Zwischenbericht über Arno Schmidts ,,Zettels Traum''
WAS BEI POE SO ZUM VORSCH(W)EIN KOMMT
Abendzeitung, München, 3.7.70
Bericht über einen A.S.-Abend der Siemens-Stiftung am 30.6.70 in München

2.2.20.70.07.03.2 FR:
,,ZETTELS TRAUM'' AUSVERKAUFT, ,,TRITON'' BALD ZWEITE AUFLAGE
Frankfurter Rundschau, 3.7.70

2.2.20.70.07.09 Christoph Kuhn:
,,DER KLUGE REZENSENT SAGT EIN JAHR LANG GAR NICHTS''
Arno Schmidts neun Kilo schweres Monsterbuch ,,Zettels Traum'' ist erschienen
Tages-Anzeiger, Zürich, 9.7.70

2.2.20.70.07.18 W(olfgang) Breuer:
MAMMUT-ROMAN WIEGT NEUN KILO
700 Stunden liest man am Buch von Arno Schmidt
Expreß, Köln/Düsseldorf, 18./19.7.70

2.2.20.70.07.31 (anonym):
COMMENTARY
Times Literary Supplement, No. 3,570, 31.7.70

2.2.20.70.07.1 Ernst Krawehl:
ARNO SCHMIDT GRÜSST
m, 7/70
Leserbrief zu: 2.2.20.70.04.1

2.2.20.70.08.01 Dietrich Segebrecht:
MIT SIEBEN SIEGELN BESCHLAGEN
Arno Schmidts entfesseltes Kunstwerk ,,Zettels Traum''
Nur für die 390 Eingeweihten zu entziffern
Frankfurter Allgemeine Zeitung, 1.8.70

2.2.20.70.08.02 Günter Bien:
JONGLEUR UND WORTZMETZ
Zu Arno Schmitzs zehn Kilo schwerem Superbrocken ,,Zettels Traum''
Neue Ruhr-Zeitung, 2.8.60
= 2.2.20.70.06.27.1

2.2.20.70.08.06.1 J. Dr. (= Jörg Drews):
,,ZETTELS TRAUM'' ALS RAUBDRUCK
Süddeutsche Zeitung, 6.8.70

2.2.20.70.08.06.2 Helmut M. Braem:
SELBST DAS SCHWERSTE VERKAUFT SICH LEICHT
,,Zettels Traum'' von Arno Schmidt nach fünf Wochen vergriffen — Gespräch mit Verlegerin Frau Stahlberg
Saarbrücker Zeitung, 6.8.70
= 2.2.20.70.08.08.2

2.2.20.70.08.1 MIRI (= Michael Rittendorf):
TRIP 11 RAUBDRUCK DES JAHRES
Miri's Motz Zoof Nr. 2, Aug 70
erschienen um den 7.8.70

2.2.20.70.08.07 Heinz Ludwig Arnold:
EIN BUCH UND EINE MEINUNG
SDR 2, 7.8.70, 21.45—22.00, Ms: 9 S
= 2.2.20.70.08.29.2
= 2.2.20.70.08.30 (gekürzt)
= 2.2.20.72.5

2.2.20.70.08.08.1 Klaus Podak und Rolf Vollmann:
:,Anna Muh = Muh!' —:,, —: king!'' — (? : NOAH POKE? (oder fu = ?)
Vorläufiger Bericht über ,,Zettels Traum'' von Arno Schmidt
Stuttgarter Zeitung, 8.8.70
s: 2.2.20.70.09.24

2.2.20.70.08.08.2 Helmut M. Braem:
ZETTEL'S TRAUM ZUNÄCHST AUSGETRÄUMT
Arno Schmidts Essay-Roman nach fünf Wochen restlos verkauft
Stuttgarter Zeitung, 8.8.70
s: 2.2.20.70.09.24

2.2.20.70.08.08.3 (anonym):
,,ZETTELS TRAUM'' ALS RAUBDRUCK
Arbeiter-Zeitung, Wien, 8.8.70

2.2.20.70.08.10 wos (= Wolfram Schütte):
ZETTELS TRAUM — UNTER DIE RAUBDRUCKER GEFALLEN
Frankfurter Rundschau, 10.8.70

2.2.20.70.08.11 Marcus Andersen:
ZETTELS TRAUM IM RAUBDRUCK
Hamburger Morgenpost, 11.8.70

2.2.20.70.08.14.1 Wolf Donner:
,,Zettel's Traum'' als Raubdruck
KEINE ENTE UND 100 EIER
Die Zeit, 14.8.70

2.2.20.70.08.14.2 Günther Schloz:
ZETTELS RAUB
Arno Schmidts Träume sollen billiger werden
Christ und Welt — Deutsche Zeitung, 14.8.70

2.2.20.70.08.14.3 Georg Hensel:
VORM UMBLÄTTERN DER 494. SEITE
Lesen als Leistungssport oder der Große Gott Schmidt
Die Weltwoche, 14.8.70
= 2.2.20.70.08.15.1

2.2.20.70.08.15.1 Georg Hensel:
UMBLÄTTERN DER 494. SEITE?
Lesen als Leistungssport oder Der große Gott Schmidt
Darmstädter Echo, 15.8.70
= 2.2.20.70.08.14.3

2.2.20.70.08.15.2 Hans Bertram Bock:
Anmerkungen zu Arno Schmidts ungewöhnlicher Neuerscheinung ,,Zettels Traum''
MONSTRUM AUS DER HEIDE
Ein dickleibiges Buch für 600 Lesestunden — Sprachspiele mit und ohne Tiefsinn — Raubdruck aus dem Underground
Nürnberger Nachrichten, 15./16.8.70

2.2.20.70.08.17 dis (= Dietrich Segebrecht):
TRAUM GERAUBT
Frankfurter Allgemeine Zeitung, 17.8.70

2.2.20.70.08.21.1 J.P.W. (= Günter Bien):
ANNÄHERUNG AN EINEN EISBERG
Arno Schmidt hat mit seinem neuen Werk ,,Zettels Traum'' für ein einmaliges Ereignis gesorgt
Mannheimer Morgen / Heidelberger Tageblatt, 21.8.70
= 2.2.20.70.06.27

2.2.20.70.08.21.2 s.:
,,ZETTELS TRAUM'' ALS VOLKSAUSGABE
Mannheimer Morgen, 21.8.70

2.2.20.70.08.25.1 Mathias Schreiber:
Der längste Roman aller Zeiten: Arno Schmidts ,,Zettels Traum'' zermalmt das Bewußtsein
EINE RIESIGE LERNMASCHINE
In den USA bald schon Seminarstoff
Kölner Stadt-Anzeiger, 25.8.70
= 2.2.20.70.09.10.2 (gekürzt)

2.2.20.70.08.25.2 (Pressemitteilung)
STRAFANTRAG
Goverts-Krüger-Stahlberg, Stuttgart, 25.8.70
Meldung nachgedruckt u.a.:
26.8. Der Abend, Bln; Stuttgarter Ztg; Stuttgarter Nachrichten
27.8. Tagesspiegel, Bln; Saarbrücker Zeitung; Abendpost, Ffm; Ruhr-Nachrichten; Die Welt; Frankfurter Allgemeine Zeitung; Nürnberger Nachrichten
28.8. Hessische Allgemeine; Frankfurter Rundschau; Mannheimer Morgenpost; KStA
29.8. Badische Neueste Nachrichten
30.8. WamS
4.9. Publik
10.9. Aachener VZ
Okt. Lesen Nr. 10

2.2.20.70.08.27 Vito von Eichborn:
JAGD AUF RAUBDRUCKER AUS DEM UNDERGROUND
Verleger des Mammut-Buches stellte Strafantrag
Expreß, Köln, 27.8.70

2.2.20.70.08.29.1 Dr. Ingeborg Stahlberg:
ZETTELS GERAUBTER TRAUM
Süddeutsche Zeitung, 29.8.70
Leserbrief zu: 2.2.20.70.08.06

2.2.20.70.08.29.2 Heinz Ludwig Arnold:
ZETTELS TRAUMA?
Die Tat, 29.8.70
= 2.2.20.70.08.07

2.2.20.70.08.30 Heinz Ludwig Arnold:
ÜBER DEN UMGANG MIT ZETTEL'S TRAUM
Arno Schmidts Mammutwerk kann zum Trauma für den Kritiker werden
Deutsches Allgemeines Sonntagsblatt, 30.8.70
= 2.2.20.70.08.07 (ausführlicher)

2.2.20.70.09.05 Otto Doering:
„ARMER, REICHER ARNO SCHMIDT"
Darmstädter Echo, 5.9.70
Leserbrief zu: 2.2.20.70.08.15.1 + 1.3.57.6

2.2.20.70.09.07 (anonym):
Arno Schmidt
GUT RAUB
Der Spiegel, Nr. 37, 7.9.70
unter Verwendung eines Gesprächs mit A.S.

2.2.20.70.09.08 O.:
„GUT RAUBDRUCK"
Münchner Merkur, 8.9.70

2.2.20.70.09.10.1 Christoph Kuhn:
SCHMIDT FÜR ALLE?
Tages-Anzeiger, Zürich, 10.9.70

2.2.20.70.09.10.2 Mathias Schreiber:
WER DIESEN TRAUM AUSGELEGT, IST EIN ESEL
700 Lesestunden für „Zettels Traum" von Arno Schmidt
Frankfurter Neue Presse, 10.9.70
= 2.2.20.70.08.25.1 (ausführlicher)

2.2.20.70.09.19 Karlheinz Schauder:
ZETTELS TRAUM
In: 2 x ARNO SCHMIDT
SFB 2, 19.9.70, 15.05—15.35, M: 9 S.
= 2.2.20.70.10.03.1 (gekürzt)
= 2.2.20.71.01.2
= 2.2.20.71.04.4

s: 2.2.18.70.09.19

2.2.20.70.09.24 Klaus Podak und Rolf Vollmann:
DAS BILDERBUCH
Kritische Streifereien durch die Wortwelt von „Zettels Traum"
Stuttgarter Zeitung, 24.9.70
s: 2.2.20.70.08.08.1

2.2.20.70.09.1 (anonym):
GIPFELLEISTUNG ELITÄRER LITERATUR?
Notabene, 3/70, Sep 70

2.2.20.70.09.2 Bernd G. Gollenbeck:
WAS MAN TUN MUSS, UM EIN BERÜHMTER SCHRIFTSTELLER ZU WERDEN, DER GROSSES LEISTET UND WELTREKORDE BRICHT
Notabene, 3/70, Sep 70

2.2.20.70.09.3 (anonym):
RAUBDRUCK DES JAHRES
Buchmarkt, Sep 70

2.2.20.70.10.02 (anonym):
MESSESPLITTER
Raubdrucke
Rheinischer Merkur, 2.10.70

2.2.20.70.10.03.1 Karlheinz Schauder:
VIELLEICHT HEISST ES EINES TAGES ,,DÄN'S DAY''
Die Presse, Wien, 3./4.10.70
= 2.2.20.70.09.19 (bearbeitet)

2.2.20.70.10.03.2 Paul Eckhardt:
DIE WOLFSMORAL DER RAUBDRUCKER
Stuttgarter Zeitung, 3.10.70

2.2.20.70.10.10 Udo Reiter:
DER ROMAN DER SUPERLATIVE
Notizen zu ,,Zettels Traum'' von Arno Schmidt
Saarbrücker Zeitung, 10./11.10.70
= 2.2.20.70.11.03

2.2.20.70.10.15 M.R.:
DIE RAUBRITTER VOM GEIST GEHEN UM
Schmidts ,,Zettels Traum'' für wenig Geld
General-Anzeiger für Bonn, 15.10.70
= 2.2.20.71.01.11 (bearbeitet)

2.2.20.70.10.1 MIRI (= Michael Rittendorf):
TRIP 33 NEUES VOM RAUBDRUCK DES JAHRES
Miri's Motz-Zoof, Nr. 4/70, Okt 70

2.2.20.70.10.2 (anonym):
RAUBDRUCK ZETTELS TRAUM IST DA
Buchmarkt, Okt 70

2.2.20.70.11.03 Udo Reiter:
ROMAN DER SUPERLATIVE: ,,ZETTELS TRAUM''
Schwäbische Zeitung, Leutkirch, 3.11.70
= 2.2.20.70.10.10

2.2.20.70.12.06 Heinz Dieter Mendel:
BEGEGNUNG MIT EINEM BUCH
RB 2, 6.12.70, 18.50—19.00, Ms: 6 S

2.2.20.70.12.15 Heinrich Vormweg:
NEUE LITERATUR
Deutschlandfunk, Köln, 15.12.70, 22.05—22.30, Ms: 13 S.
= 2.2.20.71.04.2 (bearbeitet)

2.2.20.70.12.21 U.S. (= Uwe Schultz):
X WAS HERE
Stuttgarter Zeitung, 21.12.70
= 2.2.20.70.12.28.1
= 2.2.20.70.12.28.2

2.2.20.70.12.28.2 U.S. (= Uwe Schultz):
WUNSCHGEMÄSS UNERKANNT
Handelsblatt, 28.12.70
= 2.2.20.70.12.21

2.2.20.70.12.28.2 U.S. (= Uwe Schultz):
WUNSCHGEMÄSS UNERKANNT
Frankfurter Neue Presse, 28.12.70
= 2.2.20.70.12.21

2.2.20.70.12.31 Hartwig F.H. Suhrbier:
ANNÄHERUNG AN „ZETTELS TRAUM"
Erste Besichtigung eines Groß-Buches
Vorwärts, 31.12.70

2.2.20.71.01.11 M.R.:
RAUBRITTER VOM GEIST
Badische Neueste Nachrichten, 11.1.71
= 2.2.20.70.10.15

2.2.20.71.01.1 Hans-Bernhard Moeller:
PERCEPTION, WORD-PLAY, AND THE PRINTED PAGE: ARNO SCHMIDT AND HIS POE NOVEL
Books Abroad, Jan 71, 25—30.

2.2.20.71.01.2 Karlheinz Schauder:
DÄN'S DAY
Du, Nr. 1, Jan 71
= 2.2.20.70.09.19

2.2.20.71.02.04 Gudrun Tempel:
GERMAN FICTION: TWO REAL VOICES AMONG ALL THE NOTEBOOKS
The Times, London, 4.2.71

2.2.20.71.04.29 Vagelis Tsakiridis:
LESEN IN ZETTELS TRAUM
Überlegungen und Beobachtungen ein Jahr nach dem Erscheinen von Arno Schmidts Buch
NDR 3, 29.4.71, 20.05—20.45, Ms: 43 S.

2.2.20.71.04.30 Wolfgang Breuer:
Zettel-Wälzer noch im Schwarzhandel
STAATSANWÄLTE JAGEN JETZT DIE RAUBDRUCKER
Expreß, Köln, 30.4./1.5.71

2.2.20.71.04 KREUZ UND QUER DURCH ,,ZETTELS TRAUM''

.1 Eberhard Henze:
NONSENS UND PHILOLOGIE

.2 Heinrich Vormweg:
TRAUM EINES BAYLONIKERS
= 2.2.20.70.12.15 (bearbeitet)

.3 Mark Redwitz:
WIE MAN SICH IN BARGFELD (KREIS CELLE) DIE STUDENTENREVOLTE VORSTELLT
Merkur, 25. Jg, 1971, H. 4, 349—365.

2.2.20.71.04.4 Karlheinz Schauder:
DÄN'S DAY
Zeitwende — Die neue Furche, 42. Jg, 1971, H. 4, 285—286.
= 2.2.20.70.09.19
s: 2.0.3.2
s: 2.0.3.3

2.2.20.71.06.23 Jens Rehn (= Otto Luther):
ZETTELS TRAUMA?
,,Zettels Traum'' — Das große Buch des Arno Schmidt
RIAS 2, 23.6.71, 20.30—21.30, 53'35'', Ms: 19 S.
auch: SDR 2, 23.9.71

2.2.20.71.09.05 Oswald Wiener:
EIN BUCH, AN DEM MAN EIN JAHR LANG LIEST
Arno Schmidts Riesenwerk ,,Zettels Traum'' in der Analyse
Der Tagesspiegel, 5.9.71

2.2.20.71.09.09 Oswald Wiener:
DIE PSYCHOANALYSE UND ARNO SCHMIDT
Sigmund Freuds ,,Traumdeutung'', übernommen für ,,Zettels Traum''
Der Tagesspiegel, 9.9.71

2.2.20.71.09.12 Oswald Wiener:
NATURWUNDER AUS DEM BILDUNGSSCHATZ DES LEXIKONLESERS
Arno Schmidts Versuch, mit seiner Etym-Theorie Edgar Allan Poe beizukommen — Ein letztes Wort zu ,,Zettels Traum''
Der Tagesspiegel, 12.9.71

2.2.20.71.09.26 Fritz Graap:
WIENER ÜBER ARNO SCHMIDT
Der Tagesspiegel, 26.9.71
Leserbrief zu: 2.2.20.71.09.05, .09, .12

2.2.20.71.11.1 Gert Ueding:
DIE GELEHRTE TRAUMWELT DES ARNO SCHMIDT
Frankfurter Hefte, 26. Jg, 1971, H. 11, 861—869.
= 2.2.20.70.05.30 (ausführlicher)

2.2.20.71.11.20 Jörg Drews:
(ANTWORT AUF GERT UEDING)
in: KULTURKOMMENTAR
SFB 3, 20.11.71, 20.40—20.46, Ms: 3 S.
zu: 2.2.20.71.11.1

2.2.20.72.03.03 Beatrice Leuthold:
ARNO SCHMIDTS VERZETTELTER TRAUM:
NICHT EBEN POEsitiv
B.L. befaßte sich ein Jahr lang mit einem literarischen Koloss
Tages-Anzeiger, Zürich, 3.3.72

2.2.20.72.04.1 gö:
NEUAUFLAGE VON ,,ZETTELS TRAUM''
Buchmarkt, 4/72

2.2.20.72.05.17 Otto Proksch:
AUSGETRÄUMT, WILL SAGEN GESCHAFFT
RB 2, 17.5.72, 22.30—22.50, Ms: 7 S.
s: 2.0.0.1

2.2.20.72.11.13 sub (= Hartwig Suhbier):
ZT-STUDIENAUSGABE
Frankfurter Rundschau, 13.11.72

2.2.20.72.1 J. Dr. (= Jörg Drews):
ZETTELS TRAUM
Kindlers Literatur Lexikon. Bd. 7. Zürich: Kindler (1972). 1430—1435.
= 2.2.20.73.2
= 2.2.20.74.1

2.2.20.72.2 Horst Denkler:
DAS HEULENDE GELÄCHTER DES GEHIRNTIERS
Vorläufiger Bericht über Zettels Traum von Arno Schmidt
Basis 2. Jahrbuch für deutsche Gegenwartsliteratur. Frankfurt/M: Athenäum 1972. 246—259.

2.2.20.72.3 Horst Denkler:
DIE REISE DES KÜNSTLERS INS INNERE
Randbemerkungen über Arno Schmidt und einige seiner Bücher anläßlich der Lektüre von ,,Zettels Traum''.
Revolte und Experiment. Die Literatur der sechziger Jahre in Ost und West. Fünftes Amherster Kolloquium zur modernen deutschen Literatur. 1971. Hg. v. Wolfgang Paulsen. Heidelberg: Lothar Stiehm (1972). 144—146.

2.2.20.72.4 (anonym = Ernst Krawehl):
EINIGE VORBEMERKUNGEN ZUR DARBIETUNG VON S. 636 AUS ,,ZETTELS TRAUM'' VON ARNO SCHMIDT
Jemand der schreibt. 57 Aussagen. Hg. v. Rudolf de le Roi. (München): Hanser (1972). (Eine Veröffentlichung des Kulturkreises im Bundesverband der Deutschen Industrie). 262—267.
s: 2.0.0.2

2.2.20.72.5 Heinz Ludwig Arnold:
DAS ,,DING''
Arno Schmidts ,,Zettel's Traum''
H.L.A.: Brauchen wir noch die Literatur. (Düsseldorf): Bertelsmann Universitätsverlag 1972. (Literatur in der Gesellschaft 13). 178—182.
= 2.2.20.70.08.07

2.2.20.72.06 Helmut Heißenbüttel:
,,ZETTEL'S TRAUM'' ALS DICKES BUCH
H.H.: Zur Tradition der Moderne. (Neuwied—Berlin): Luchterhand (1972). (SL 51). 101-110.
= 2.0.3.2

2.2.20.73.05.10 Jörg Drews:
ARNO-SCHMIDT-LESEMODELL 6
SDR 2, 10.5.73, 22.10—22.50, Ms: 24 S.

2.2.20.73.08.11 Gert Ueding:
NEUE BÜCHER
HR 2, 11.8.73, 9.35—10.00, Ms: 3/17 S.

2.2.20.73.08.18 Jörg Drews:
EIN MONUMENT, SCHEIBCHENWEISE
Zur Neuausgabe von Arno Schmidts ,,Zettels Traum''
Süddeutsche Zeitung, 18./19.8.73

2.2.20.73.11.23 E.N. (= Ernst Nef):
,,ZETTELS TRAUM''
Neue Zürcher Zeitung, 23.11.73

2.2.20.73.12.07 (anonym):
RECURRING DREAM
Times Literary Supplement, No. 3,744, 7.12.73, 1512.

2.2.20.73.1 Siegbert Prawer:
'BLESS THEE, BOTTOM! BLESS THEE! THOU ART TRANSLATED!'
Typographical Parallelism, Word-Play and Literary Allusion in Arno Schmidt's ZETTEL'S TRAUM
Essays in German and Dutch Literature. London: Institute of German Studies 1973. 156—191.
Vortrag, gehalten vor Mitgliedern des London Institute of Germanic Studies am 20.1.72.

2.2.20.73.2 J. Dr. (= Jörg Drews):
ZETTELS TRAUM
Kindlers Literatur Lexikon. (Sonderausgabe). Bd. 11. Zürich: Kindler (auch: Darmstadt: Wissenschaftliche Buchges.) (1973). 10375—10378.
= 2.2.20.72.1

2.2.20.74.10.04 (anonym):
OUVERTURE DE LA SAISON A LA BIBLIOTHEQUE THOMAS-MANN: ,,ZETTELS-TRAUM'' COMMENTE PAR JÖRG DREWS
La Républicain, Luxemburg, 4.10.74

2.2.20.74.10.05 Fernand Hoffmann:
EIN EIFFELTURM AUS STREICHHÖLZERN ODER DAS LITERARISCHE WERK DES JAHRHUNDERTS?
Jörg Drews zu Arno Schmidt und ,,Zettels Traum''
Luxemburger Wort, 5.10.74
Berichte zu einem Vortrag von Prof. Dr. Jörg Drews in der Thomas-Mann-Bibliothek, Luxemburg, am 1.10.74
(= 2.0.0.9)

2.2.20.74.1 J. Dr. (= Jörg Drews):
ZETTELS TRAUM
Kindlers Literatur-Lexikon. Bd. 23. (München): DTV (1974). 10375—10378.
= 2.2.20.72.1

2.2.20.74.2 J. Dr. (= Jörg Drews):
ZETTELS TRAUM
Hauptwerke der deutschen Literatur. Darstellungen und Interpretationen. Hg. v. Manfred Kluge und Rudolf Radler. (München): Kindler (1974). 579—581.
= 2.2.20.72.1

2.2.20.75.1 Autorenkollektiv:
(ARNO SCHMIDT: ZETTELS TRAUM)
Imperialismus und Kultur. Zur kulturellen Entwicklung in der BRD. Hg. v. Institut für Gesellschaftswissenschaften beim ZK der SED. Berlin/DDR: Dietz 1975. 465—472.
Verfasser dieses Textes: Dr. Klaus Ziermann
s: 2.0.0.9
s: 2.0.0.10
s: 2.0.0.24

2.2.20.77.09.29 (anonym):
„ZETTELS TRAUM": NEUAUFLAGE UND KOMMENTAR VON A. SCHMIDT
Die Presse, Wien, 29.9.77

2.2.20.77.1 Jörg Drews:
OUVERTÜRE ZU „ZETTELS TRAUM"
Ein Kommentar der ersten Seite von Arno Schmidts Roman
Protokolle 77/2, Wien-München: Jugend und Volk 1977, 1—22.
= 2.0.14 (bearbeitet)

2.2.21 DIE SCHULE DER ATHEISTEN

2.2.21.71.09.30.1 FR:
,,SCHULE DER ATHEISTEN'' ERSCHEINT 1972 BEI S. FISCHER
Frankfurter Rundschau, 30.9.71

2.2.21.71.09.30.2 (anonym):
NEUES TYPOSKRIPT VON ARNO SCHMIDT
Welt der Literatur, 30.9.71

2.2.21.71.10.01 (anonym):
ARNO SCHMIDT BEI FISCHER
Nürnberger Nachrichten, 1.10.71

2.2.21.71.10.02 SZ:
ARNO SCHMIDTS ,,SCHULE DER ATHEISTEN'' KOMMT IM FRÜHJAHR
Süddeutsche Zeitung, 2.10.71

2.2.21.71.10.20 (anonym = Jörg Drews):
MESSESPLITTER
Süddeutsche Zeitung, 20.10.71

2.2.21.72.02.1 ARNO SCHMIDT. DIE SCHULE DER ATHEISTEN
(Verlagsprospekt)
(Frankfurt/Main): S. Fischer (1972). 8 S, 1 Foto.
darin: (Ernst Krawehl): Die Schule der Atheisten, Zur Fabel und äußeren Gestalt. (A.S.): schule 212. (A.S.): schule 2, Comödienzettel
Veröffentlichungen von Arno Schmidt 1949—1971

2.2.21.72.03.18.1 WoS (= Wolfram Schütte):
ARNO SCHMIDTS ,,SCHULE DER ATHEISTEN'' ERSCHIENEN
Frankfurter Rundschau, 18.3.72

2.2.21.72.03.18.2 Ernst Krawehl:
ARNO SCHMIDTS NOVELLEN-COMÖDIE ,,DIE SCHULE DER ATHEISTEN''
Zwei Seiten des Originalmanuskripts und ein Glossar
Frankfurter Rundschau, 18.3.72
dazu Abb.: 1.1.21.204 + 205

2.2.21.72.03.18.3 J. Dr. (= Jörg Drews):
IDYLLE, STAATSAKTION UND ZAUBERPOSSE
,,Die Schule der Atheisten'', Arno Schmidts Novellen-Comödie in sechs Aufzügen ist erschienen
Süddeutsche Zeitung, 18.3.7
dazu Abb.: 1.1.21.2.11

2.2.21.72.04.14 Lisi Drascher:
DER TIP DES BUCHHÄNDLERS
Hamburger Abendblatt, 14.4.72

2.2.21.72.04.26 Georg Hensel:
COMÖDIENZETTELS TRÄUMCHEN
Ueber Arno Schmidts neues Sprach-Environment
Die Weltwoche, 26.4.72
= 2.2.21.72.05.10.1

2.2.21.72.04.27 Jörg Drews:
BUCHBESPRECHUNG
WDR 3, 27.4.72, 19.30—19.40, Ms: 7 S.

2.2.21.72.05.06 Heiko Postma:
DER AUTOR ALS HAUSGESPENST
Hannoversche Allgemeine Zeitung, 6./7.5.72

2.2.21.72.05.10.1 Georg Hensel:
COMÖDIENZETTELS TRÄUMCHEN
Über Arno Schmidts neues Sprach-Environment
Darmstädter Echo, 10.5.72
= 2.2.21.72.04.26

2.2.21.72.05.10.2 Armin Mohler:
Arno Schmidt schreibt — für Arno Schmidt
LEVIATHAN VERZETTELT SICH
Die Welt, 10.5.72

2.2.21.72.05.13 Gert Ueding:
NEUE BÜCHER
HR 2, 13.5.72, 8.35—9.00, Ms: 5 S.

2.2.21.72.05.14 Vagelis Tsakiridis:
ARNO SCHMIDT: DIE SCHULE DER ATHEISTEN
NDR 3, 14.5.72, 22.05—22.55, Ms: 39 S.

2.2.21.72.05.22 (anonym):
LAUTER GEFOPPTE
Der Spiegel, Nr. 22, 22.5.72

2.2.21.72.06.03.1 Klaus Podak und Rolf Vollmann:
„Kunststükk: MEIN RESERVAT"
Stuttgarter Zeitung, 3./4.6.72

2.2.21.72.06.03.2 Hans Heinz Hahnl:
(ARNO SCHMIDT: DIE SCHULE DER ATHEISTEN)
Österreichischer Rundfunk, Wien 3.6.72, Ms: 3 S
= 2.2.21.72.06.24
= 2.2.21.72.08.05.1

2.2.21.72.06.09 Franz Hilger:
LÄNGERES GEDANKENSPIEL MIT DOPPELTEM BODEN
Oberbayerisches Volksblatt, Rosenheim, 9.6.72

2.2.21.72.06.10 Werner Helwig:
DER TREFFER
Die Tat, 10.6.72
= 2.2.21.72.06.17.2
= 2.2.21.72.08.19
= 2.2.21.72.10.1

2.2.21.72.06.17.1 Peter O. Chotjewitz:
FÜR GEBÜLDETE LESER
Der Tagesspiegel, 17./18.6.72
= 2.2.21.72.08.05

2.2.21.72.06.17.2 Werner Helwig:
ATHEISTISCHES LESE-THEATER
W.H. über Arno Schmidt und das neueste Werk des seltsamen Buchmachers
Rheinische Post, 17.6.72
= 2.2.21.72.06.10

2.2.21.72.06.24 Hans Heinz Hahnl:
DIE LITERARISIERUNG DER WELT
Arbeiter-Zeitung, Wien, 24.6.72
= 2.2.21.72.06.03

2.2.21.72.06.30 (anonym):
Buch aktuell
DIE SCHULE DER ATHEISTEN
Wetzlarer Neue Zeitung, 30.6.72

2.2.21.72.07.08.1 Jörg Drews:
,,... der ZettlKasten erhällt die Welt''
Ein Bericht, erstattet nach zweimaliger Lektüre von Arno Schmidts ,,Schule der Atheisten''
Süddeutsche Zeitung, 8./9.7.72

2.2.21.72.07.08.2 Wolfram Knorr:
DIE SCHULE DES GEHIRN-TIERS
Baseler Nachrichten, 8.7.72
dazu Abb: 1.1.21, 227

2.2.21.72.07.18 Wolfram Schütte:
NEUE LITERATUR
Deutschlandfunk, Köln, 18.7.72, 22.05—22.30, Ms: 18 S.

2.2.21.72.07.21 (anonym = Siegbert Prawer):
SCENES FROM STORYTOWN
Times Literary Supplement, 21.7.72, 843—844.

2.2.21.72.07.27 Jürgen Schreiber:
SONDERSCHULUNG FÜR SCHMIDTISTEN
Das neue Opus von Arno Schmidt heißt ,,Schule der Atheisten'' und erschien als Typoskript im S. Fischer Verlag
Göppinger Kreisnachrichten, 27.7.72
dazu Abb: 1.1.21, 150
= 2.2.21.72.10.12.1

2.2.21.72.07.30 Alexander Schmitz:
Wer sich an Schmidts ,,Zettels Traum'' nicht herantraut, der lese sein Neuestes
EIN DEUTSCHES DORF ANNO 2014
Welt am Sonntag, 30.7.72

2.2.21.71.08.02 Karl-Heinz Kramberg:
FÜR SIE GELESEN — AUS NEUEN BÜCHERN
BR 2, 2.8.72, 22.05—22.30. Ms: 2/17 S.

2.2.21.72.07.31 (anonym):
Scene
LITERATUR-KRITIK
Der Spiegel, Nr. 32, 31.7.72

2.2.21.72.08.05.1 Hans Heinz Hahnl:
REALITÄT ALS ZUSAMMENSTOSS VON TRAUM UND ERFÜLLUNG
Kärtner Tageszeitung, Klagenfurt, 5.8.72
= 2.2.21.72.06.03.2

2.2.21.72.08.05.2 Jürgen Jacobs:
Arno Schmidts Novellen-Comödie ,,Die Schule der Atheisten'': Die Tradition wird verramscht
JUX MIT DER KATASTROPHE
Schiffbruchromantik und Biedermeier
Kölner Stadt-Anzeiger, 5./6.8.72

2.2.21.72.08.05.3 Peter O. Chotjewitz:
AUS ARNO SCHMIDTS KULTURRESERVAT
Frankfurter Allgemeine Zeitung, 5./6.8.72
= 2.2.21.72.06.17.1

2.2.21.72.08.12 Hans Habe:
DREI GLOSSEN
Schmidt
tz, München, (u.a.) 12.8.72

2.2.21.72.08.13 Heinz Dieter Mendel:
BEGEGNUNG MIT EINEM BUCH
RB 2, 13.8.72, 18.50—19.00, Ms: 6 S.

2.2.21.72.08.16 Hans Bertram Bock:
Zu Arno Schmidts Novellen-Comödie ,,Die Schule der Atheisten'' im Fischer-Verlag
DER KAUZIGE ZEITKAPITÄN
Nach dem Riesen-Werk ,,Zettels Traum'' ein neues Puzzle-Spiel — Ein skurilles Erdenbild nach der Weltkatastrophe
Nürnberger Nachrichten, 16.8.72

2.2.21.72.08.19 W.H. (= Werner Helwig):
DER TREFFER
Berner Tagblatt, 19./20.8.72
= 2.2.21.72.06.10

2.2.21.72.08.31 Ludwig Andermatten:
DIE SCHULE DER ATHEISTEN
Arno Schmidt mit neuer Romanform
Fuldaer Volkszeitung, 31.8.72

2.2.21.72.09.23 Karlheinz Schauder:
ZUKÜNFTIGE GEGENWART, GEGENWÄRTIGE ZUKUNFT
Die Presse, Wien, 23.9.72
= 2.2.21.72.10.09
= 2.2.21.72.12.1

2.2.21.72.09.24 (anonym):
DIE SCHULE DER ATHEISTEN
Sonntagspost, Graz, 24.9.72

2.2.21.72.10.09 Karlheinz Schauder:
DIE BUCHBESPRECHUNG
SFB, 9.10.72, Ms: 7 S.

2.2.21.72.10.12.1 Jürgen Schreiber:
SONDERSCHULUNG FÜR SCHMIDTISTEN
Das neue Opus von Arno Schmidt heißt ,,Schule der Atheisten'' und erscheint als Typoskript im S. Fischer Verlag
Sindelfinger Zeitung, 12.10.72
= 2.2.21.72.07.27

2.2.21.72.10.12.2 Jörg Drews:
ARNO-SCHMIDT-LESEMODELL 4
Beobachtungen zur ,,Schule der Atheisten''
SDR (-SR)2, 12.10.72, 22.10—22.50, 38'50'', Ms: 23 S

2.2.21.72.10.18 Detlef Wolff:
IM JAHRE 2014
Weser-Kurier, Bremen, 18.10.72

2.2.21.72.10.1 Werner Helwig:
DER LANGE WEG ZU ARNO SCHMIDT
Westermanns Monatshefte, 10/72
= 2.2.21.72.06.10

2.2.21.72.11.17 Christel Buschmann:
Fast ein Kinderspiel
LEKTÜRE FÜR 65 STUNDEN
Arno Schmidts Roman-Typoskript ,,Die Schule der Atheisten''
Die Zeit, 17.11.72

2.2.21.72.12.31 Ernst Herzfeld
BÜCHER, DIE MIR AUFFIELEN
NDR 1, 31.12.72, 16.00—16.10, Ms: 2/6 S.

2.2.21.72.12.1 Karlheinz Schauder:
ZUKÜNFTIGE GEGENWART — GEGENWÄRTIGE VERGANGENHEIT
Frankfurter Hefte, 27. Jg, 1972, H. 12, 913—914.

2.2.21.73.01.1 Hans-Bernhard Moeller:
ARNO SCHMIDT: DIE SCHULE DER ATHEISTEN
Books Abroad, Jan 73

2.2.21.73.05.1 Werner F. Bonin:
DID YOU HEAR ARNO SCHMIDT'S HAMMER RING?
Das Pult, St. Pölten, H. 26, 5. Jg, 1973, H. 3, 29—30.

2.2.21.73.1 Horst Denkler:
WHAT WILL HE DO WITH IT?
Arno Schmidts Weg von Zettels Traum zur Schule der Atheisten
Basis IV. 1973. Hg. v. Reinhold Grimm und Jost Hermand. (Frankfurt/Main): Athenäum (1973). 251—256.

2.2.21.74.03.1 Heiko Postma:
ÜBER EINE RANDFIGUR BEI ARNO SCHMIDT
Die Horen 93, 19. Jg, H. 1, Frühjahr 74, 19—20.
zu: Seng Wu; 1.2.73.08.29.1

s: 2.0.0.7
s: 2.0.16

2.2.22 ABEND MIT GOLDRAND

2.2.22.75.03.27 FR:
IM HERBST DER NEUE ARNO SCHMIDT: „ABEND MIT GOLDRAND“
Frankfurter Rundschau, 27./28./29.3.75

2.2.22.75.03.29 F.A.Z.:
Neues Arno-Schmidt-Typoskript
ABEND MIT GOLDRAND
Frankfurter Allgemeine Zeitung, 29.3.75

2.2.22.75.04.02 J.Dr. (= Jörg Drews):
SCHMIDTS „ABEND MIT GOLDRAND“ ERSCHEINT IM HERBST
Süddeutsche Zeitung, 2.4.75

2.2.22.75.04.03 (anonym):
Namen und Nachrichten
DREI TAGE IM OKTOBER
Die Welt (des Buches), 3.4.75

2.2.22.75.07.1 ARNO SCHMIDT. ABEND MIT GOLDRAND.
(Verlagsprospekt)
(Frankfurt/Main): S. Fischer (1975). 8 S, 11 Abb.
darin: (Ernst Krawehl): Abend mit Goldrand, Modell eines dialogisierten Romans.
(A.S.): goldrand 40.
(Ernst Krawehl): Zur Abb. von S. 40 in Orig. Größe
(A.S.): goldrand 214 + 215.

2.2.22.75.08.23 Ernst Krawehl:
ALTHERRENSOMMER
Zur Wiedergabe der Seiten 116/117 aus Arno Schmidts neuem Typoscriptbuch „Abend mit Goldrand, eine Märchen-Posse, 55 Bilder aus der Lä(e)ndlichkeit für Gönner der VerschreibKunst“
Frankfurter Rundschau, 23.8.75
dazu Abb: 1.1.22, 116/117.

2.2.22.75.09.04 Rolf Seeliger:
„DIE BAUERN TREIBEN ACKERBAU UND UNZUCHT“
„Abend mit Goldrand“ — Arno Schmidt hat wieder zugeschlagen
tz, München, 4.9.75
= 2.2.22.75.09.05 (gekürzt)

2.2.22.75.09.05 Rolf Seeliger:
ÜBER ACKERBAU UND UNZUCHT ...
... spottet Heidedichter Arno Schmidt
Express, Köln, 5.9.75
= 2.2.22.75.09.04 (ausführlicher)

2.2.22.75.09.08 Gunar Ortlepp:
KLAGE AUS DER BÜCHERHÖHLE
Der Spiegel, Nr. 37, 8.9.75

2.2.22.75.09.16 Jörg Drews:
BUCHBESPRECHUNG
WDR 3, 16.9.75, 19.50—20.00, Ms: 6 S.
= 2.2.22.75.10.04.1

2.2.22.75.09.18 Wolfram Schütte:
BÜCHER IM GESPRÄCH
Deutschlandfunk, Köln, 28.9.75, 16.10—16.30, Ms: 13 S.
= 2.2.22.75.10.04.2

2.2.22.75.10.04.1 Jörg Drews:
DER NEUESTE BAU DES ALTEN LUFTSCHLOSSERS
Arno Schmidts Roman ,,Abend mit Goldrand'': Der alte Wortmetz wird immer unheimlicher
Badische Zeitung, 4.10.75
= 2.2.22.75.09.16

2.2.22.75.10.04.2 Wolfram Schütte:
SPÄTWERKGESPI/ENST
Arno Schmidts Märchenposse ,,Abend mit Goldrand''
Frankfurter Rundschau, 4.10.75
= 2.2.22.75.09.28

2.2.22.75.10.07 Jürgen Busche:
,,ABEND MIT GOLDRAND'' — ALTERSWERK UND JUGENDSÜNDE
Arno Schmidt oder: Die ewige Wiederkehr des Schriftstellers
Frankfurter Allgemeine Zeitung, 7.10.75

2.2.22.75.10.10 Ludolf Herrmann:
Arno Schmidt: Abend mit Goldrand
DREI MÄNNER IM ICH
Deutsche Zeitung — Christ und Welt, 10.10.75

2.2.22.75.10.25 Heinrich Goertz:
WALPURGISNÄCHTE IN DER HEIDE
Arno Schmidts ländliche Märchenposse ,,Abend mit Goldrand''
Hannoversche Allgemeine Zeitung, 25./26.10.75

2.2.22.75.11.13 Gert Ueding:
NEUE BÜCHER
HR 2, 13.11.75, Ms: 7 S.

2.2.22.75.12.11 K.H. Kramberg:
DIE (TRAURIGE) GESCHICHTE DES A&O
Arno Schmidts Märchenposse ,,Abend mit Goldrand''
Süddeutsche Zeitung, 11.12.75

2.2.22.75.12.31 CB:
VER-SCHMIDTSTE VIELSCHICHTIGKEIT: ,,ABEND MIT GOLDRAND''
Die Tat, Zürich, 31.12.75

2.2.22.75.12.1 Heiko Postma:
DIE ANGST DER VERWEIGERER VOR DEN VERWEIGERERN
Die Horen 100, 20. Jg, H. 4, Winter 1975, 70—72.
= 2.2.22.76.02.03 (bearbeitet)

2.2.22.76.02.03 Heiko Postma:
ABEND MIT GOLDRAND
in: JOURNAL 3 für Literatur
NDR 3, 3.2.76, 20.30—21.00, 11'40'', Ms: 5 S.
= 2.2.22.75.12.1 (bearbeitet)

2.2.22.76.02.08 Heinz Dieter Mendel:
BEGEGNUNG MIT EINEM BUCH
Radio Bremen, 8.2.76, Ms: 5 S.

2.2.22.76.02.12 Karlheinz Schauder:
DAS NEUE BUCH
SFB 1, 12.2.76, 17.10—17.30, Ms: 5 S.
= 2.2.22.76.02.21 (gekürzt)
= 2.2.22.76.05.20 (gekürzt)
= 2.2.22.76.07.1

2.2.22.76.02.21 Karlheinz Schauder:
AUTOBIOGRAPHISCHES PANORAMA
Die Presse, Wien, 21.2.76
= 2.2.22.76.02.12 (ausführlicher)

2.2.22.76.03.13 Hans Heinz Hahnl:
EX LIBRIS
Österreichischer Rundfunk 1, 13.3.76, 16.05, Ms: 2 S.
= 2.2.22.76.03.28

2.2.22.76.03.28 Hans Heinz Hahnl:
DER MENSCH LEBT, UM ZU LESEN
Arbeiter-Zeitung, Wien, 28.3.76
= 2.2.22.76.03.13

2.2.22.76.04.1 Jörg Drews:
ARNO SCHMIDTS ,,MAGICAL MYSTERY TOUR''
Merkur, 30. Jg, 1976, H. 4, 385—388.

2.2.22.76.04.2 Friedrich P. Ott:
ARNO SCHMIDT: ABEND MIT GOLDRAND
Books Abroad, Apr 76

2.2.22.76.05.04 Ernst Nef:
,,ROMANE SIND IMMER WUNSCHERFÜLLUNGEN''
Neue Zürcher Zeitung, 4.5.76

2.2.22.76.05.12 Wilhelm Höck:
ARNO SCHMIDT: ABEND MIT GOLDRAND
in: IDEEN — KONTROVERSE — KRITIK
RIAS 2, 12.5.76, 22.00—22.30, Ms: 20 S.

2.2.22.76.05.14 Rolf Vollmann:
Dies ist das Leben, wie es im Buche steht
AUSFLUG INS LUFTMEER
Arno Schmidts Märchenposse ,,Abend mit Goldrand''
Die Zeit, 14.5.76

2.2.22.76.05.20 Karlheinz Schauder:
ARNO SCHMIDTS AUTOBIOGRAPHISCHES PANORAMA
,,Abend mit Goldrand'' im S. Fischer-Verlag — Märchen —
Die Rheinpfalz
= 2.2.22.76.02.12 (ausführlicher)

2.2.22.76.06.19 Lothar Schmidt-Mühlisch:
,,MärchenPosse, AbendWerk führwahr'': Arno Schmidts ,,Abend''
ER IST ZUGLEICH DREI ALTE MÄNNER
Die Welt (des Buches), 19.6.76
s: 2.1.76.06.19.1, .2

2.2.22.76.07 GEDANKEN ZU ARNO SCHMIDT

.1 Karlheinz Schauder:
DIE WELT ALS LITERATUR
= 2.2.22.76.02.12

.2 Hilde Rubinstein:
ZAUBRISCHE ZICKZACKIANA
Frankfurter Hefte, 31. Jg, 1976, H. 7, 62—63/63—68.

2.2.23 VORLÄUFIGES ZU ZETTELS TRAUM

2.2.23.77.10.15 A.R. (= Arnd Rühle):
WER LIEST ,,ZETTELS TRAUM''?
Autorenbuchhandlung: Arno Schmidt aus der Tonkonserve
Münchner Merkur, 15./16.10.77

2.2.23.77.10.22 Jörg Drews:
ES SPRICHT: ARNO SCHMIDT
Sein 85-Minuten-Kommentar zu ,,Zettels Traum'' auf Platten
Süddeutsche Zeitung, 22.10.77

2.2.23.77.10.1 Heinz Jacobi:
MODERNSTER JARGON: ALTFRÄNKISCH
Des Orators höchst persönliche Modulation oder S. Fischers fade Werbefritzen fangen faule Phrasen.
Bayrischer Informationsdienst, Nr. 2, Okt 1977

2.2.23.77.12.20 Gisela Lindemann:
ARNO SCHMIDT — EIN DOPPELALBUM
in: JOURNAL 3 für Literatur
NDR 3, 20.12.77, 19.30—20.00, Ms: 2 S.
unter Verwendung eines Ausschnitts aus 1.1.23: Zettels Traum — vor 3 darf ich.
s: 2.3.20.78.04.02

2.2.23.78.05.09 Karlheinz Schauder:
WIE ER SICH RÄUSPERT
Arno Schmidt auf Schallplatten
Neue Zürcher Zeitung, 9.5.78

2.3 REZENSIONEN ZU SCHMIDTS ÜBERSETZUNGEN (AUSWAHL)

2.3.9 STANISLAUS JOYCE: MEINES BRUDERS HÜTER

2.3.9.60.05.05 Richard Kirn:
„RÜCKBLICKE EINES SOHNES UND BRUDERS"
Frankfurter Neue Presse, 5.5.60

2.3.9.60.05.21 Hans Georg Brenner:
IM SCHATTEN DES GROSSEN BRUDERS
Süddeutsche Zeitung, 21./22.5.60

2.3.9.60.05.28 Helmut Heißenbüttel:
KAIN UND ABEL?
Eine Joyce-Biographie
Deutsche Zeitung, 28./29.5.60

2.3.9.60.07.10 Wolfgang Schwerbrock:
DAS BUCH DER WOCHE
HR, 10.7.60, 18.45—19.00, Ms: 10 S.

2.3.9.60.08.12 Günter Blöcker:
SEINE WELT HIESS DUBLIN
Ein wichtiges Buch zum Verständnis des großen Iren James Joyce
Die Zeit, 12.8.60

2.3.9.60.12.14 (anonym):
Joyce
JIMMYS HASSGESANG
Der Spiegel, Nr. 51, 14.12.60

2.3.9.60.12.1 Jürgen Eyssen:
STANISLAUS JOYCE: MEINES BRUDERS HÜTER
Bücherei und Bildung, 12. Jg, 1960, H. 10, 640.

2.3.9.61.11.01 (anonym):
Joyce
ODYSSEUS IN DUBLIN
Der Spiegel, Nr. 45, 1.11.61

2.3.10 STANLEY ELLIN: SANFTER SCHRECKEN

s: 1.4.61.11.23

2.3.10.61.11.24 K.F.:
WEISS ZIEHT AN UND — TÖTET
„Sanfter Schrecken" — Zehn ruchlose Geschichten von Stanley Ellin
Schwäbische Donau Zeitung, Ulm, 24.11.61

2.3.10.61.12.09 Walter Widmer:
FÜR SÜCHTIGE MIT PFIFF
Deutsche Zeitung, 9./10.12.61

2.3.10.62.01.13 Jochen Schmidt:
KRIMINALGESCHICHTEN ALS KUNSTWERK
Der Mittag, Düsseldorf, 13.1.62

2.3.10.62.03.1 Hanns-Hermann Kersten:
STANLEY ELLIN: SANFTER SCHRECKEN
Bücherei und Bildung, 14 Jg, 1962, H. 3, 147—148.

2.3.10.62.11 Walter Widmer:
OHNE SPITZENHÄUBCHEN UND ARSENIK
National-Zeitung, Basel, 11.62
s: 2.3.10.61.12.09

2.3.12 JAMES F. COOPER: CONANCHET

2.3.12.61.12.21 Hg.:
GESCHICHTEN UND GESCHICHTE
Zu unserem neuen Roman
Deutsche Zeitung, 21.12.61
Einführung zum Vorabdruck

2.3.12.62.06.30 Kurt Wessel:
ROTHAUTNAH
Münchner Merkur, 30.6./1.7.62

2.3.12.62.07.01 Cornelius von Cöln (= Rudolf Beissel):
AUS DER LITERARISCHEN UNTERWELT
Der ,,Pionier deutscher Epik'' auf amerikanischen Schleichpfaden
Deutscher Anzeiger, Nr. 13, 1.7.62

2.3.12.62.07.14 he (= Werner Hees):
AMERIKANISCHE FRÜHZEIT
Kölner Stadt-Anzeiger, 14./15.7.62

2.3.12.62.08.11 Heinrich Dittmar:
JAMES F. COOPER — VON ARNO SCHMIDT ÜBERSETZT
Neuer Band der Goverts-Literatur
Neue Ruhr-Zeitung, 11.8.62

2.3.12.62.09.15 Eugen Skasa-Weiß:
NEUENTDECKTER WELTTEIL COOPER
Süddeutsche Zeitung, 15./16.9.62

2.3.12.62.10.07 Walter Schmiele:
DAS BUCH MEINER WAHL
James Fenimore Cooper: ,,Conanchet oder die Beweinte von Wish-Ton-Wish'' mit einer Einführung von W.S.
NDR 2, 7.10.62, 17.30—18.00, Ms: 3 S. (Einf)

2.3.12.62.10.1 h.h.h (= Hans Heinz Hahnl):
WEISS GEGEN ROT
Die Zukunft, Wien, Okt 62

2.3.12.62.10.2 Jürgen Eyssen:
JAMES F. COOPER: CONANCHET ...
Bücherei und Bildung, 14. Jg, 1962, H. 10, 691—692.

2.3.12.63.07.05 hesch (= Heinz Schönfeld):
GERECHTIGKEIT FÜR COOPER
Mannheimer Morgen, 5.7.63

2.3.12.63.07.1 Rudolf Röder:
JAMES F. COOPER
Welt und Wort, 18. Jg, 1963, H. 7

2.3.12.64.04.27 Hedwig Rohde:
CONANCHET — ODER DIE BEWEINTE VON WISH-TON-WISH
Einführung von H.R.
RIAS, 27.4.64, 20.01—20.33, Ms: 9 S. (Einf.).
s: 2.1.67.03.30

2.3.12.72.08.05 Hartwig Suhrbier:
COOPER — WIE IHN KEINER KENNT
Frankfurter Rundschau, 5.8.72

2.3.12.73.02.1 Wilhelm Roth:
JAMES F. COOPER — CONANCHET — ARNO SCHMIDT
Filmkritik, Nr. 194, 17. Jg, 1973, H. 2, 55—56.

2.3.12.74.12.12 Wilhelm Roth
DAS NEUE BUCH
W.R. empfiehlt Bücher zum Verschenken.
SFB 1, 12.12.74, 17.05—17.20, Ms: 1/8 S.

2.3.14 STANISLAUS JOYCE: DUBLINER TAGEBUCH

s: 1.2.64.06.03

2.3.14.64.07.11 Günter Blöcker:
LEIDEN AM GROSSEN BRUDER
Frankfurter Allgemeine Zeitung, 11.7.64

2.3.14.64.08.01 Dr. Peter Kraft:
DAS LOGBUCH DES STILLEREN BRUDERS
Arno Schmidt übersetzte ,,Das Dubliner Tagebuch des Stanislaus Joyce'' — Klarheit der Sprache erhöht den dokumentarischen Wert
Oberösterreichische Nachrichten, Linz, 1.8.64

2.3.14.64.08.22 Helmut Heißenbüttel:
DER KLEINE BRUDER
Zu den Aufzeichnungen des Stanislaus Joyce
Süddeutsche Zeitung, 22.8.64

2.3.14.64.09.1 Jürgen Eyssen:
STANISLAUS JOYCE: DAS DUBLINER TAGEBUCH DES —
Bücherei und Bildung, 16. Jg, 1964, H. 9, 734.

2.3.14.64.10.03 a:
DIE QUELLE EINER QUELLE
Weser-Kurier, Bremen, 3.10.64

2.3.14.64.10.1 Hans Joachim Bonhage:
SEINES BRUDERS HÜTER
Westermanns Monatshefte, 10/64

2.3.15 WILKIE COLLINS: DIE FRAU IN WEISS

2.3.15.65.10.08 U.N. (= Uwe Nettelbeck):
Zu empfehlen
FÜR ALLE, DIE GERN DICKE BÜCHER LESEN
Die Zeit, 8.10.65
s: 1.2.65.10.14

2.3.15.65.10.23 Gertrud Mander:
VIKTORIANISCHER URKRIMI
Stuttgarter Zeitung, 23.10.65

2.3.15.65.11.24 W.E. Süskind:
VATER DES DETEKTIVROMANS
Süddeutsche Zeitung, 24.11.65

2.3.15.65.11.27 Heinz Schönfeld:
DIE WEISSE DAME IM ENGLISCHEN MONDSCHEIN
Mannheimer Morgen, 27.11.65

2.3.15.65.12.11 Christa Rotzoll:
BETAGTER KRIMI MIT MODERNEM SCHICK
Frankfurter Allgemeine Zeitung, 11.12.65

2.3.15.66.01.18 Hermann Peter Piwitt:
EINE WIEDERENTDECKUNG NACH 100 JAHREN
SFB 3, 18.1.66, 19.00—19.20, Ms: 7 S.

2.3.15.66.01.23 Sibylle Wirsing:
EIN GENIALER COUP
Der Tagesspiegel, 23.1.66

2.3.15.66.01.1 Sylvia Schütze:
WILKIE COLLINS: DIE FRAU IN WEISS
Bücherei und Bildung, 18. Jg, 1966, H. 1, 5.

2.3.15.66.02.22 Heinrich Vormweg:
EIN BUCH IN UNSERER ZEIT
„Die Frau in Weiß" Wilkie Collins
Einleitung: H. V.
WDR 2, 22.2.66, 16.00—16.30, Ms: 3 S. (Einl)

2.3.15.66.02.05 Rolf Becks:
EIN AUTOR, ZU UNRECHT VERGESSEN
Arno Schmidt entdeckte Wilkie Collin's Roman „Die Frau in Weiß" / Das Buch des Monats
Frankfurter Rundschau / 25.2.66

2.3.15.66.03.15 Dietmar Schmidt:
DIE FRAU IN WEISS
Die Bücherkommentare, Nr. 1, 15.3.66

2.3.15.66.03.1 Günter Bien:
DIE FRAU IN WEISS
Westermanns Monatshefte, 3566

2.3.15.66.04.10 Dieter Gert Hensel:
THEMATIK DES SCHAURIGEN
Spandauer Volksblatt, 10.4.66

2.3.15.66.04.28 Wilhelm Grasshoff:
FÜR UND WIDER — UNSER BUCH DER WOCHE
BR 1, 28.4.66, 22.00—22.10, Ms: 5 S.
= 2.3.15.66.05.1

2.3.15.66.05.22 Claus Behncke:
EIN BUCH UND EINE MEINUNG
SDR 2, 22.5.66, 21.45—22.00, Ms: 8 S.

2.3.15.66.05.1 Wilhelm Grasshoff:
EIN FUND
Der Monat, 212, Mai 1966, 77—78.
= 2.3.15.66.04.28

2.3.15.66.06.19 Richard Gerber:
DAS BUCH DER WOCHE
HR 2, 19.6.66, 18.45—19.00, Ms: 9 S.

2.3.15.66.08.06 Susanne Materleitner:
EIN VIKTORIANISCHER THRILLER
Kieler Morgenzeitung, 6.8.66
s: 2.1.67.03.30

2.3.16 EDGAR ALLAN POE: WERKE

2.3.16.66.07.02 K.H. Kramberg:
DER ENGEL DES SONDERBAREN
Süddeutsche Zeitung, 2./3.7.66

2.3.16.66.07.17 Günter Schlichting:
ENDLICH EDGAR ALLAN POE GANZ IN DEUTSCHER SPRACHE
Welt am Sonntag, 17.7.66

2.3.16.66.08.03 Werner Hees:
EDGAR ALLAN POE GANZ NEU
Kölner Stadt-Anzeiger, 3.8.66

2.3.16.66.08.22 (anonym):
Poe
SCHAUERLICH VERNÜNFTIG
Der Spiegel, Nr. 35, 22.8.66

2.3.16.66.09.22.1 Siegfried Schödel:
EDGAR ALLAN POE IN NEUER ÜBERSETZUNG
Der erste Band der bisher umfangreichsten deutschen Poe-Ausgabe ist erschienen
Welt der Literatur, 22.9.66

2.3.16.66.09.22.2 Werner Vetter:
ARNO SCHMIDT GEGEN EDGAR ALLAN POE
Eine dreibändige Ausgabe der Werke Poes im Walter-Verlag
Badische Zeitung, 22.9.66

2.3.16.66.10.1 Günter Bien:
EINE VORBILDLICHE POE-AUSGABE
Westermanns Monatshefte, 10/66

2.3.16.66.11.15 Annemarie Meckel:
EDGAR ALLAN POE — WERKE IN DREI BÄNDEN
Die Bücherkommentare Nr. 4, 15.11.66

2.3.16.66.11.1 F.H. Link:
„SOLANGE DAS SUNLICHT MEINER RAISON ANHELLT"
NM. Neusprachliche Mitteilungen aus Wissenschaft und Praxis, 19. Jg, 1966, H. 4

2.3.16.66.12.05 Arnold H. Schwengeler:
MONTAGSBRIEF VII
Der Bund, 5.12.66

2.3.16.66.12.17 Wa.:
EDGAR ALLAN POE: WERKE (I)
Die Tat, 17.12.66

2.3.16.67.01.08 Walter Lenning:
2 BÄUME & MIT RASEN BETEPPICHT
Edgar Allan Poe in einer neuen Übersetzung
Sonntagsblatt, 8.1.67

2.3.16.67.05.1 Wilhelm Grasshoff:
POETOLOGE UND POET
Frankfurter Hefte, 22. Jg., 1967, H. 5, 365—368.

2.3.16.67.11.15 Annemarie Meckel:
EDGAR ALLAN POE — WERKE II
Die Bücherkommentare Nr. 4, 15.11.67

2.3.16.68.01.1 Walter Hilsbecher:
EDGAR ALLAN POE — ZWISCHEN KONVENTION UND MANIERISMUS
Text + Kritik, Nr. 18/19 (Heinrich Heine), Jan 68, 50—52.

2.3.16.68.02.10 K.H. Kramberg:
DER NEUE E.A. POE
Süddeutsche Zeitung, 10./11.2.68

2.3.16.68.03.14 Alfred Starkmann:
TRÄUME — DAS EINZIG WIRKLICHE
Edgar Allan Poes sämtliche Erzählungen in deutscher Übersetzung
Welt der Literatur, 14.3.68

2.3.16.68.03.23 WH:
KLASSIKER IN NEUEN AUSGABEN
Band II der Werke von Edgar Allen Poe im Walter-Verlag
Weser-Kurier, Bremen, 23./24.3.68

2.3.16.68.07.15 (anonym):
SCHWERE DUNKINS
Der Spiegel, Nr. 29, 15.7.68

2.3.16.68.11.09 W.:
EDGAR ALLAN POE: WERKE. BAND II
Die Tat, 9.11.68

2.3.16.68.1 Harro H. Kühnelt:
KUNO SCHUMANN und HANS DIETER MÜLLER, Hrsg., Edgar Allan Poe Werke I.
Jahrbuch für Amerikastudien. Hg. v. Ernst Fraenkel u.a. Bd. 13. Heidelberg: C. Winter 1968. 315—317.
s: 2.2.18.69.12.13.1

2.3.16.69.1 Harro H. Kühnelt:
KUNO SCHUMANN und HANS DIETER MÜLLER, Hrsg., Edgar Allan Poe Werke II.
Jahrbuch für Amerikastudien. Hg. v. Ernst Fraenkel u.a. Bd. 14. Heidelberg: C. Winter 1969. 293—295.

2.3.16.71.04.1 Herwig Friedl:
EDGAR ALLAN POE: WERKE I
ARCHIV für das Studium der neueren Sprachen und Literaturen, 122. Jg, 207. Bd., 1971, H. 4, 378—379.

2.3.16.72.03.30 F.F.:
POE-ERZÄHLUNGEN
Schmidt & Wollschläger Übersetzungen
Frankfurter Rundschau, 30.3.72
zu: 1.6.16.1

2.3.16.73.03.27 s.:
EDGAR ALLAN POE IN DEUTSCHER AUSGABE
Mannheimer Morgen, 27.3.73

2.3.16.73.04.09 Karl Heinz Bohrer:
DAS ZEITALTER HERAUSFORDERUNG UND ERLEIDEND: EDGAR ALLAN POE
Eine Auswahl seiner Rezensionen und Briefe im dritten Band der Werke bei Walter — Zu lesen wie eine Biographie
Frankfurter Allgemeine Zeitung, 9.4.73

2.3.16.73.04.22 Günter Blöcker:
EDGAR ALLAN POE: BRIEFE UND REZENSIONEN
Deutschlandfunk, Köln, 22.4.73, 14.05—14.30, Ms: 14 S.

2.3.16.73.06.23 Karl Heinz Kramberg:
DER TEUFEL IN PERSON
Edgar Allan Poe als Buchrezensent
Süddeutsche Zeitung, 23./24.6.73

2.3.16.73.06.30 G.B (= Günter Bien):
„ENTSETZLICH FAUL UND WUNDERSAM FLEISSIG"
Rheinische Post, 30.6.73

2.3.16.73.07.21 Hartwig Suhrbier:
„NE SCHÖNE BESCHEERUNG! BEI DSCHE-SUSS"
Leicht getrübtes Vergnügen beim Lesen des dritten Bandes der Werke von E.A. Poe
Frankfurter Rundschau, 21.7.73

2.3.16.73.10.09 Marianne Kesting:
EDGAR ALLAN POE UND DIE ÄSTHETISCHE OPPOSITION
Zum Abschluß der Walter-Ausgabe seiner Werke
Frankfurter Allgemeine Zeitung, 9.10.73

2.3.16.74.01.12 K.H. Kramberg:
POES POETOLOGIE
Die vierbändige, kommentierte deutsche Ausgabe seiner Werke — jetzt komplett.
Süddeutsche Zeitung, 12./13.1.74

2.3.16.74.02.16 sub (= Hartwig Suhrbier):
ABGESCHLOSSEN
Die vierbändige Poe-Ausgabe bei Walter liegt nun vor
Frankfurter Rundschau, 16.2.74

2.3.16.74.02.23 Hans-Michael Bock:
„POE"-WERKAUSGABE
in: BÜCHERJOURNAL
NDR/RB/SFB TV 3, 23.2.74, 20.15—21.00, 4'26", Ms: 3 S.
= 2.3.16.78.04.13

2.3.16.74.02.28 Jürgen P. Wallmann:
In neuer Ausgabe
EDGAR ALLAN POE
Mannheimer Morger, 28.2.74
= 2.3.16.74.03.02 (überarbeitet)

2.3.16.74.03.02 Jürgen P. Wallmann:
WEGBEREITER MODERNER POETIK
Rheinische Post, 2.3.74
= 2.3.16.74.02.28 (überarbeitet)

2.3.16.77.02.28 Marianne Scheuerl:
EDGAR ALLEN POE — DAS GESAMTE WERK IN ZEHN BÄNDEN
in: TASCHENBÜCHER UND KRIMIS
NDR 2, 28.2.77, 10.00—10.05, Ms: 2 S.

2.3.16.78.04.13 Hans-Michael Bock:
„POE"-WERKAUSGABE
in: BÜCHERJOURNAL
NDR/RB/SFB TV 3, 13.4.78, 22.00—22.45, 4'26", Ms: 3 S.
= 2.3.16.74.02.23

2.3.17 EDWARD BULWER-LYTTON: WAS WIRD ER DAMIT MACHEN?

s: 1.2.71.10.02

2.3.17.71.11.11 Jörg Drews:
BUCHBESPRECHUNG
WDR 3, 11.11.71, 19.30—19.40, Ms: 7 S.

2.3.17.71.11.24 Arnd Rühle:
DAUERSPASS MIT 53 PERSONEN
Münchner Merkur, 24.11.71

2.3.17.71.12.05 Carl Brinitzer:
BESTSELLER-AUTOR VON VORGESTERN
Welt am Sonntag, 5.12.71

2.3.17.71.12.08 Norbert Miller:
ZEITROMAN UND VEXIERSPIEL
Arno Schmidt übersetzt ein Hauptwerk von Edward Bulwer
Süddeutsche Zeitung, 8.12.71

2.3.17.71.01.08 Karl Krolow:
WAS WIRD ER DAMIT MACHEN?
Edward Bulwer-Lyttons ,,Nachrichten aus dem Leben eines Lords'' von Arno Schmidt wiederentdeckt.
Frankfurter Allgemeine Zeitung, 8.1.72

2.3.17.71.01.16 Günter Blöcker:
DIE LESEPROBE
Edward Bulwer-Lytton: Was wird er damit machen? —
Nachrichten aus dem Leben eines Lords
Vorgestellt von G.B.
Deutschlandfunk, Köln, 16.1.72, 14.05—14.30, Ms: 2 S. (Einl)

2.3.17.71.01.20 Bernd Kahrmann:
GESELLSCHAFTSROMAN von Edward Bulwer-Lytton — jetzt wiederentdeckt
SIR ARNOS GROSSBRITANNISCHE GEMÜTS-ERGETZUNG
Die Welt (des Buches), 20.1.72

2.3.17.71.02.05 Hartwig Suhrbier:
WAS ER DAMIT GEMACHT HAT
Arno Schmidt entdeckt ein Gesellschaftspanorama Bulwers
Frankfurter Rundschau, 5.2.72

2.3.17.72.02.07 (anonym):
SPIELEN INKLUSIVE
Der Spiegel, Nr. 7, 7.2.72

2.3.17.72.03.01 Heinz Friedrich:
EIN MANN VON WELT
Bemerkungen zu Edward Bulwer
Neue Zürcher Zeitung, 1.3.72

2.3.17.72.03.10 Klaus-U. Ebmeyer:
LORDS UND LUMPEN
Bulwer-Lytton, neu entdeckt
Deutsche Zeitung — Christ und Welt, 10.3.72

2.3.17.72.03.12 Sibylle Wirsing:
DIE ASCHE SEH ICH WOHL, ALLEIN IHR FEHLT DER PHÖNIX
Schwarze Gedanken zu Arno Schmidts Versuch, Edward Bulwer-Lytton zu beleben
Der Tagesspiegel, 12.3.72

2.3.17.72.04.22 Dr. Gisela Spies:
DER BERUFSTÄTIGEN FRAU AUF DEN WEG
In: GUT AUFGELEGT
SDR 1, 22.4.72, 6.35—6.45, Ms: 2 S.

2.3.17.72.07.11 Peter Demetz:
ZUM LESEN EMPFOHLEN
Edward Bulwer-Lytton: Was wird er damit machen?
Mit einer Einführung von P. D.
NDR 3, 11.7.72, 18.00—18.45, Ms: 3 S. (Einf)

2.3.17.72.07.27 Heinz Dieter Mendel:
LITERARISCHE UMSCHAU
RB 2, 27.7.72, 16.15—16.30, Ms: 4/8 S.

2.3.17.72.07.29 hmb (= Helmut M. Braem):
EIN GUT DURCHWACHSENER SCHINKEN
Stuttgarter Zeitung, 29.7.72
= 2.3.17.72.11.24

2.3.17.72.09.02 Edwin Hartl:
ARNO SCHMIDT ALS ÜBERSETZER
Die Presse, Wien, 2./3.9.72

2.3.17.72.11.24 Helmut M. Braem:
EIN GUT DURCHWACHSENER SCHINKEN
St. Galler Tagblatt, 14.11.72
= 2.3.17.72.07.29

2.3.17.72.12.08 Eike Hartmann:
BULWER-LYTTON: NACHRICHTEN AUS DEM LEBEN EINES LORDS
Ein Kapitel aus dem Roman ,,Was wird er damit machen?'' —
Einführung von E.H.
SFB 1, 8.12.71, 21.00—21.30, Ms: 3 S. (Einf)

2.3.17.72.12.11 (anonym):
,,WAS WIRD ER DAMIT MACHEN?''
Fränkische Landeszeitung, 11.12.72

2.3.17.72.12.27 hesch (= Heinz Schönfeld):
BULWER-LYTTON ALIAS SCHMIDT
Mannheimer Morgen, 27.12.72

2.3.17.74.08.02 Emil Schuster:
DER SPRACHKÜNSTLER ARNO SCHMIDT ALS ÜBERSETZER
Zwei lesenswerte Romane aus der viktorianischen Zeit aus dem Englischen übertragen.
Die Rheinpfalz, 2.8.74

2.3.17.74.08.31 Rolf Vollmann:
KAHNFAHRT DURCHS BRITISCHE LEBEN
Bulwer-Lytton — wenn Arno Schmidt ihn übersetzt
Stuttgarter Zeitung, 31.4.74

2.3.18 EDWARD BULWER-LYTTON: DEIN ROMAN

2.3.18.73.09.08 Peter Wapnewski:
NEUE BÜCHER
NDR 3, 8.9.73, 18.00—18.10, Ms: 1/4 S.

2.3.18.73.11.17 Heiko Postma:
EIN RIESENSCHMÖKER AUS MERRY OLD ENGLAND
Der viktorianische Modeautor in Arno Schmidts Übersetzung
Hannoversche Allgemeine Zeitung, 17./18.11.73

2.3.18.73.12.16 Günter Grack:
EDNO BULWER-SCHMIDT ODER: WAS SOLL ICH DAMIT MACHEN?
Der Tagesspiegel, 16.12.73

2.3.18.74.01.13 Helmut Winter:
DAS BUCH DER WOCHE
HR 1, 13.1.74, 14.50—15.00, Ms: 4 S.

2.3.18.74.01.19 Arnd Rühle:
ARNO SCHMIDTS BULWER-FASS
Münchner Merkur, 19./20.1.74

2.3.18.74.03.03 Jörg Drews:
DIE LESEPROBE
Deutschlandfunk, Köln, 3.3.74, 14.05—14.30, Ms: 15 S. (4 J.Dr./11 Zit)

2.3.18.74.03.15 Klaus-U. Ebmeyer:
FÜR ALLE LEBENSLAGEN
Arno Schmidt macht Bulwer-Lyttons Großroman munter
Deutsche Zeitung — Christ und Welt, 15.3.74

2.3.18.74.03.23 wk:
EIGENWILLIGE VIELSCHREIBER
Baseler Nachrichten, 23.3.74

2.3.18.74.04.03 Norbert Miller:
VIKTORIANISCHES PRACHTGEMÄLDE
Bulwer-Lyttons „My Novel" in der Übersetzung von Arno Schmidt
Süddeutsche Zeitung, 3.4.74

2.3.18.74.04.13 Hans Heinz Hahnl:
DEIN ROMAN UND MEIN ROMAN
Österreichischer Rundfunk, Wien, 13.4.74
= 2.3.18.74.05.26

2.3.18.74.05.25 Hartwig Suhrbier:
SEIN ROMAN
Spätfolgen einer literarischen Jugendliebe
Frankfurter Rundschau, 25.5.74

2.3.18.74.05.26 Hans Heinz Hahnl:
DEIN ROMAN UND MEIN ROMAN
Arbeiter-Zeitung, Wien, 26.5.74
= 2.3.18.74.03.23

2.3.18.74.05.1 L.P.:
EDWARD BULWER-LYTTON: „DEIN ROMAN“
Die Quelle, Bad Herrenalb, Mai—Juni 74
s: 2.3.17.74.08.02
s: 2.3.17.74.08.31

2.3.19 JAMES FENIMORE COOPER: SATANSTOE

2.3.19.76.08.1 (anonym):
JAMES FENIMORE COOPER (SATANSTOE)
S. Fischer Pressedienst, Frankfurt/Main, Aug/Sep 76, 10 S, 9 Abb
darin: Materialien und Abbildungen zu 1.6.19

2.3.19.76.09.18 Heiko Postma:
DER KAMPF UM DAS NEUE LAND
James F. Coopers Roman über die amerikanischen Pioniere in der Übersetzung von Arno Schmidt
Hannoversche Allgemeine Zeitung, 18./19.9.76

2.3.19.76.10.26 Jürgen Manthey:
NACHTTRESOR
HR, 26.10.76, Ms: 6 S.

2.3.19.76.10.1 (anonym):
WÄHREND MEINE ZEITGENOSSEN ...
Playboy, München, Nr. 10/76

2.3.19.76.11.11.1 Norbert Miller:
BILDER AUS DER AMERIKANISCHEN VERGANGENHEIT
Arno Schmidt übersetzt James Fenimore Coopers Hauptwerk
Süddeutsche Zeitung, 11.11.76

2.3.19.76.11.11.2 Jörg Drews:
DIE LESEPROBE
Deutschlandfunk, Köln, 11.11.76, 10.05—10.30, Ms: 13 S. (4 J.Dr./9 Zit)

2.3.19.76.11.16 (anonym):
EIN VÖLLIG NEUER COOPER DANK ARNO SCHMIDTS ÜBERSETZUNG
Neue Sprache — nicht für jeden Geschmack
Harburger Anzeigen und Nachrichten, 16.11.76

2.3.19.76.12.03.1 RH (= Rainer Hartmann):
COOPER SCHRIEB NICHT NUR LEDERSTRUMPF
Aus der Littlepage-Trilogie hat Arno Schmidt den ersten Teil übersetzt: ,,Satanstoe''
Frankfurter Neue Presse, 3.12.76
= 2.3.19.77.02.26
= 2.3.19.77.03.12 (gekürzt)

2.3.19.76.12.03.2 L.B.:
ALS DER MYTHOS AMERIKA ENTSTAND
Coopers Romane werden von Arno Schmidt neu übersetzt
Badische Neueste Nachrichten, 3.12.76

2.3.19.76.12.24 N. Schachtsiek-Freitag:
ABENTEUERLICHE MISSION IN DER WILDNIS
,,Satanstoe'': Arno Schmidt übersetzt J.F. Cooper
Badische Zeitung, 24.12.76
s: 2.3.19.78.02.19 (bearbeitet)

2.3.19.77.01.28 HKS:
FEUDALHERR LEDERSTRUMPF
Volksstimme, Wien, 28.1.77

2.3.19.77.02.05 (anonym):
BILDER AUS AMERIKAS VERGANGENHEIT
Arbeiter-Zeitung, Wien, 5.2.77

2.3.19.77.02.07 Günter Krall:
ARNO SCHMIDT ALS ÜBERSETZER
Die Rheinpfalz, 7.2.77

2.3.19.77.02.11 H.A. (= Heinz Albers):
ABENTEUERLICHE LANDNAHME AN DER ,,SATANSZEHE''
Hamburger Abendblatt, 11.2.77

2.3.19.77.02.20 Heinz Dieter Mendel:
AUS ALTEN UND NEUEN BÜCHERN (111.)
Radio Bremen 1, 20.2.77, 19.45—20.00, Ms: 2+7 S.
Einführung + Lesung

2.3.19.77.02.26 Rainer Hartmann:
BUCHTIP DER WOCHE
NDR 2, 26.2.77, 12.00—12.03, Ms: 3 S.
= 2.3.19.76.12.03.1

2.3.19.77.03.12 Rainer Hartmann:
NACH DER NIEDERLAGE DIE GROSSE LIEBE
Bilder aus Amerikas Abenteurerzeit: Arno Schmidt übertrug Coopers ,,Satanszeh''
Kölner Stadt-Anzeiger, 12./13.3.77
= 2.3.19.76.12.03.1 (ausführlicher)

2.3.19.77.04.23 (anonym):
BUCHTIP DER WOCHE
BR 1, 23.4.77, 10.00—10.05, Ms: 5 S.

2.3.19.77.10.20 (anonym):
ROMAN VOM LEDERSTRUMPF-AUTOR
Fränkische Landeszeitung, Ansbach, 20.10.77

2.3.19.77.10.29 Rudolf Haas:
EIN RESTAURIERTES BILD
Arno Schmidts Übertragung gewinnt J.F. Cooper neue Reize ab
Die Welt, 29./30.10.77
zu: 1.6.19, 1.6.20

2.3.19.77.12.06 (anonym):
JAMES F. COOPER NEU AUFGELEGT
Fränkisches Volksblatt, 6.12.77
zu: 1.6.19, 1.6.20

2.3.19.77.12.17 Holger Möllenberg:
ARNO SCHMIDTS PLASTISCHES BILD
Coopers ,,Littlepage''
Rheinische Post, 17.12.77
zu: 1.6.19, 1.6.20

2.3.19.78.02.19 N. Schachtsiek-Freitag:
DER WILDE WESTEN IM KRITISCHEN LICHT
James Fenimore Cooper, übersetzt von Arno Schmidt
Deutsches Allgemeines Sonntagsblatt, 19.2.78
zu: 1.6.19, 1.6.20
s: 2.3.19.76.12.24

2.3.19.78.07.1 (anonym):
JAMES FENIMORE COOPER
S. Fischer Pressedienst, Frankfurt/Main, Juli 78. 21 S, 23 Abb.
Darin: Material und Abbildungen zu: 1.6.19, 1.6.20, 1.6.21; A.S.: Stammtafeln zur 'Littlepage = Trilogie' (= 1.2.78.07.1); Notiz zu A.Ss literarischen Plänen (Julia, laß das!; Porträt einer Klasse)

2.3.20 JAMES FENIMORE COOPER: TAUSENDMORGEN

2.3.20.77.10.12 Joachim Kalka:
IN DEN WÄLDER NEW YORKS
Arno Schmidt als Landvermesser eines vergessenen Gebiets
Stuttgarter Nachrichten, 12.10.77

2.3.20.77.10.22 Rainer Hartmann:
INDIANER, LANDRÄUBER UND SÜSSE DAMEN
Mit James F. Cooper in die Frühzeit der USA: ,,Tausendmorgen'' und der ganze Lederstrumpf
Frankfurter Neue Presse, 22.10.77
= 2.3.20.77.11.30

2.3.20.77.11.10 Norbert Miller:
DIE WIEDERKEHR DES KETTENTRÄGERS
Wie Arno Schmidt seine Cooper-Übersetzung fortsetzt
Süddeutsche Zeitung, 10.11.77

2.3.20.77.11.26 Hartwig Suhrbier:
MIT BIBEL, BEIL & BÜCHSE AUF FREMDEM GRUND UND BODEN
Zu Band II von J.F. Coopers ,,Bildern aus der amerikanischen Vergangenheit''
Frankfurter Rundschau, 26.11.77

s: 2.3.19.77.10.29

2.3.20.77.11.30 Rainer Hartmann:
ALS FAMILIEN NOCH FAMILIEN WAREN
Zwischen Erlebnis und Fiktion: Vom Nationalepos zum Tagebuch
Der ,,Lederstrumpf''-Autor J.F. Cooper erlebt eine Renaissance
Kölner-Stadtanzeiger, 30.11.77
= 2.3.20.77.10.22

s: 2.3.19.77.12.06

2.3.20.78.12.10 (anonym):
DIE DURCHSETZUNG DES RECHTES
Arbeiter-Zeitung, Wien, 10.12.77

s: 2.3.19.77.12.17

2.3.20.78.01.1 (anonym):
JAMES FENIMORE COOPER — TAUSENDMORGEN
Bücherschiff, 1/78

s: 2.3.19.78.02.19

2.3.20.78.03.28 Günter Krall:
EIN AMERIKANISCHER KARL MAY
Die Rheinpfalz, 28.3.78

2.3.20.78.04.02 Heinz-Dieter Mendel:
AUS NEUEN UND ALTEN BÜCHERN (171.)
Radio Bremen 1, 2.4.78, 19.45—20.00, Ms: 15 S.
Einführung + Lesung
auch zu 1.1.23

s: 2.3.19.78.07.1

2.3.21 JAMES FENIMORE COOPER: DIE ROTEN

2.3.21.78.04.21 hz.:
SIENE LEDERSTRUMPF-ROMANE MACHTEN IHN WELTWEIT BERÜHMT
Hamburger Abendblatt, 21.4.78

2.3.21.78.05.25 RH (= Rainer Hartmann):
„DIE ROTEN“ SIND DA
Komplett: Coopers Littlepage-Romane, deutsch von Arno Schmidt
Frankfurter Neue Presse, 25.5.78

2.3.21.78.05.31 (anonym):
EINE GROSSE TRILOGIE ABGESCHLOSSEN
Aschaffenburger Volksblatt, 31.5.78

2.3.21.78.06.24 Norbert Miller:
DIE VERKLEIDETE TENDENZ
Zum Abschluß von Arno Schmidts Cooper-Übersetzung
Süddeutsche Zeitung, 24.6.78

s: 2.3.19.78.07.1

3. Zur Wirkung

3.1 PARODIEN, ANSPIELUNGEN, CURIOSA etc.

s: 2.2.10.60.04.17

3.1.61.08.22 Carlos Widmann:
EIN NEUER ULYSSES — NUR FÜR KENNER
Vorschlag für eine zeitgemäße Buchkritik
Abendzeitung, München, 22.8.61

3.1.61.10.28 Benno Wurzelriss:
LITERATICALS
1. Arno Schmidt
Deutsche Zeitung, 28.10.61

3.1.62.03.14 Jens Rehn:
DAS JOHNSON IST EIN OHRENKÄFER
Aus einem neuen Bestiarium der Literatur
Der Spiegel, Nr. 11, 14.3.62
darin: Das Schmidt
= 3.1.63.1

3.1.63.03.24 (anonym):
ARNOSCHMIDTMARDER
Sonntagsblatt, 24.3.63

3.1.63.1 Jens Rehn:
DAS SCHMIDT
J.R.: Das neue Bestiarium der deutschen Literatur. (Stierstadt): Eremitenpresse (1963). 38—39.
= 3.1.62.03.14

3.1.67.04.1 Paul Gerhard Hübsch:
HURRAH, die alten sind tot
oder: warten auf 1 neuen GODARD
(drama in einem vorspiel und fünf akten)
Akzente, 14. Jg, 1967, H.4, 355—358.

3.1.67.1 Friedemann Berger:
UM UND AM TISCH. (Anfang einer Erzählung).
Nachrichten aus Deutschland. Hg. v. Hildegard Brenner. (Reinbek): Rowohlt (1967). 379—387.
,,Aber auch dort kann Mitte nicht sein, denn dicht daneben die ebenfalls niedersächsische Gemeinde Endeholz, wie ich dem zurategezogenen Arno Schmidt entnehmen, gemeint nicht der Spiritousenhändler im gothaschen Sundhausen, sondern der Wieland des zwanzigsten Jahrhunderts gleichen Namens ...'' (386)

3.1.67.2 Rolf Roggenbuck:
DER NÄMLICHKEITSNACHWEIS. Roman
(Reinbek): Rowohlt (1967). 336 S.
,,Arno Schmidt hat jüngst einen Nachfolger gefunden, und zwar nicht etwa einen Imitator, sondern einen Schüler, der ihn bei weitem übertrifft: Rolf Roggenbuck!'' (M. Kesting, DLF),,Wie Arno Schmidt, an den auch die Kürze der ungebrochenen Textstücke, der häufige Wechsel des Ansatzes sowie die Konzentration auf den jeweiligen Ausschnitt von Wirklichem und Möglichem erinnern, schreibt Roggenbuck des öfteren phonetisch.'' (H. Vormweg, SZ).

3.1.68.08.09 Robert Neumann:
A.S. ÜBER KARL MAY
Eine neue Parodie
Die Zeit, 9.8.68

3.1.69.06.1 Robert Neumann:
ARNO SCHMIDT ÜBER KARL MAY
Aus „Dämon Weib"
Welt und Wort, 24. Jg, 1969, H. 6
= 3.1.69.1

3.1.69.1 Robert Neumann:
SITARA UND DER WEG DORTHIN. Nach Arno Schmidt
R.N: Dämon Weib. München—Wien—Basel: Desch 1969. 197—199.
= 3.1.69.06.1

3.1.69.2 Dieter Saupe:
KISTA DA MOTTA. Nach Arno Schmidt.
D.S.: Autorenbeschimpfung und andere Parodien. Bern—München— Wien: Rütten + Loening (1969). 169—170.
= 3.1.72.1

3.1.70.03.30 Karl Hoche:
DAS LEBEN DES HANS HELD
Erstes Kapitel: Erste Liebe, beschrieben von Arno Schmidt
Die Zeit, 20.3.70
= 3.1.71.1

3.1.70.08.20 (anonym):
Was schreiben Sie zur Zeit?
VORBILD ARNO SCHMIDT
Harald K. Hülsmann arbeitet an einem Buch
Düsseldorfer Nachrichten, 20.8.70

3.1.70.08.22 R. Kober:
MIT ANBRUCH DES TAGES ...
Süddeutsche Zeitung, 22.8.70
Leserzuschrift im ZT-Stil
s: 2.2.20.71.04.3

3.1.71.1 Karl Hoche:
ARNO SCHMIDT: ERSTE LIEBE
K.H: Schreibmaschinentypen und andere Parodien. (München): DTV (1971). (dtv 799). 20—22.
= 3.1.70.03.02

3.1.71.2 Friedemann Berger:
KRIPPE BEI TORRES. Ein neapolitanisches Idyll.
Berlin/DDR: Union (1971). 272 S.

3.1.71.3 Rolf Roggenbuck:
DER ACHTFACHE WEG
(Reinbek): Rowohlt (1971). 205 S, ill.

3.1.72.06.10 Gert Raeithel:
THE SUMMIT
Süddeutsche Zeitung, 10.6.72
Gedicht: „... und Bundeskanzler Arno Schmidt ..."

3.1.72.1 Dieter Saupe:
KISTA DA MOTTA. Nach Arno Schmidt
D.S: Autorenbeschimpfung und andere Parodien. (München): DTV (1972). (dtv 880). 147—148.
= 3.1.69.2

3.1.72.2 Charles M. Schulz:
DAS HOBBY (2)
C.M.S.: Snoopy. Das zweite große Peanuts-Buch. Götzenhain: Aar 1972. 177.
Comic-Strip, deutsche Fassung: ,,Zuerst dachte ich an ‚Zettels Traum' oder ‚Vom Winde verweht' ..."

3.1.73.1 Staffan Seeberg:
DER LUNGENFISCH. Ein Zukunftsroman.
Aus dem Schwedischen von Hanns Grössel. Titel der Originalausgabe: ,,Lungfisken"
(Frankfurt/Main): Suhrkamp (1973). 170 S.
,,Zum ersten mal wird der in seinem Lande hochgelobte Staffan Seeberg in deutscher Sprache vorgestellt; die Bedeutung dieses Schriftstellers — der erste ausländische Prosaautor vielleicht, der von Arno Schmidt das Beste lernte — geht weit über skandinavische Verhältnisse hinaus." (Klappentext)
Die Initialen der Hauptfigur sind: A.S.

3.1.73.2 Axel Schulze:
DAS GASTMAL BALTHASARS
A.S.: Das Gastmahl Balthasars. Erzählungen. (Berlin—Weimar): Aufbau 1973 (Edition Neue Texte). 124—140.
,,Ein Herr Arno neben ihm notierte ununterbrochen Eindrücke, Gesprächsfetzen und Vokabeln auf streichholzschachtelgroße Zettel, und er flüsterte dabei selbstvergessen: Bargterheide (!), Kreis Celle, Bargterheide, Kreis Celle, ununterbrochen flüsterte er das." (137).

3.1.74.1 ANNO SCHMIDT
(Film)
Italien 1974. Regie + Idee: Sebastian Schadhauser
Buch: Rafael Alberti, Gianna Mingrone, S. Schadhauser
Text: Gianni Toti, R. Alberti, George Orwell, Cesare Pavese
Kamera: Elio Bisignani, Emilio Bestetti
Ton: Raffaele DeLuca
Darsteller: R. Alberti, Anita Ekberg
Produktion: RAI / S. Schadhauser
40 min, Farbe, O-Ton, 16 mm, Kodak Negativ-Film
Drehzeit: Sep 73 — Jan 74
Dt.EA: 30.6.74, Arsenal, Berlin, im Rahmen des Internationalen Forums des jungen Films
s: 2.1.73.07.1

3.1.74.12.31.1 SZ:
CHRISTO WILL BARGFELD VERPACKEN
Süddeutsche Zeitung, 31.12.74
= 3.1.74.12.31.2
= 3.1.75.01.02.1

3.1.74.12.31.2 FR:
CHRISTO WILL JETZT BARGFELD VERPACKEN
Frankfurter Rundschau, 31.12.74

3.1.75.01.02.1 (anonym):
CHRISTO WILL JETZT BARGELD VERPACKEN
Recklinghauser Zeitung / Hertener Allgemeine, 2.1.75

3.1.75.01.02.2 HS (= Helmut Schmitz):
BARGFELD
Frankfurter Rundschau, 2.1.75

3.1.75.01.03 FR:
CHRISTO WIRD BARGFELD ...
Frankfurter Rundschau, 3.1.75

3.1.75.01.10 Michael Seufert:
CHRISTO KANN EINPACKEN
Frankfurter Rundschau, 10.1.75
Leserbrief

3.1.75.1 Bettina und Lars Clausen (Hg.):
SPEKTRUM DER LITERATUR
(Gütersloh—Berlin—München—Wien): Bertelsmann Lexikon Verlag (1975). (Lexikothek). 416 S.
Literaturgeschichte, bei der Themenauswahl und Bearbeiter z.T. stark von A.S. beeinflußt scheinen.
s: 2.2.13.75.1

3.1.75.2 helmut küppers:
SEMIRAMIS
ROH&e(igen)tümliche MANiriertHEITEN
(Darmstadt: J.G. Bläschke 1975). 283 S.
„Helmut Küppers, Jahrgang 1948, legt hier sein Erstlingswerk 'SEMIRAMIS' vor. Er folgt damit den Fußstapfen Arno Schmidts, erweitert jedoch den Bereich der Assoziationsfähigkeit, der Wortwahl und der Zusammensetzungen. Die Liberalität der Gedanken und die immense Freiheit der Sprache kennzeichnen Küppers genauso wie die große tiefreichende Fabulierkunst, die an Thomas Mann erinnert ..." (Werbeblatt)

3.1.77.02.18 K(urt) H(albritter):
CARTOON
Börsenblatt, Frankfurt, 18.2.77
„Mordwaffe: Zettels Traum von Arno Schmidt, Herr Kommissar"

3.2 ARNO-SCHMIDT-DECHIFFRIER-SYNDIKAT und BARGFELDER BOTE

3.2.70.05.08 SZ:
ARNO-SCHMIDT-FORSCHER BESCHLIESSEN TEAMARBEIT
Süddeutsche Zeitung, 8.5.70

3.2.70.05.09 FR.:
DECHIFFRIER-SYNDIKAT FÜR ARNO-SCHMIDT-WERK
Frankfurter Rundschau, 9.5.70
s: 2.2.20.70.05.29

3.2.70.06.1 F.R.:
PENIBLE PHÄLLE
Theater Rundschau, Bonn, 6/70

3.2.70.08.24 Heinz Ludwig Arnold:
(MARGINALIE ZU „ZETTELS TRAUM")
in: TAGEBUCH FÜR LESER
SDR 2, 24.8.70, 22.45—23.10, Ms: 4 S.
= 2.0.3.3

3.2.71.10.13 Jörg Drews:
DIE HEILIGE SCHRIFT, IM NEBENZIMMER GEDEUTET
Die Arno-Schmidt-Forscher trafen sich in Bargfeld
Süddeutsche Zeitung, 13.10.71

3.2.71.10.16 sub (= Hartwig Suhrbier):
MEDITATIONEN ÜBER ARNO SCHMIDT
Frankfurter Rundschau, 16.10.71

3.2.71.10.18 (anonym):
EIN ZAUN MACHT „king"
Der Spiegel, Nr. 43, 18.10.71

3.2.71.10.22 MZ:
IM NEBENZIMMER DES AKROBATEN
Eine Kuriosität der Philologie
Die Tat, Zürich, 22.10.71

3.2.72.09.18 SZ:
„BARGFELDER BOTE" BEGINNT ZU ERSCHEINEN
Süddeutsche Zeitung, 18.9.72

3.2.72.09.22 Sd:
SCHMIDT-ZETTEL
Frankfurter Neue Presse, 22.9.72

3.2.72.09.26 ki. (= Thomas Kielinger):
ZETTELS ALPTRAUM
Die Welt, 26.9.72

3.2.72.09.27 hbb (= Hans Bertram Bock):
LÖSUNGEN FÜR „KING ARNO"
Zum ersten Heft „Bargfelder Bote"
Nürnberger Nachrichten, 27.9.72

3.2.72.09.30.1 (anonym):
VERLAGSANZEIGEN
NZ, 30.9.72

3.2.72.09.30.2 bh.:
SCHMIDTOLOGIE
Hannoversche Allgemeine Zeitung, 30.9./1.10.72

3.2.72.10.21 Klaus Podak:
BOTSCHAFT AUS BARGFELD
für Schmidt-Leser
Stuttgarter Zeitung, 21.10.72

3.2.72.10.30 (anonym):
SCHLÜSSEL ZU NOAH POKE
Der Spiegel, Nr. 45, 30.10.72

3.2.72.11.04 Dr. E. Lüdtestein (= Dieter Stündel):
ARNO-SCHMIDT-KENNER TRAFEN SICH IN SIEGEN
Der Student Dieter Stündel erstellte das 1. Register zu dem Mammutwerk „Zettels Traum"
Siegener Zeitung, 4.11.72

3.2.72.11.06 Willem P. Engel:
ZEITSCHRIFT FÜR ARNO SCHMIDT-LESER
Zur ersten Ausgabe des „Bargfelder Boten"
dpa-Brief Kultur, 6.11.72
nachgedruckt u.a. in:
Bremer Nachrichten, 8.11.
Darmstädter Echo, 9.11.
Mannheimer Morgen, 10.11.
Böblinger Bote, 16.11.

3.2.72.11.08 Lin. (= Christian Linder):
ARNOS HAUSPOSTILLE
Schmidt-Fans gründen eine eigene Zeitung
Kölner Stadt-Anzeiger, 8.11.72
= 3.2.72.11.25
= 3.2.72.12.05 (erweitert)

3.2.72.11.25 Christian Linder:
ARNO SCHMIDTS HAUSPOSTILLE
Westdeutsche Allgemeine Zeitung, 25.11.72
= 3.2.72.11.08

3.2.72.12.05 Christian Linder:
ARNO SCHMIDTS HAUSPOSTILLE
Nr. 1 des „Bargfelder Boten"
Rheinische Post, 5.12.72
= 3.2.72.11.08

3.2.73.02.1 if.:
(BARGFELDER BOTE)
in: PRZEGLAD ZAGRANICZNY — NIEMICKA REPUBLIKA FEDERALNA
twórcość, Warschau, 29. Jg, Nr. 2 (331), Feb 73, 147—148.

3.2.73.06.1 (anonym):
Playboy am Abend
ARNO SCHMIDTS JÜNGER
Playboy, München, Juni 73

s: 2.1.73.08.24.2
s: 2.1.74.01.18.4

3.2.74.01.19 Stefan Bosch:
Eine Zeitschrift entschlüsselt das Werk von Arno Schmidt: ,,Bargfelder Bote''
,,ZETTELS TRAUM'' WIRD VERZETTELT
Kölner Stadt-Anzeiger, 19./20.1.74

3.2.74.02.07 C.R.:
Blick in die Zeitschriften
BARGFELDER BOTE
Der Tagesspiegel, 7.2.74
zu: 2.0.0.5

s: 3.3.74.07.13

3.2.74.11.20 (anonym):
LUST AM TEXT
Neuer Bargfelder Bote
Nürnberger Nachrichten, 20./21.11.74
zu: 2.0.0.9

s: 3.3.74.11.23

3.2.74.11.28 Hartwig Suhrbier:
Die erfolgreiche Zeitschrift des ,,Arno-Schmidt-Dechiffrier-Syndikats''
Der 'BARGFELDER BOTE'
In vier Jahren gewann das von Jörg Drews herausgegebene Periodikum 1250 Leser
Nürnberger Nachrichten, 28.11.74
= 3.2.74.11.30

3.2.74.11.30 Hartwig Suhrbier:
FRÖHLICHE WISSENSCHAFT
Heidegänge um Arno Schmidt
Frankfurter Rundschau, 30.11.74
= 3.2.74.11.28

s: 2.1.75.04.13

3.2.76.01.30 (anonym):
ARNO SCHMIDT-FANS UNTER DER LUPE
Buchreport, Nr. 5, 30.1.76

3.2.76.02.20 hai.:
WARUM LESEN SIE ARNO SCHMIDT?
Jörg Drews untersucht eine exklusive Literaturgemeinde
Die Presse, Wien, 20.2.76

3.2.76.03.31 Anton Madler:
Zeitschriftenkritik: Bargfelder Bote
ARNO SCHMIDTS DECHIFFRIER-SYNDIKAT
Die Welt, 31.3.76 / 1.4.76

3.2.78.03.23 Anton Madler:
Zeitschriftenkritik: Arno-Schmidt-Dechiffrier-Syndikat
PLAGIATE AUS BARGFELD?
Die Welt, 23.3.78

s: 2.1.78.04.26
s: 2.1.78.09.09

3.3 ZUR SEKUNDÄRLITERATUR

3.3.68.08.02 WoS (= Wolfram Schütte):
FÜR A.S.
Die Zeitschrift „Text + Kritik"
Frankfurter Rundschau, 2.8.68
zu: 2.0.1

3.3.70.06.20 J. Dr. (= Jörg Drews):
WIE ERZÄHLT ARNO SCHMIDT?
Süddeutsche Zeitung, 20.6.70
zu: 2.0.3

3.3.71.10.23 fr.:
ARNO SCHMIDT ...
Frankfurter Rundschau, 23.10.71
zu: 2.0.3

3.3.73.10.08 Wolfgang Ignée:
SCHÜSSE AUS DEM BÄRENTÖTER
Karl-May-Gesellschaft kontra Arno Schmidt
Stuttgarter Zeitung, 8.10.73
zu: 2.0.6

3.3.73.10.09.1 Reiner Weiß:
DER KRIEGSPFAD NACH BARGFELD
Die Karl-May-Freunde und Arno Schmidt
Nürnberger Nachrichten, 9.10.73
zu: 2.0.6

3.3.73.10.09.2 Ralf Husemann:
SCHÜTZENHILFE FÜR OLD SHATTERHAND
Die Karl-May-Gesellschaft will ihrem Idol zu einem besseren literarischen Ruf verhelfen
Süddeutsche Zeitung, (Berichte aus Bayern), 9.10.73
zu: 2.0.6

3.3.73.10.13 Reiner Weiß:
MAY-FREUNDE AUF DEM KRIEGSPFAD
Hat Arno Schmidt Zitate verfälscht?
Kölner Stadt-Anzeiger, 13./14.10.73
zu: 2.0.6

3.3.73.10.19 Reiner Weiß:
Ein Western aus dem vorigen Jahrhundert
WINNETOUS ERBEN
Eine blühende Gemeinde bemüht sich um das Werk des Vielschreibers Karl May
Die Zeit, 19.10.73
zu: 2.0.6

3.3.73.10.15 (anonym):
szene
LITERATUR: SPÄTE KRITIK AN SCHMIDTS MAY-DEUTUNG
Der Spiegel, Nr. 42, 15.10.73
zu: 2.0.6

3.3.73.10.25 Christa (= Christel) Buschmann:
Autorenstreit
ABRECHNUNG MIT EINEM SPÖTTER
Erst machte der Schriftsteller Arno Schmidt aus Karl May einen Jugendverderber — jetzt martern ihn die Winnetou-Fans
Stern, Nr. 44, 25.10.73 (nur Lesezirkel-Ausgabe)
zu: 2.0.6

3.3.73.11.10 J. Dr. (= Jörg Drews):
UNGENAUIGKEIT, GENAU NACHGEWIESEN
Süddeutsche Zeitung, 10./11.11.73
zu: 2.0.6

3.3.73.12.11 Reimar Hollmann:
ARNO SCHMIDTS HEXENJAGD HAT IHR OPFER VERFEHLT
Neue Hannoversche Presse, 11.12.73
= 3.3.74.09.1
zu: 2.0.7

3.3.74.01.05 Winfried Didzoleit:
MÄRCHEN FÜR MÄNNER
Das phantastische Leben des Karl May
Frankfurter Rundschau, 5.1.74
zu: Karl-May-Gesellschaft, 1.1.14, 2.0.7

3.3.74.01.18 Hartwig Suhrbier:
ALTER & NEUER LORBEER FÜR EINEN SÄULENHEILIGEN
Frankfurter Rundschau, 18.1.74
zu: 2.0.9

3.3.74.01.25 Christel Buschmann:
Arno Schmidt, seine Kritiker und Lobredner
FUSSNOTEN ZUM EINZELGÄNGER
Die Zeit, 25.1.74
zu: 2.0.9

3.3.74.02.26 en.:
GELESEN UND NOTIERT: ARNO SCHMIDT
Darmstädter Echo, 26.2.74
zu: 2.0.9

3.3.74.02.28 A.:
IN SACHEN KARL MAY
Hamburger Abendblatt, 28.2.74
zu: 2.0.7

3.3.74.02.28 (anonym):
DER SOLIPSIST IN DER HEIDE (...) EIN ,,EXPERIMENTELLER" — MIT GRAUEN HAAREN
Cellesche Zeitung, 28.2.74
zu: 2.0.9

3.3.74.03.02 (P.L.) (= Peter Laemmle):
TIP DER WOCHE
National-Zeitung, Basel, 2.3.74
zu: 2.0.9

3.3.74.03.09 Ernst-Peter Wieckenberg:
SOLIPSIST ODER JAKOBINER?
Zu einem Sammelband über Arno Schmidt
Süddeutsche Zeitung, 9./10.3.74
zu: 2.0.9

3.3.74.04.10 pe:
MATERIALSAMMLUNG ÜBER ARNO SCHMIDT
dpa-Buchbrief / Kultur, 10.4.74
zu: 2.0.9

3.3.74.04.1 Günter Häntzschel:
2864 STOLTE, HEINZ, GERHARD KLUSSMEIER: ARNO SCHMIDT — KARL MAY
Germanistik, 15. Jg, 1974, H. 2, April, 460.
zu: 2.0.7

3.3.74.04.2 Günter Häntzschel:
2894 BULL, REIMER; BAUFORMEN DES ERZÄHLENS BEI ARNO SCHMIDT
Germanistik, 15. Jg, 1974, H. 2, April, 464—465.
zu: 2.0.2

3.3.74.05.22 Reimar Hollmann:
Arno Schmidt — Streiter zwischen Fans und Verächter
HIERONYMUS BOSCH UNSERER TAGE ODER LITERARISCHER MUHAMMAD ALI?
Neue Hannoversche Presse, 22.5.74
zu: 2.0.9, 1.6.18

3.3.74.06.29 Lothar Beier:
NEUE BÜCHER
HR 2, 29.6.74, 9.35—10.00, 4'40'', Ms: 3 S.
zu: 2.0.9

3.3.74.06.30 Hans Bertram Bock:
AUF DEN SPUREN DES EINSIEDLERS
Neues zum Werk Arno Schmidts
Nürnberger Nachrichten, 30.6.74
zu: 2.0.10, 2.0.11

3.3.74.07.13 Wolfram Schütte:
SCHMIDTOLOGIE FÜR KÜNFTIGE SCHMIDTIANER
Frankfurter Rundschau, 13.7.7
zu: ASDS, BB, 2.0.10, 2.0.11

3.3.74.07.21 Ernst Nef:
SCHWIERIGE EINORDNUNG, VERZICHT AUF WERTUNG
Aufsätze über den Schriftsteller Arno Schmidt
Neue Zürcher Zeitung, 21.7.74
zu: 2.0.9, 2.0.10, 2.0.11

3.3.74.07.27 K.Sch. (= Karl Schumann):
VIVISEKTION EINES DICHTERS
Süddeutsche Zeitung, 27./28.7.74
zu: 2.0.10, 2.0.11

3.3.74.07.1 Günter Häntzschel:
4131—4149 DER SOLIPSIST IN DER HEIDE
Germanistik, 15. Jg, 1974, H. 3, Juli, 726—728.
zu: 2.0.9

3.3.74.08.03 Helmut Mader:
ARNO SCHMIDT IN DER KRITIK
,,Der Solipsist in der Heide''
Frankfurter Allgemeine Zeitung, 3.8.74
zu: 2.0.9

3.3.74.08.08 Dieter Kuhn:
BIBLIOGRAPHIEN UND REGISTER
Frankfurter Rundschau, 8.8.74
Leserbrief zu: 3.3.74.07.13
zu: 2.0.10, 2.0.11

3.3.74.08.21 Werner Hees:
WAS MACHT DER AAL IN ZETTELS TRAUM?
Arno Schmidts Werk wird katalogisiert
Kölner Stadt-Anzeiger, 21.8.74
zu: 2.0.10, 2.0.11

3.3.74.08.27 —st—:
ARIADNEFADEN IM SPRACHLICHEN BLUMENGÄRTLEIN DES ARNO SCHMIDT
Dieter Stündel aus Siegen stellte Register zu ,,Zettels Traum'' zusammen — Orientierungshilfe durch einen Wörterwust
Siegener Zeitung, 27.8.74
zu: 2.0.11

3.3.74.09.01 Peter Willem Engel:
HANDBUCH FÜR SCHMIDT-PROFIS
Spandauer Volksblatt, 1.9.74
zu: 2.0.10

3.3.74.09.03 Jürgen Busche:
VERZETTELT
Von und über Arno Schmidt
Frankfurter Allgemeine Zeitung, 3.9.74
zu: 2.0.10, 2.0.11, 1.1.1.2, 1.1.2.1, 1.1.4.1

3.3.74.09.1 Reimar Hollmann:
ARNO SCHMIDTS HEXENJAGD AUF KARL MAY
Die Horen, 95, 19. Jg, H. 3, Herbst 1974, 88.
= 3.3.73.12.11
zu: 2.0.7

3.3.74.10.16 Karlheinz Schauder:
LE ,,CAS'' ARNO SCHMIDT
La Quinzaine, 16.—31.10.74
= 3.3.75.05.1 (bearbeitet)
= 3.3.75.12.05 (bearbeitet)
zu: 2.0.9, 2.0.10, 2.0.11

3.3.74.11.23 Gert Ueding:
NEUE BÜCHER
HR 2, 23.11.74, 9.35—10.00, 5'50'', Ms: 3 S.
zu: BB, 2.0.10, 2.0.11

3.3.74.12.1 Christel und Gerhard Charles Rump:
HANS MICHAEL BOCK: BIBLIOGRAPHIE (!) ARNO SCHMIDT

Mitteilungsblatt, Verband der Bibliotheken des Landes Nordrhein-Westfalen, Neue Folge, 24. Jg, Nr. 4, Dez 74, 339—340.
zu: 2.0.10

3.3.75.01.1 Günter Häntzschel:
1795 STÜNDEL, DIETER: REGISTER ZU ZETTELS TRAUM
Germanistik, 16. Jg, 1975, H. 1, Jan, 285.
zu: 2.0.11

3.3.75.03.14 Rolf Vollmann:
Wie Wagner ohne Musik, nur viel, viel schlimmer
EINMAL WINNETOU UND ZURÜCK
Karl May: Ein Schriftsteller, der nicht richtig schreiben konnte
Die Zeit, 14.3.75
u.a. zu: 2.0.7

3.3.75.05.1 Karlheinz Schauder:
GELEHRTER FLEISS
Zeitwende, 1975, H. 3, Mai 75, 185—186.
= 3.3.74.10.16 (bearbeitet)
zu: 2.0.9, 2.0.10, 2.0.11

3.3.75.07.12 sub (= Hartwig Suhrbier):
HINWEIS AUF PAPE
Frankfurter Rundschau, 12.7.75
zu: 2.0.12

3.3.75.12.05 Karlheinz Schauder:
SCHMIDT-PHILOLOGIE
Die Tat, Zürich, 5.12.75
= 3.3.74.10.16 (bearbeitet)
zu: 2.0.9, 2.0.10, 2.0.11

3.3.75.12.1 Manfred Stachow:
ZU REIMAR HOLLMANN: ARNO SCHMIDTS HEXENJAGD AUF KARL MAY
Die Horen, 100, 20. Jg, H. 4, Winter 1975, 144.
Leserbrief zu: 3.3.74.09.1

3.3.76.04.1 Jochen Meier:
3439 BOCK, HANS-MICHAEL: BIBLIOGRAPHIE (!) ARNO SCHMIDT
Germanistik, 17. Jg, 1976, H. 2, April, 618.
zu: 2.0.10

3.3.77.08.19 Jürgen Busche:
ÜBER ARNO SCHMIDT
Ergänzungen in der Reihe „Text + Kritik"
Frankfurter Allgemeine Zeitung, 19.8.77
zu: 2.0.15

Register

a
2.3.14.64.10.03
A.
3.3.74.02.28
-a-
2.2.7.58.07.19
Adin, Awi
2.2.15.72.03.1
Adlerberth, Roland
2.2.7.59.01.10
ak
2.2.7.58.04.19
Albers, Heinz
H.A.
2.2.18.70.02.20
2.3.19.77.02.11
Albert, Ottokar
2.2.11.61.01.14.2
Albrecht, Günter
2.1.61.1
2.1.63.3
2.1.68.2
2.1.74.2
Alff, Wilhelm
2.2.8.60.04.1
Améry, Jean
2.1.62.08.19
AN
2.1.73.07.10.6
Anderle, Hans Peter
2.2.18.70.01.23
Andermatten, Ludwig
2.2.21.72.08.31
Andersen, Marcus
2.2.20.70.08.11
Andersch, Alfred
2.1.52.05.1
2.1.56.09.14
2.2.1.50.01.03
2.2.8.58.12.10.2
2.2.15.72.01.07.1
2.2.15.72.02.1
2.2.15.72.2
anonym in:
Abendpost, Frankfurt
2.2.20.70.03.20
aktuell, München
2.2.11.61.11.04
Allemagne d'Aujourd' hui
2.2.2.52.03.1
Allgemeine Zeitung, Mainz
2.1.51.01.26
ap (associated press)
2.1.73.07.09.2
Arbeiter-Zeitung, Wien
2.2.20.70.08.08.3
2.3.19.77.02.05
2.3.20.77.12.10
Aschaffenburger Volksblatt
2.3.21.78.05.31
Badische Neueste Nachrichten
2.1.73.09.01.3
Bayerischer Rundfunk
2.2.7.58.02.12
2.2.17.67.02.13.2
2.3.19.77.04.23
Berliner Extra-Dienst
2.1.74.01.25
Bücherkommentare
2.2.6.56.09.15
Bücherschiff
2.2.6.56.12.4
2.3.20.78.01.1
Buchmarkt
2.2.20.70.09.3
2.2.20.70.10.2
Buchreport
2.1.77.11.04
3.2.76.01.30
Bulletin critique ...
2.2.4.63.04.1
2.2.7.65.01.1
Cellesche Zeitung
2.1.74.01.19
3.3.74.02.28
Civis, Bonn
2.1.69.02.1
Der Convent
2.2.6.59.12.1
Deutsche Nachrichten
2.1.67.09.08
Deutsche Volkszeitung
2.2.12.62.08.10
Deutschlandsender
2.2.11.62.02.26
dpa (Deutsche Presse Agentur)
2.1.51.01.16
2.1.73.07.09.1
2.1.73.08.28.6
2.2.3.53.07.08
Düsseldorfer Nachrichten
3.1.70.08.20
euro-med
2.2.14.64.03.03
F.A.Z (Frankfurter Allgemeine Zeitung)
2.1.73.07.10.3
2.2.22.75.03.29
FR (Frankfurter Rundschau)
2.1.71.04.19
2.1.77.07.26
2.2.1.53.01.22
2.2.20.70.07.03.2
2.2.21.71.09.30.1
2.2.22.75.03.27
3.1.74.12.31.2
3.1.75.01.03
3.2.70.05.09
3.3.71.10.23
Fränkische Landeszeitung
2.3.17.72.12.11
2.3.19.77.10.20
Fränkisches Volksblatt
2.3.19.77.12.06
Funk-Korrespondenz
2.1.71.10.14
General-Anzeiger für Bonn
2.1.64.01.17
Hamburger Abendblatt
2.1.73.08.29.5
Harburger Anzeigen ...
2.3.19.76.11.16
Ibbenbürener Volkszeitung
2.2.10.72.01.07
Interpress
2.1.59.12.30.1
2.1.64.01.13
Konkret
2.2.9.59.06.02
Kultur
2.2.1.56.06.1
Het Laatste Nieuwe
2.2.20.70.06.02
Literaturanzeiger ...
2.2.8.59.03.3
m
2.2.20.70.04.1
Magnum
2.2.7.58.02.2
2.2.9.59.04.1
Mannheimer Morgen
2.2.12.62.03.30
Mitteilungen der Stadtverwaltung Frankfurt am Main
2.1.73.08.11.1
moderner buch club
2.1.66.01.1
Munzinger-Archiv
2.1.59.08.29
2.1.63.11.09
2.1.68.05.25
2.1.72.04.22
Neue Vorarlberger Tageszeitung
2.1.75.09.06
The New York Times Book Review
2.2.20.70.06.28
de nieuwe Gazet
2.2.20.70.04.24
Notabene
2.2.20.70.09.1
Notizen, Tübingen
2.2.17.66.12.1
Nürnberger Nachrichten
2.2.21.71.10.01
3.2.74.11.20
Nürnberger Zeitung
2.1.64.04.29.4
NZ
3.2.72.09.30.1
NZ (Neue Zeitung)
2.1.51.01.15.2
Oberhessische Presse
2.1.73.08.11.2
Österreichischer Rundfunk
2.2.17.67.10.09
Pfälzer Tagblatt
2.1.71.05.13
Playboy, München
2.3.19.76.10.1
3.2.73.06.1

Der praktische Arzt
2.2.18.70.01.2
Die Presse, Wien
2.2.20.77.09.29
Pressedienst des Landes Berlin
2.1.64.03.18
Recklinghauser Zeitung
3.1.75.01.02.1
La Républicain
2.2.20.74.10.04
Rheinischer Merkur
2.2.2.52.08.15
2.2.11.61.04.28.3
2.2.20.70.10.02
Saarländischer Rundfunk
2.2.16.66.12.22
Solothurner Zeitung
2.2.7.58.03.02.2
Sonntagsblatt
3.1.63.03.24
Sonntagspost, Graz
2.2.21.72.09.24
DER SPIEGEL
2.1.59.05.13
2.1.59.05.27
2.1.59.06.03
2.1.59.06.24
2.1.60.04.27
2.1.64.03.04
2.1.73.08.27
2.2.2.52.02.06
2.2.3.53.10.14
2.2.10.60.03.09
2.2.11.61.03.08
2.2.14.64.03.25
2.2.16.66.01.10
2.2.17.67.02.13.1
2.2.20.70.05.18
2.2.20.70.09.07
2.2.21.72.05.22
2.2.21.72.07.31
2.3.9.60.12.14
2.3.9.61.11.01
2.3.16.66.08.22
2.3.16.08.07.12
2.3.17.72.02.07
3.2.71.10.18
3.2.72.10.30
3.3.73.10.15
Studentenzeitung, Stuttgart
2.2.17.67.01.25
Stuttgarter Zeitung
2.1.74.01.18.8
Süddeutscher Rundfunk
2.2.9.59.01.20
SZ (Süddeutsche Zeitung)
2.2.21.71.10.02
3.1.74.12.31.1
3.2.70.05.08
3.2.72.09.18
Tagesblatt, Luxemburg
2.2.4.54.03.12
Der Tagesspiegel, Berlin
2.2.20.70.05.16
Die Tat, Zürich
2.2.14.64.03.05.2
TLS (Times Literary Supplement)
2.2.13.63.10.11
2.2.18.69.12.18
2.2.20.70.07.31
2.2.20.73.12.07
DIE WELT des Buches/der Literatur
2.1.76.06.19
2.2.18.75.10.25
2.2.21.71.09.30.2
2.2.22.75.07.1
Wetzlarer Neue Zeitung
2.2.21.72.06.30
Wort und Wahrheit
2.2.16.66.12.1
Zeitmosaik / Die Zeit
2.1.73.07.13
2.1.73.08.24.1
2.1.75.09.19
2.2.4.63.02.01
2.2.20.69.01.24
Die Zukunft, Wien
2.2.7.58.04.1
2.2.8.59.01.1
2.2.9.59.02.1
2.2.10.60.06.1
2.2.12.62.05.1

A.R.
= Arnd Rühle
Arndt, Rudi
2.0.8.2
Arnold, Heinz Ludwig
2.0.3.3
2.0.15.6
2.2.15.65.01.22
2.2.20.70.08.07
2.2.20.70.08.29.2
2.2.20.70.08.30
2.2.20.72.5
3.2.70.08.24
au
2.2.10.66.07.26
Aufmuth, Peter
2.1.67.10.27
2.1.70.10.1
Autorenkollektiv
Institut für Gesellschafts-
wissenschaften beim ZK der SED
2.2.20.75.1

B.
2.2.6.56.12.15
B.A.
2.2.18.69.11.26.2
Bachler, Karl
2.1.52.07.24
2.1.52.07.27
2.2.11.61.04.28.2
Bächler, Wolfgang
2.2.1.50.05.1
Bänziger, Hans
2.2.4.53.11.21
Bär, Willi
2.1.73.09.15
Barmeyer, Eike
2.1.66.11.17
Beckelmann, Jürgen
2.2.7.58.05.10
Becker, Georg
2.2.9.58.12.11
B.B.
2.2.7.58.12.1
2.2.9.59.05.1
2.2.10.60.06.3
-be
2.2.10.66.02.26
Becker, Jens Peter
2.2.18.70.01.3
Becks, Rolf
2.0.9.11
2.1.57.12.1
2.1.64.01.25
2.3.15.66.02.25
Beer, Otto F.
2.2.10.60.04.17
Behncke, Claus
2.2.14.64.01.14
2.3.15.66.05.22
Beier, Lothar
3.3.74.06.29
Beissel, Rudolf
Ps: Cornelius von Cöln
2.2.14.64.03.1
2.3.12.62.07.01
Bense, Max
2.2.3.53.07.21
Berendt, Joachim Ernst
2.2.1.50.07.05
Berger, Dieter
2.2.12.63.01.1
Berger, Friedemann
3.1.67.1
3.1.71.2
Berlin, Bert
2.2.6.57.02.1
bh.
3.2.72.09.30.2
Bien, Günter
b-n, G.B.
2.2.15.65.07.12
2.2.16.66.01.14
2.2.16.66.04.1
2.2.17.67.01.15
2.2.17.67.03.04
2.2.17.67.11.16
2.2.20.70.06.27.1
2.2.20.70.06.27.2
2.2.20.70.06.29

2.2.20.70.08.02
2.2.20.70.08.21.1
2.3.15.66.03.1
2.3.16.66.10.1
2.3.16.73.06.30
Biernath, Horst
2.2.6.56.12.07
Bingel, Horst
2.2.6.57.03.1
Bke.
2.2.7.58.01.25
Blank, Richard
2.1.66.11.17
Blöcker, Günter
2.2.3.53.09.05
2.2.8.59.03.05
2.2.8.59.03.06
2.2.8.62.1
2.3.9.60.08.12
2.3.14.64.07.11
2.3.16.73.04.22
2.3.17.72.01.16
Blumenthal, Bert
2.0.9.15
Blunck, Richard
2.2.4.53.12.15
2.2.4.53.12.15
2.2.8.59.05.15
2.2.10.60.08.02
b-n
= Günter Bien
Bock, Hans Bertram
hbb
2.1.64.04.29.1
2.1.73.07.10.8
2.1.73.08.15
2.1.73.08.29.4
2.1.74.01.18.6
2.1.78.09.09
2.2.14.63.12.31.1
2.2.15.64.08.15
2.2.16.65.11.25
2.2.16.65.12.04
2.2.16.66.01.06
2.2.17.66.11.24
2.2.17.68.01.12
2.2.18.70.03.11
2.2.20.69.02.26
2.2.20.70.08.15.2
2.2.21.72.08.16
3.2.72.09.27
3.3.74.06.30
Bock, Hans-Michael
2.0.9
2.0.9.17
2.0.10
2.0.5.12
2.1.76.01.19
2.3.16.74.02.23
2.3.16.78.04.13
Bohlender, Rolf
2.2.8.59.02.28
Böhm, Anton
2.2.4.53.09.11
Bohne, Regina
2.2.3.53.08.29
Bohrer, Karl Heinz
Br.
2.1.73.07.11.1
2.2.14.64.01.18.1
2.2.14.64.04.1
2.2.15.64.08.06
2.2.16.65.12.09
2.3.16.73.04.09
Böll, Heinrich
2.0.9.8
2.2.6.57.01.15
Bonhage, Hans Joachim
2.3.14.64.10.1
Bonin, Werner F.
2.2.21.73.05.1
Born, Nicolas
2.2.16.66.01.23
Bosch, Stefan
3.2.74.01.19
b.r.
= Benno Reifenberg
Br.
= Karl Heinz Bohrer
Braem, Helmut M.
hmb
2.2.2.52.03.08
2.2.3.53.08.01
2.2.4.53.11.07
2.2.5.56.01.07
2.2.6.57.11.20
2.2.12.59.08.07
2.2.20.70.08.06.2
2.2.20.70.08.08.2
2.3.17.72.07.29
2.3.17.72.11.24
Brauch, Roland
2.1.77.12.12.1
Bredow, Wilfried von
2.1.70.12.1
Brenner, Hans Georg
2.2.1.51.12.15
2.2.7.58.07.24
2.3.9.60.05.21
Breuer, Wolfgang
2.2.20.70.07.18
2.2.20.71.04.30
Brinitzer, Carl
2.3.17.71.12.05
Brink-Nielsen, E.
2.2.9.59.02.16
Bröder, Friedrich J.
2.2.1.68.1
2.2.6.68.1
2.2.7.68.2
Brummack, Jürgen
2.2.16.67.04.1
Bull, Reimer
2.0.2
Bulling, Bern-Volker
2.1.73.09.06
Bursti, Achim
2.2.16.65.11.27.1
2.2.17.66.11.26.2
Busch, Günther
2.2.11.61.04.1
Busche, Jürgen
J.B.
2.0.9.14
2.1.73.08.25.2
2.1.73.09.17
2.1.74.01.18.2
2.1.74.07.22
2.1.75.10.10
2.1.78.04.26
2.2.22.75.10.07
3.3.74.09.03
3.3.77.08.19
Buschmann, Christel
2.1.69.11.02
2.1.73.02.1
2.2.16.66.04.15
2.2.21.72.11.17
3.3.73.10.25
3.3.74.01.25

Carlsson, Anni
2.2.9.71.03.25
2.2.18.70.01.30
Carstenn, Max
M.C.
2.2.4.64.1
2.2.6.63.1
2.2.6.64.1
2.2.6.72.1
2.2.7.63.1
2.2.7.64.1
2.2.7.72.1
2.2.10.64.1
2.2.11.64.1
Cases, Cesare
2.2.1.63.1
CB
2.2.22.75.12.31
Chalons, Robert
R.C.
2.1.55.01.1
2.2.4.53.10.1
Chotjewitz, Peter O.
2.2.21.72.06.17.1
2.2.21.72.08.05.3

Clausen, Bettina
3.1.75.1
Clausen, Lars
2.0.8.4
2.1.73.10.3
3.1.75.1
Cn.
2.2.13.63.06.1
Cöln, Cornelius von
= Rudolf Beissel
Corino, Karl
2.1.73.08.29.6
Cornuz, Jeanlouis
2.1.52.09.1
C.P.M
2.2.2.52.01.1
C.R.
3.2.74.02.07
Cromayer, Joachim
2.2.7.51.11.30
CRS
2.2.4.53.11.30
Cwojdrak, Günther
2.1.52.01.19

Daiber, Hans
2.2.3.53.09.15
2.2.10.60.10.1
2.2.11.61.10.14
2.2.12.62.06.13
Dannecker, Hermann
2.1.71.05.19.2
Degener, Brigitte
2.0.0.10
Delling, Manfred
2.2.6.57.01.05
2.2.6.57.02.23
2.2.6.57.05.05
2.2.7.58.03.08
2.2.9.59.06.27
2.2.11.62.09.14
2.2.11.62.09.15
Demetz, Peter
2.3.17.72.07.11
Deml, Wolfram
2.1.64.06.1
Denkler, Horst
2.1.78.2
2.2.16.66.09.1
2.2.20.72.2
2.2.20.72.3
2.2.21.73.1
Derschau, Christoph
2.2.18.70.02.66
Descher, Rudolf
2.1.64.02.1
Deschner, Karlheinz
2.1.61.2
2.1.64.3
2.2.16.67.03.17
D.E.Z.
= Dieter E. Zimmer
DH
= Dieter Hoffmann
Didzoleit, Winfried
3.3.74.01.05
Diettrich, Karsten
2.1.74.1
dis.
= Dietrich Segebrecht
Dittmar, Heinrich
2.1.64.03.19.1
2.2.6.57.01.26.1
2.2.7.58.01.11.1
2.2.8.58.11.22.1
2.2.9.58.12.20
2.2.12.62.02.24
2.3.12.62.08.11
Döblin, Alfred
2.1.78.1
Doering, Otto
2.2.20.70.09.05
Döhl, Reinhard
2.2.12.62.03.1
Donner, Wolf
2.2.20.70.08.14.1
Drascher, Lisi
2.2.21.72.04.14
Dr. E.
2.2.9.59.06.25
dr.e.j.g.
2.2.14.65.01.1
Drews, Jörg
J. Dr.
2.0.0
2.0.0.9
2.0.0.19
2.0.1.3
2.0.1.6
2.0.1.7
2.0.1.8
2.0.1.9
2.0.3.5
2.0.3.8
2.0.3.9
2.0.3.10
2.0.9
2.0.9.12
2.0.9.18
2.0.14
2.0.15.3
2.0.15.8
2.0.15.10
2.1.63.08.1
2.1.68.06.01
2.1.69.01.20
2.1.70.10.1
2.1.71.05.19.1
2.1.72.03.20
2.1.72.10.16
2.1.73.01.25
2.1.73.07.10.7
2.1.73.08.23.3
2.1.73.08.29.7
2.1.73.08.30.4
2.1.74.01.16
2.1.74.01.18.1
2.1.74.11.16
2.1.75.04.13
2.1.75.09.01
2.2.6.71.1
2.2.6.73.1
2.2.6.74.1
2.2.7.67.1
2.2.7.71.1
2.2.7.74.1
2.2.9.65.10.1
2.2.9.67.02.17
2.2.9.72.01.14
2.2.10.71.07.10
2.2.11.68.1
2.2.11.72.1
2.2.11.74.1
2.2.11.74.2
2.2.13.69.1
2.2.13.72.1
2.2.13.74.1
2.2.13.74.2
2.2.13.75.1
2.2.14.64.02.1
2.2.14.69.03.14
2.2.15.64.09.1
2.2.15.68.1
2.2.15.70.11.20
2.2.15.72.01.07.2
2.2.15.72.1
2.2.15.74.1
2.2.17.69.11.28
2.2.18.69.10.31
2.2.20.69.01.18
2.2.20.70.04.04.2
2.2.20.70.05.21
2.2.20.70.08.06.1
2.2.20.71.11.20
2.2.20.72.1
2.2.20.73.2
2.2.20.73.05.10
2.2.20.73.08.18
2.2.20.73.2
2.2.20.74.1
2.2.20.74.2
2.2.20.77.1
2.2.21.71.10.20
2.2.21.72.03.18.3
2.2.21.72.07.08.1
2.2.21.72.10.12.2
2.2.22.75.04.02
2.2.22.75.09.16
2.2.22.75.10.04.1
2.2.22.76.04.1
2.2.23.77.10.22
2.3.17.11.11

2.3.18.74.03.03
2.3.19.76.11.11.1
3.2.71.10.13
3.3.70.06.20
3.3.73.11.10
Droste, Albert
2.2.7.58.01.08
d.w.
= Detlef Wolff
d.w.
2.1.73.07.20
Dyckerhoff, Hermann
2.2.8.58.12.10.3

E.
2.2.1.49.11.27
E.
2.1.73.08.28.3
Ebmeyer, Klaus-U.
2.3.17.72.03.10
2.3.18.74.03.15
ech.
2.1.73.07.10.4
Eckhardt, Paul
2.2.20.70.10.03.2
Eckstein, Percy
2.2.1.50.08.11
-eco-
2.2.7.58.03.2
E.D.
2.2.7.58.05.27
E-E
2.1.73.08.31
Eggebrecht, Axel
2.2.9.59.07.06
Eggers, Werner
2.1.68.1
2.1.70.1
2.1.76.1
Eichborn, Vito von
2.2.20.70.08.27
Eismann, Alexander P.
2.0.9.4
2.1.50.11.12
el.
2.1.73.07.10.9
Elster, Hanns Martin
2.2.4.55.07.22
elwe
2.2.4.53.11.28
E.M.
2.1.64.04.29.3
en.
3.3.74.02.26
E.N.
Ernst Nef
Engel, Willem Peter
2.2.18.70.03.03
2.2.18.70.03.15
2.2.18.70.04.03
3.2.72.11.06
3.3.74.09.01
Engels, Günther
2.2.17.66.11.26.1
Engler, Winfried
2.2.10.60.07.09.1
2.2.12.62.05.26
Endler, Adolf
2.1.55.05.1
Enzensberger, Christian
2.2.20.70.05.26.1
-ern
2.2.14.63.12.2
Erné, Nino
2.1.73.08.28.7
2.2.1.50.03.03
Erval, François
2.2.4.63.02.21.1
Esser, Alex
2.2.11.61.04.25.1
ew.
2.1.73.07.11.2
E.W.
2.2.2.52.08.1
Ewald, G.
2.1.59.07.15
-ey-
2.2.1.51.05.17
2.2.1.51.07.1
Eyssen, Jürgen
2.2.2.52.04.1
2.2.3.53.10.1
2.2.4.53.12.2
2.2.5.55.07.1
2.2.6.57.02.2
2.2.7.58.08.1
2.2.10.60.06.2
2.2.12.62.07.1
2.2.16.65.11.2
2.3.9.60.12.1
2.3.12.62.10.2
2.3.14.64.09.1

F.
2.2.12.62.07.27
-fa-
2.2.14.64.04.30
Fehse, Willi
2.2.6.56.12.22
2.2.7.58.03.01
2.2.7.58.03.30
2.2.8.59.06.21
Ferber, Christian
2.2.2.52.01.19
F.F.
2.3.16.72.03.30
F.H.
2.2.7.58.07.16
Filoda, Baldur
2.1.73.08.28.5
Finke, Reinhard
2.0.0.15
2.0.15.4
Fischer, Kurt Gerhard
2.2.9.66.1
F.N.
= F. Niedemayer
fr.
2.2.20.70.07.02
F.R.
3.2.70.06.1
Frank, Herbert
2.1.63.09.1
Franzel, Emil
2.1.63.08.09
Franzen, Erich
2.2.6.56.11.15
Friedl, Herwig
2.3.16.71.04.1
Friedrich, Heinz
2.2.8.58.12.10.1
2.2.9.59.02.11
2.2.10.60.05.07
2.3.17.72.03.01

Garland, Henry + Mary
2.1.76.2
gb
2.2.15.64.08.27
G.B.
= Günter Bien
G.B.
2.2.9.59.03.1
gefi
2.1.73.07.10.2
Geisler, Günther
2.2.6.57.03.24
-ger
2.2.3.53.10.14
Gerber, Richard
2.3.15.66.06.19
Gerhard, Marlis
2.2.18.70.05.15
G.G.
= Günter Grack
Gibbs, W.
2.2.12.63.09.15
Giefer, Günther
2.1.64.01.18.1
2.2.15.65.01.02
2.2.15.65.07.1
Giese, Norbert
2.2.14.64.07.1

Glienke, Ulrich
2.1.71.1
G.M.-M.
2.2.6.56.12.18
Go
= Rudolf Goldschmit
gobe
2.2.11.61.10.13
gö
2.2.20.72.04.1
Goertz, Heinrich
2.2.22.75.10.25
Göhler, Hans-Ulrich
2.2.14.63.12.1
Goldschmit, Rudolf
Go
2.2.5.55.08.06
Gollenbeck, Bernd G.
2.2.20.70.09.2
Gollhardt, Heinz
2.1.70.09.26
Goyert, Georg
2.1.57.12.06
C.P.
2.2.1.49.12.29.2
Graap, Fritz
2.2.20.71.09.26
Grack, Günter
GG.
2.1.73.08.25.4
2.2.9.71.02.28
2.3.18.73.12.16
Grass, Günter
2.1.64.03.19.2
2.1.64.04.1
2.1.68.3
Grasshoff, Wilhelm
2.3.15.66.04.28
2.3.15.66.05.1
2.3.16.67.05.1
Grau, Jürke
2.0.1.5
2.0.3.7
Gregor-Dellin, Martin
2.2.10.71.08.15
Greiner, Ulrich
Grn.
2.1.73.08.28.2
2.1.73.08.30.1
Griem, Heino
2.1.74.01.18.9
Grössel, Hanns
2.2.17.66.09.27
2.2.17.66.11.1
Grötzninger, Wolfgang
2.2.4.55.08.1
Grn.
= Ulrich Greiner
Gruhle, Uwe
2.1.75.08.22
Gruppe 55
2.1.55.04.03
Guggenheimer, Walter M.
WG
2.2.1.50.0.1
Günther, Helmut
2.2.3.54.08.1
2.2.6.57.06.1
2.2.11.61.10.1
2.2.12.62.09.1
2.2.15.65.04.1

h.
2.2.12.63.09.15
H.A.
= Heinz Albers
Haas, Rudolf
2.3.19.77.10.29
de Haas, Helmuth
2.2.5.55.08.06
2.2.20.69.02.26
Habe, Hans
2.2.11.61.04.23
2.2.20.70.05.09.2
2.2.21.72.08.12
Haderlev, Jürgen
2.2.15.64.09.2
2.2.16.66.01.1
2.2.17.67.02.1
Haefs, Hanswilhelm
2.2.14.64.10.07
Haffmans, Gerd
2.0.9.16
2.2.18.70.02.1
Hagelberg, Gunter
2.2.16.66.02.28
Hagen, Rainer
2.1.64.01.18.5
Hahnl, Hans Heinz
h.h.h.
2.2.2.54.02.1
2.2.6.56.12.3
2.2.11.62.05.1
2.2.15.64.10.11
2.2.21.72.06.03.2
2.2.21.72.06.24
2.2.21.72.08.05.1
2.2.22.76.03.13
2.2.22.76.03.28
2.3.12.62.10.1
2.3.18.74.04.13
2.3.18.74.05.26
hai.
3.2.76.02.20
Halbritter, Kurt
3.1.77.02.18
Hansen, Kurt Heinrich
2.1.61.02.03
Häntzschel, Günter
2.1.76.03.1
3.3.74.04.1
3.3.74.04.2
3.3.74.07.1
3.3.75.01.1
Hardach, Fritz W.
2.1.67.03.30
Hartl, Edwin
2.2.10.71.07.21
2.3.17.27.09.02
Hartmann, Eike
2.2.18.70.09.19
2.3.17.72.12.08
Hartmann, Rainer
RH
2.2.10.71.10.02
2.3.19.76.12.03.1
2.3.19.77.02.26
2.3.19.77.03.12
2.3.20.77.10.22
2.3.20.77.11.30
2.3.21.78.05.25
Hartung, Harold
2.1.61.09.06
Hartung, Rudolf
2.2.11.64.04.01
2.2.11.61.04.25.2
2.2.11.61.04.28.1
Hartwig, Hermann
2.1.71.05.15
Haueis, Albert
2.1.64.2
Hausmann, Jakob
2.1.66.11.17
H.B.
2.1.54.01.08
hbb
= Hans Bertram Bock
hdo.
2.2.7.58.07.15
he
= Werner Hees
Hees, Werner
he
2.1.65.06.08
2.1.74.01.18.4
2.2.14.64.08.01
2.3.12.62.07.14
2.3.16.66.08.03
3.3.74.08.21
Heftrich, Eckhard
2.2.16.66.02.12

Heißenbüttel, Helmut
2.0.3.2
2.0.9.9
2.0.15.5
2.1.63.03.1
2.1.66.1
2.1.70.3
2.1.71.1
2.1.72.1
2.2.2.78.03.25
2.2.3.64.1
2.2.11.61.01.21
2.2.14.64.01.24
2.2.15.64.09.17
2.2.18.69.11.21.1
2.2.18.70.1
2.2.20.70.05.26.2
2.2.20.70.05.29.1
2.2.20.72.6
2.3.9.60.05.28
2.3.14.64.08.22

Helwig, Werner
2.2.7.58.04.12
2.2.7.59.02.27
2.2.8.58.11.15.1
2.2.8.58.11.15.2
2.2.8.59.04.30
2.2.9.59.02.14
2.2.9.59.05.01
2.2.12.62.06.03
2.2.12.62.07.07
2.2.14.64.01.11.2
2.2.21.72.06.10
2.2.21.72.06.17.2
2.2.21.72.08.19
2.2.21.72.10.1

Hémery, Jean-Claude
2.2.4.62.1
2.2.4.76.1

Hensel, Dieter Gert
2.2.16.66.02.27
2.2.18.70.01.1
2.3.15.66.04.10

Hensel, Georg
2.1.71.07.1
2.2.3.53.09.29
2.2.6.57.06.22
2.2.7.57.12.14
2.2.20.70.08.14.3
2.2.20.70.08.15.1
2.2.21.72.05.10.1
2.2.21.72.04.26

Henze, Eberhard
2.2.20.71.04.1

Herbst, Arnulf
2.1.73.09.03

Herburger, Günter
2.1.70.08.1

Herchenröder, Jan
2.2.10.60.09.28

Herrmann, Ludolf
2.2.22.75.10.10

Herzfeld, Ernst
2.2.21.72.12.31

Herzog, Reinhart
2.0.0.14

hesch
= Heinz Schönfeld

Hesse, Hermann
2.0.9.1
2.0.9.3
2.2.1.70.1
2.2.1.77.1

Heuer, Rolv
2.2.6.67.07.1
2.2.10.66.03.1

H.F.
2.2.10.66.03.17

Hg.
2.2.6.56.12.19
2.3.12.61.12.21

Hh.
2.2.6.57.04.04.1

h.h.h.
= Hans Heinz Hahnl

hhp.
2.2.7.58.01.1

Hilger, Franz
2.2.21.72.06.09

Hill, Claude
2.2.6.58.04.1

Hilsbecher, Walter
2.3.16.68.01.1

Hirle, Th.
2.2.18.69.11.21.2

H.J.
2.1.53.08.08

H.J.L.
2.2.4.54.08.21

HKS
2.3.19.77.01.28

H.M.
2.2.7.57.12.21.3

H.M.
2.2.7.58.12.30
2.2.9.59.04.17

hmb
= Helmut M. Braem

Hn.
2.2.7.58.11.01

Hoche, Karl
3.1.70.03.20
3.1.71.1

Höck, Wilhelm
2.2.22.76.05.12

Hoffbauer, Jochen
2.1.65.12.09
2.1.65.12.1
2.1.69.01.02

Hoffmann, Dieter
2.1.73.08.29.3
2.1.73.08.30.3

Hoffmann, Fernand
2.2.20.74.10.05

Höger, Johanna
2.2.9.58.12.11

Hohoff, Curt
2.2.18.69.11.30
2.2.18.70.02.28

Holb
2.2.7.58.05.10

Hollmann, Reimar
3.3.73.12.11
3.3.74.05.22
3.3.74.09.1

Holthusen, Hans Egon
2.1.73.04.1
2.2.2.51.12.08

Hora, Eginhard
2.0.1.1
2.0.3.1
2.0.15.1

Horn, K.
2.1.73.09.24

Horst, Karl August
2.2.4.53.12.1
2.2.7.58.07.1

HS
= Helmut Schmidt

-hs-
= Hartwig Suhrbier

Hübsch, Paul Gerhard
3.1.67.04.1

Huerkamp, Josef
2.0.0.31
2.0.0.32
2.1.76.07.08

Hühnerfeld, Paul
2.2.5.55.06.23
2.2.7.58.08.22

Humm, R.J.
rjh.
2.2.2.52.01.1
2.2.4.53.10.02
2.2.6.57.04.18

Husemann, Ralf
3.3.73.10.09.2

Huyswoud, Silvester
2.2.16.66.04.09

hz.
2.3.21.78.04.21

if.
3.2.73.02.1
Ignée, Wolfgang
3.3.73.10.08
Ihlenfeld, Kurt
2.2.4.54.10.1
-ius
2.2.9.60.01.1
Jacobi, Heinz
2.2.23.77.10.1
Jacobs, Jürgen
2.2.21.72.08.05.2
Jägersberg, Otto
2.2.16.65.11.12
Jandl, Ernst
2.2.14.66.1
Jansen, Hans
2.1.73.09.01.1
Jansen, Walter
2.2.16.66.10.1
2.2.17.67.10.1
Janus
2.2.7.57.12.12
2.2.10.60.06.08
Jaspert, Werner
2.1.73.09.04
J.Dr.
= Jörg Drews
Jenny, Urs
2.2.1.63.09.13
2.2.17.67.01.13
2.2.17.67.01.21
Jens, Walter
2.2.1.50.03.22
J.H.
2.2.6.56.11.22
j.l.
2.1.64.01.18.3
2.2.10.60.09.06
J.L.
2.2.3.53.11.1
Jori, Silvan
= Silvio Rizzi
J.P.W.
= Günter Bien
J.P.W.
2.2.13.63.12.20
Jüngling, W.
2.1.67.10.27
jz
= Jochen Ziem

Kahl, Kurt
K.K.
2.2.10.60.07.16
2.2.11.72.02.18
Kahrmann, Bernd
2.3.17.72.01.20
Kaiser, Joachim
2.0.0.5
Kalka, Joachim
2.3.20.77.10.2
Kanters, Robert
2.2.7.64.11.26
Karasek, Hellmuth
2.2.16.59.10.14
Karow, Willi
2.2.18.71.01.20
Kasack, Hermann
2.2.2.52.01.10
2.2.3.54.02.1
Kasch
= Karl Schumann
Kaufmann, Harald
2.2.1.65.04.17
Kensy, Hans Peter
2.2.20.70.03.20
Kersten, Hanns-Hermann
2.3.10.62.03.1
Kersten, Paul
2.1.72.04.15
Kesting, Marianne
2.2.16.66.04.10
2.2.16.72.1
2.3.16.73.10.09
K.F.
2.2.6.56.12.01
2.2.7.57.11.30.2
2.3.10.61.11.24
K.H.K.
= Karlheinz Kramberg
Ki.
= Thomas Kielinger
Kiaulehn, Walther
2.1.67.2
Kielinger, Thomas
ki.
2.1.73.08.30.6
2.1.73.08.31.1
3.2.72.09.26
Kirn, Richard
2.2.12.62.02.17.2
2.3.9.60.05.05
Kirst, Hans Helmut
2.2.4.53.11.06
K.K.
= Kurt Kahl
Klaus, Rudolf U.
2.1.68.01.19
Klemt, Franz-Michael
2.1.63.09.1
Klie, Barbara
2.2.9.58.12.04
2.2.11.61.06.02
Klingmann, Guenter
2.2.6.57.02.04
Klotz, Volker
2.1.65.08.08
Klu.
= Heinz Klunker
Klunker, Heinz
Klu.
2.1.73.09.09.1
Klußmeier, Gerhard
2.0.7.2
Knorr, Peter
2.1.73.10.1
Knorr, Wolfram
2.2.21.72.07.08.2
Kober, R.
3.1.70.08.22
Kock, Erich
2.2.4.54.01.1
Köhler, Otto
2.2.9.63.12.10
2.2.13.63.08.20
Kohlhaas, Bert
2.2.2.52.04.12
Kolbe, Jürgen
Ps: Hertha Theunert
2.1.73.08.23.2
Kölling, Fritz
2.1.61.03.13
2.2.6.57.01.26.2
2.2.7.57.12.21.2
2.2.8.59.01.17
2.2.9.59.08.08
Korn, Karl
2.2.6.57.01.19
2.2.7.57.12.21.1
Körner, Wolfgang
2.2.17.67.02.05
Kotter, Reinhart
2.1.78.3
Kraft, Peter
2.3.14.64.08.01
Krall, Günther
2.3.19.77.02.07
2.3.20.78.03.28
Kramberg, Karlheinz
K.H.K
2.1.64.01.15
2.2.6.56.12.08
2.2.6.56.12.17
2.2.7.58.03.1
2.2.9.59.01.21
2.2.9.59.02.07.1
2.2.11.61.03.04
2.2.12.62.02.10

2.2.12.62.03.2
2.2.16.65.11.24
2.2.16.66.07.1
2.2.16.66.09.29
2.2.17.66.12.08
2.2.18.69.11.08.1
2.2.20.70.04.25
2.2.20.70.05.09.1
2.2.20.70.05.21
2.2.21.72.08.02
2.2.22.75.12.11
2.3.16.66.07.02
2.3.16.68.02.10
2.3.16.73.06.23
2.3.16.74.01.12
Krämer-Badoni, Rudolf
rkb
2.2.1.50.01.14
2.2.7.58.03.22
Krawehl, Ernst
2.1.77.12.09
2.2.6.57.03.22
2.2.9.67.09.15
2.2.20.70.02.1
2.2.20.70.07.1
2.2.20.72.4
2.2.21.72.02.1
2.2.21.72.03.18.2
2.2.22.75.07.1
2.2.22.75.08.23
Kreuder, Ernst
2.2.4.53.12.18
2.2.4.55.06.1
Kreuzer, Helmut
2.1.65.1
2.1.70.2
Krolow, Karl
2.1.73.09.2
2.1.74.01.18.5
2.1.74.01.18.6
2.2.8.58.12.16
2.2.8.59.01.10
2.2.8.59.01.17
2.2.8.59.03.01
2.2.8.59.03.1
2.3.17.72.01.08
Krüger, Hans-Peter
2.1.73.09.01.5
2.2.14.63.12.03
ks
2.2.18.70.06.08
K.Sch.
= Karl Schumann
Kuhlbrodt, Dietrich
2.1.75.03.01
Kuhn, Christoph
2.1.63.09.2
2.2.20.70.07.09
2.2.20.70.09.10.1
Kuhn, Dieter
2.0.0.7
2.0.0.28
3.3.74.08.08
Kuhn, Otto
2.2.14.64.03.05.1
Kühnelt, Harro H.
2.3.16.68.1
2.3.16.69.1
Künnemann, Horst
2.2.9.61.01.1
Küppers, Helmut
3.1.75.2
K.Z.
= Kurt Ziesel

Laemmle, Peter
3.3.74.03.02
Lange, Enno
2.1.64.01.2
Langenfeld, Ludwin
2.2.7.58.08.1
2.2.11.61.05.1
Laregh, Peter
2.2.14.63.11.15
Laura, J.
2.2.15.64.11.10
Laureillard, Remi
2.2.7.65.02.08
L.B.
2.2.7.58.12.19
2.2.8.58.12.06
2.2.9.59.03.14
2.2.9.59.03.14
2.2.10.62.08.15
2.3.19.76.12.03.2
Legrand, Jacques
2.2.17.67.08.01
Lehmann, Johannes
2.1.75.04.13
Lennartz, Franz
2.1.52.1
2.1.54.1
2.1.57.1
2.1.59.1
2.1.63.1
2.1.69.1
Lenning, Walter
2.3.16.67.01.08
Lenz, Eva Maria
2.2.18.69.10.22
Lenz, Siegfried
2.2.3.53.12.19
Leonhardt, Rudolf Walter
2.1.61.10.20
2.1.61.10.27
Leu, Lothar
= Werner Riegel
Leuthold, Beatrice
2.2.20.72.03.03
L.G.
2.2.12.62.05.2
Lin.
= Christian Linder
Lindemann, Gisela
2.2.23.77.12.20
Linder, Christian
Lin.
2.1.72.07.14
2.1.73.08.25.3
2.1.73.08.28.1
2.1.73.08.30.8
3.2.72.11.08
3.2.72.11.25
3.2.72.12.05
Linhardt, Stephan
2.1.59.12.30.2
Link, F.H.
2.3.16.66.11.1
Lippold, Ernst
2.1.63.08.02
Lissner, Erich
2.2.7.58.04.26
-ll-
2.2.6.57.04.16
Loskill, Hans-Jörg
2.2.10.72.06.03
L.P.
2.3.18.74.05.1
Lube, Manfred
2.2.6.74.07.1
Lundkvist, Artur
1.5.10.3
2.2.10.66.1
Luther, Hans-Josef
2.2.14.63.12.28
Luther, Otto J.
Ps: Jens Rehn
2.2.10.60.07.09.2
2.2.12.62.10.12
2.2.12.63.01.28
2.2.20.71.06.23
3.1.62.03.14
3.1.63.1

m.
2.2.1.50.02.05
M.
2.1.73.09.01.2
Mader, Helmut
3.3.74.08.03
Madler, Anton
3.2.76.03.31
3.2.78.03.23
Maier, Hansgeorg
2.2.2.51.11.29
2.2.10.60.03.12
2.2.10.60.04.14.1

2.2.11.61.01.14.1
2.2.12.61.12.20
2.2.12.62.01.27
Mander, Gertrud
2.2.18.70.01.17
2.3.15.65.10.23
Mangold, Rudolf
2.2.15.64.11.28
2.2.15.64.12.16
Manthey, Jürgen
2.1.62.06.1
2.1.63.2
2.2.14.64.02.02
2.2.14.64.05.1
2.3.19.76.10.26
Marek, Kurt W.
2.1.67.06.21
Marti, Kurt
2.2.7.58.03.06
2.2.8.59.02.05
Maschke, Fritz
2.2.14.64.02.2
2.2.14.64.05.4
2.2.14.64.07.2
Maschke, Günter
2.1.66.12.1
Materleitner, Susanne
2.3.15.66.08.06
Matthes, Karen
2.1.74.01.11
Mauriac, Claude
2.2.4.63.01.30
Mayer, Hans
2.2.9.64.03.13
M.C.
= Max Carstenn
Meckel, Annemarie
2.3.16.66.11.15
2.3.16.67.11.15
Meier, Leslie
= Peter Rühmkorf
Meier-Ewert, Theo
2.1.75.08.27
Meissner, Toni
2.2.20.70.07.03.1
Menck, Clara
2.2.4.53.09.23
Mendel, Heinz Dieter
2.2.20.70.12.06
2.2.21.72.08.13
2.2.22.76.02.08
2.3.17.72.07.27
2.3.19.77.02.20
2.3.20.78.03.02
Meyer, Jochen
3.3.76.04.1
Meyer-Rotermund, Kurt
2.2.9.58.12.11
Michaelis, Rolf
2.2.11.61.01.10
Michalski, John
2.2.7.58.07.2
Michels, Wilhelm
2.1.64.01.1
2.2.20.69.04.22
Miller, Norbert
2.3.17.71.12.08
2.3.18.74.04.03
2.3.19.76.11.11.1
2.3.20.77.11.10
2.3.21.78.06.24
Minder, Robert
R.M.
2.2.6.57.11.1
MIRI
= Michael Rittendorf
Mitscherlich, Alexander
2.1.69.06.23
Moeller, Hans-Bernhard
2.2.18.70.07.1
2.2.20.71.01.1
2.2.21.73.01.1
Mohler, Armin
2.1.77.09.1
2.2.11.62.03.24
2.2.14.63.12.07
2.2.15.64.11.14
2.2.18.69.11.26.1
2.2.21.72.05.10.2
Möllenberg, Holger
2.3.19.77.12.17
Möller, Jürgen
2.2.11.61.03.23
Morgenroth, Gerhard
2.2.14.64.09.2
M.N.
2.2.20.70.02.1
-mpe
2.1.56.07.15
MR
2.2.14.64.02.08
M.R.
= Max Rychner
M.R.
2.2.20.70.10.15
2.2.20.71.01.11
Müerkamp, Josef
2.1.73.08.28.4
Mulder, H.L.
1.5.1.3
2.1.64.06.2
2.1.65.10.1
Müller, André
2.2.15.65.02.13
Mussler, Walter
2.1.62.04.07
MZ
3.2.71.10.22
Naber, Hermann
2.2.11.61.06.16
2.2.11.61.06.1
2.2.11.62.01.22
Nav, Dr.
2.1.51.01.15.1
Nef, Ernst
E.N
2.1.73.09.23
2.2.20.73.11.23
2.2.22.76.05.04
3.3.74.07.21
Nemo, Korbinian
2.2.6.57.12.11
Nette, Herbert
2.2.2.52.01.05
Nettelbeck, Uwe
U.N.
2.3.15.65.10.08
Neumann, Robert
2.2.14.64.03.04
2.2.14.64.04.3
2.2.14.64.05.3
2.2.14.65.12.1
2.2.14.69.1
3.1.68.08.09
3.1.69.06.1
3.1.69.1
Neusüß, Arnhelm
2.1.63.12.1
-ng
2.2.7.58.04.03
Niedermayer, F.
F.N.
2.2.14.64.03.06
2.2.16.66.04.01
Nissen, Klaus
2.2.8.58.12.05
2.2.9.59.02.28
Nixdorf, Johannes
2.2.14.64.02.3
Nöhbauer, Hans F.
2.2.20.70.04.04.3
Nolte, Jost
2.2.20.70.04.30.1
Nowotny, Karl Heinz
2.1.64.01.3
Nt.
2.2.1.49.12.21

O.
2.2.20.70.09.08
O.
2.2.1.49.12.29.1

-oc
2.2.8.58.12.04
ol-
2.2.7.58.06.28
Oliass, Günter
2.2.8.59.06.1
Opitz, Kurt
2.2.15.65.07.2
Oppermann, Hannes
2.2.11.61.07.1
Ortlepp, Gunar
2.2.10.60.02.24
2.2.11.61.09.28
2.2.14.64.03.22
2.2.14.64.05.2
2.2.20.70.04.20
2.2.22.75.09.08
Osterkamp, Maria
2.2.18.69.12.13.2
Ott, A.
2.1.67.10.27
Ott, Friedrich Peter
2.1.78.01.1
2.2.22.76.04.2
Otto, Bernd
2.1.73.09.07
OZ
2.1.73.08.31.2
Ozoroczy, Amand von
2.2.14.64.05.3

Pack, Claus
2.2.7.58.09.28
Pape, Samuel Christian
2.0.12
Paul, Wolfgang
2.2.7.58.03.02.1
2.2.8.59.04.11
2.2.11.61.08.05
2.2.11.61.08.27
2.2.14.64.01.18.2
2.2.14.64.02.15
2.2.16.66.05.06

pe
3.3.74.04.10
Perlus, Fred
2.1.73.10.2
Pewesin, Wolfgang
2.1.73.09.24
Pfannenstiel, Max
2.1.57.07.13
Pfriem, R.
2.1.73.09.06
Phelan, Tony
2.0.5
Piatier, Jacqueline
2.2.4.63.02.02
Pilkmann, Reinhard
2.1.77.03.1
Piontek, Heinz
2.2.4.54.04.1
Piwitt, Hermann Peter
2.3.15.66.01.08
P.L.
= Peter Laemmle
Plankensteiner, A.
2.2.4.54.05.1
Plaul, Hainer
2.2.14.64.04.2
Podak, Klaus
2.0.1.4
2.0.3.6
2.0.9.19
2.1.71.05.27
2.2.20.70.08.08.1
2.2.20.70.09.24
2.2.21.72.06.03.1
3.2.72.10.21
Polgar, Alfred
2.2.4.53.12.25
port
= Gerhard Portele
Portele, Gerhard
port
2.2.10.60.04.14.2
2.2.11.61.08.09
2.2.11.61.10.2
2.2.15.65.09.1
Postma, Heiko
2.0.13
2.1.78.3
2.2.21.72.05.06
2.2.21.74.03.1
2.2.22.75.12.1
2.2.22.76.02.03
2.3.18.73.11.17
2.3.19.76.09.18
pr
2.1.71.05.12.2
Praesent, Bernhard
2.2.14.70.02.24
Prawer, Siegbert S.
2.2.20.73.1
2.2.21.72.07.21
Proksch, Otto
2.2.20.72.05.17
Prowe, Ina
2.2.18.70.05.04
Prütting, Lenz
2.0.0.24
pt.
2.1.73.08.16
PWW
2.2.10.71.07.28
R.
2.2.1.50.07.18
Raeithel, Gert
3.1.72.06.10
Rall, Roland
2.0.15.2
Rammel, Georg
2.2.14.64.03.3
Ramseger, Georg
2.2.2.51.09.1
Ramspeck, Jürgen
2.2.14.64.04.17
Rang, Bernhard
2.2.8.59.03.2
Rasche, Friedrich
2.1.64.01.21
2.2.2.52.09.13
2.2.6.57.12.07
Rauschenbach, Bernd
2.1.77.1
2.1.78.5
R.C.
= Robert Chalons
-rck.
2.2.15.64.09.3
Reding, Josef
2.1.65.01.23
2.2.10.60.09.04
Redwitz, Mark
2.2.20.71.04.3
Rehn, Jens
= Otto Luther
Reich-Ranicki, Marcel
2.1.67.09.05
2.1.67.10.13
2.1.67.1
2.1.71.3
Reichert, Klaus
2.2.18.70.02.24
2.2.18.70.03.17
Reifenberg, Benno
b.r.
2.2.6.56.10.20
Reimann, Hans
2.2.3.54.1
2.2.4.55.1
2.2.5.55.1
2.2.6.57.03.3
2.2.6.57.1
2.2.10.60.1
2.2.11.61.1
2.2.14.63.1
2.2.15.65.1
2.2.17.67.1
Reiter, Udo
2.2.20.70.10.10
2.2.20.70.11.03

Reitze, Paul F.
2.2.16.66.07.08
Rg.
2.2.2.52.10.31
RH
= Rainer Hartmann
ri
2.2.14.64.02.1
-ric-
2.2.6.56.12.28
Richter, Jochen
2.2.20.70.05.21
Riegel, Werner
Ps: Lothar Leu
2.0.9.6
2.1.55.09.1
2.1.56.01.1
2.1.61.3
Rijn, Ric van
2.1.57.04.28
2.2.7.57.12.21.4
Rinser, Luise
2.2.1.51.02.17
Rischbieter, Henning
2.1.65.03.1
2.2.15.66.02.13
Rittendorf, Michael
MIRI
2.2.20.70.08.1
2.2.20.70.10.1
Rizzi, Silvio
Silvan Jori, sr.
2.2.7.58.04.05
2.2.8.59.01.16
2.2.11.61.08.06
2.2.11.61.08.08
rjh.
= R.J. Humm
rkb
= Rudolf Krämer-Badoni
R.M.
= Robert Minder
Röder, Rudolf
2.3.12.63.07.1
roe.
2.2.7.58.11.29
Roggenbuck, Rolf
3.1.67.2
3.1.71.3
Rohde, Hedwig
2.3.12.64.04.27
Ronneberger, E.
2.2.4.53.10.31
Rosenberg, Leibl
2.0.16
Roth, Wilhelm
2.3.12.73.02.1
2.3.12.74.12.12
Rott, Horst
2.2.7.58.01.29
Rötzer, Hans Gerd
2.2.15.65.03.19
Rotzoll, Christa
2.3.15.65.12.11
R.St.
2.2.14.69.02.23
R.T.
2.2.20.70.04.30.2
Rübenach, Bernhard
2.2.6.56.10.12
Rubinstein, Hilde
2.2.22.76.07.2
Rühle, Arnd
A.R.
2.1.74.01.18.7
2.2.23.77.10.15
2.3.17.71.11.24
2.3.18.74.01.19
Rühmkorf, Peter
Ps: Leslie Meier
2.2.6.56.12.1
2.2.7.58.02.1
Rump, Christel
3.3.74.12.1
Rump, Gerhard Charles
2.1.76.4
3.3.74.12.1
R.W.
2.2.10.60.06.4
Rychner, Max
M.R.
2.2.1.51.11.24
2.2.6.57.02.09
2.2.6(57.02.14
2.2.6.57.05.31
2.2.6.62.1

S.
2.2.20.70.08.21.2
2.3.16.73.03.27
Saal, Benno
2.2.15.65.06.25
Sanders, Rino
2.2.14.64.10.02
Saupe, Dieter
3.1.69.2
Savigny, Hans von
2.2.2.52.03.26
Sazerat, Roger
2.2.4.63.02.21.2
sbg.
= Friedrich Sieburg
Schachtsiek-Freitag, Norbert
2.3.19.76.12.24
2.3.19.78.02.19
Schadhauser, Sebastian
3.1.74.1
Schallück, Paul
2.1.58.09.23
Schauder, Karlheinz
2.1.62.07.10
2.1.64.05.1
2.2.8.61.06.27
2.2.12.62.08.1
2.2.12.62.09.28
2.2.14.64.03.20
2.2.14.64.09.1
2.2.14.64.10.30
2.2.16.67.10.20
2.2.16.67.10.1
2.2.20.70.09.19
2.2.20.70.10.03.1
2.2.20.71.01.2
2.2.20.71.04.4
2.2.21.72.09.23
2.2.21.72.10.09
2.2.21.72.12.1
2.2.22.76.02.12
2.2.22.76.02.21
2.2.22.76.05.20
2.2.22.76.07.1
2.2.23.78.05.09
3.3.74.10.16
3.3.75.05.1
3.3.75.12.05
Scheuerl, Marianne
2.3.16.77.02.28
Scheuffelen, Thomas R.
2.1.71.08.14
Schiff, Gert
2.1.61.01.27
Schlichting, Günter
2.3.16.66.07.17
Schlotter, Eberhard
2.1.76.3
Schloz, Günther
2.2.20.70.08.14.2
schm.
= Walter Schmieding
Schmidt, Dietmar
2.3.15.66.03.15
Schmidt, Jochen
2.3.10.62.01.13
Schmidt-Henkel, Gerhard
2.1.73.1
2.1.74.01.18.3
2.2.7.68.1
Schmidt-Mühlisch, Lothar
2.1.76.06.19.1
2.2.22.76.06.19

Schmieding, Walter
schm.
2.2.6.57.03.07
2.2.11.62.10.13
2.2.14.65.10.02
Schmiele, Walter
2.3.12.62.10.07
Schmitz, Alexander
2.2.21.72.07.30
Schmitz, Helmut
HS
2.1.71.05.18
2.1.73.08.21
2.1.73.08.23.1
2.1.73.08.29.2
2.1.73.08.30.2
2.1.73.08.30.5
3.1.75.01.02.2
Schneider, Alfred
2.2.14.64.03.2
2.2.14.64.04.3
Schneider, Jean-Claude
2.2.4.65.07.1
Schneider, Marcel
2.2.4.63.05.1
Schödel, Siegfried
2.3.16.66.09.22.1
Schoeller, Wilfried
2.1.73.08.24.2
Schöfer, Erasmus
2.1.65.03.2
2.2.15.65.04.26
2.2.15.65.05.09
2.2.15.65.06.09
2.2.15.65.06.11
Schöler, Franz
2.2.18.70.01.22
Schonauer, Franz
2.1.64.03.19.2
2.2.15.64.08.28
Schönfeld, Heinz
hesch
2.2.9.59.07.22
2.3.12.63.07.05
2.3.15.65.11.27
2.3.17.72.12.27
Sch-r
2.2.16.67.07.07
Schreiber, Helene
2.2.20.70.05.29.2
Schreiber, Jürgen
2.1.73.08.18
2.2.21.72.07.27
2.2.21.72.10.21.1
Schreiber, Klaus
2.1.63.08.02
Schreiber, Mathias
2.2.20.70.08.25.1
2.2.20.70.09.10.2
Schröder, Hans Joachim
2.1.73.09.01.4
Schuh, Johann
2.2.2.52.02.09.1
Schultz, Uwe
U.S.
2.1.71.08.05
2.1.73.08.30.7
2.2.20.70.12.21
2.2.20.70.12.28.1
2.2.20.70.12.28.2
Schultze, Sabine
sine
2.1.74.01.18.10
Schulz, Charles M.
3.1.72.2
Schulze, Axel
3.1.73.2
Schumann, Karl
Kasch, K.Sch.
2.0.9.7
2.1.57.09.1
2.1.58.09.15
2.1.64.01.18.4
2.2.6.57.03.19
2.2.7.58.01.11.2
2.2.7.58.09.1
2.2.8.58.11.15.3
2.2.8.59.03.14
2.2.14.63.12.24
2.2.15.64.09.19
3.3.74.07.27
Schuster, Emil
2.3.17.74.08.02
Schütte, Wolfram
WoS
2.0.9.13
2.0.9.20
2.0.15.7
2.0.15.9
2.1.67.07.12
2.1.67.10.18
2.1.70.06.22
2.1.73.06.21
2.1.73.07.10.1
2.1.73.08.25.1
2.1.73.08.1
2.1.73.09.21
2.1.77.2
2.2.14.75.12.12
2.2.17.66.10.15
2.2.18.69.12.13.1
2.2.20.70.04.04.1
2.2.20.70.08.10
2.2.21.72.03.18.1
2.2.21.72.07.18
2.2.22.75.09.18
2.2.22.75.10.04.2
3.3.68.08.02
3.3.74.07.13
Schütze, Sylvia
2.3.15.66.01.1
Schwamborn, Heinrich
2.1.63.08.02
Schwartz, Alfred
2.2.17.67.01.1
Schweikert, Rudi
2.0.0.26
Schwengeler, Arnold H.
2.3.16.66.12.05
Schwerbrock, Wolfgang
2.2.5.55.06.04
2.3.9.60.07.10
sd.
2.1.73.08.23.4
2.1.73.08.29.1
Sd
3.2.72.09.22
-sd.
2.1.73.07.10.5
Seeberg, Staffan
3.1.73.1
Seeberger, Kurt
2.2.15.64.06.1
Seehafer, Klaus
2.0.12
Seeliger, Rolf
2.2.22.75.09.04
2.2.22.75.09.08
Segebrecht, Dietrich
dis.
2.2.17.66.11.08
2.2.18.69.11.1
2.2.20.69.04.11
2.2.20.70.08.01
2.2.20.70.08.17
Segebrecht, Wulf
2.1.62.12.1
2.2.16.65.11.15
Selinger-Döring, B.
2.1.59.08.05
Sello, Katrin
2.2.17.67.07.21
Semmer, Gerd
2.2.10.60.06.22
2.2.10.60.07.1
Senn, Fritz
2.0.0.27
2.2.18.69.12.07
Seufert, Michael
3.1.75.01.10
Siebert, Werner
2.2.16.66.07.22
Sieburg, Friedrich
sbg.
2.1.73.05.12
2.2.1.51.08.27
2.2.4.53.09.26

2.2.4.55.2
2.2.4.61.1
2.2.8.58.11.22.2
2.2.8.66.1
2.2.9.59.02.07.2
2.2.12.62.02.17.1
2.2.14.64.01.11.1
Siegel, Klaus
2.1.65.04.1
Silens, Peter
2.2.9.59.03.08
Silex, Karl
2.2.4.53.09.15
sine
= Sabine Schulze
Singer, Herbert
2.2.15.64.10.03
Skasa-Weiß, Eugen
2.3.12.62.09.15
Skriver, Ansgar
2.2.10.62.1
Spies, Gisela
2.3.17.72.04.22
sr.
= Silvio Rizzi
Stachow, Manfred
3.3.75.12.1
Stahlberg, Ingeborg
2.2.20.70.08.29.1
Starkmann, Alfred
2.3.16.68.03.14
Stefl, Max
2.2.9.58.11.21
Steinberg, Werner
2.1.54.08.15
Steinforth, Thomas
2.1.73.09.07
Stettner, Herbert
HST
2.1.73.09.1
Stolberg, Andreas
2.2.11.61.03.11
Stolte, Heinz
2.0.7.1
2.2.14.63.12.31.2
2.2.14.65.12.1
Streblow, Lothar
2.2.18.70.11.26
Strohm, Egon
2.2.16.65.11.27.2
Stündel, Dieter
Ps: Dr. E. Lüdtestein
2.0.4
2.0.11
3.2.72.11.04
sub
= Hartwig Suhrbier
Suhrbier, Hartwig F.H.
sub, —hs—
2.0.6
2.1.67.06.1
2.1.67.10.27
2.1.73.07.19
2.1.74.06.1
2.1.75.08.23
2.1.76.06.28
2.2.4.73.08.02
2.2.9.71.03.20
2.2.10.70.12.31
2.2.10.71.08.07
2.2.11.69.02.01
2.2.11.70.03.11
2.2.14.69.05.21
2.2.15.65.02.1
2.2.15.70.12.01
2.2.16.65.11.1
2.2.17.66.11.2
2.2.17.69.10.29
2.2.18.69.06.17
2.2.20.69.01.25
2.2.20.69.02.01
2.2.20.70.12.31
2.2.20.72.11.13
2.3.12.72.08.05
2.3.16.73.07.21
2.3.16.74.02.16
2.3.17.72.02.05
2.3.18.74.05.25
2.3.20.77.11.26
3.2.71.10.16
3.2.74.11.28
3.2.74.11.30
3.3.74.01.18
3.3.75.07.12
Süskind, W.E.
2.3.15.65.11.24
Swars, Günther
2.1.73.09.3

Tamin, Alf
2.2.11.61.05.13
Tank, Kurt Lothar
2.2.7.58.03.23
2.2.9.59.11.22
2.2.11.61.02.17
2.2.17.66.12.04
2.2.17.67.01.22
Tecchi, Bonaventura
2.2.1.59.1
Tempel, Gudrun
2.2.20.71.02.04
Theunert, Herta
= Jürgen Kolbe
Theunissen, Gert H.
2.1.55.03.11
Tiedemann, Rüdiger von
2.1.73.2
Tindemans, C.
2.2.12.62.09.09
Toti, Gianni
2.1.73.07.1
Trost, Ernst
2.2.16.66.03.12
Tsakirides, Vagelis
2.2.20.71.04.29
2.2.21.72.05.14
tz
2.2.18.70.03.15

Ueding, Gert
2.2.18.70.01.02
2.2.20.70.05.30
2.2.20.71.11.1
2.2.20.73.08.11
2.2.21.72.05.13
2.2.22.75.11.13
— uf —
2.2.9.60.02.1
Uhlig, Helmut
2.1.55.10.09
2.2.6.57.01.03
Ullrich, Hellmut
2.2.6.57.03.26
U.N.
= Uwe Nettelbeck
U.S.
= Uwe Schultz

Vansca, Kurt
2.2.9.59.1
Vegesack, Thomas von
2.1.63.08.06
Verdaasdonk, Hugo
2.1.76.08.1
Vetter, Werner
2.3.16.66.09.22.2
Vincent, Gilbert
2.2.4.63.03.1
Vix, Walter
w.v.
2.2.7.58.08.28
2.2.9.59.03.15
2.2.9.59.10.11
Vogt, H.
2.1.70.04.1
Vollmann, Rolf
2.2.20.70.08.08.1
2.2.20.70.09.24
2.2.21.72.06.03.1
2.2.22.76.05.14
2.3.17.74.08.31
3.3.75.03.14

Vormweg, Heinrich
2.1.65.01.21
2.1.73.3
2.1.75.1
2.2.11.70.02.12
2.2.18.69.11.08.2
2.2.20.70.12.15
2.2.20.71.04.2
2.3.15.66.02.22

W.
2.3.16.68.11.09
Wa.
2.3.16.66.12.17
Waldstein, Wilhelm
2.2.7.58.09.2
Wallmann, Jürgen P.
2.3.16.74.02.28
2.3.16.74.03.02
Walser, Martin
1.4.53.01.12
1.4.53.04.17
2.0.9.5
2.1.52.04.28
2.1.53.08.1
Walter, H.-A.
2.1.62.05.25
Walter, Jürgen
2.2.9.71.05.1
Walz, Hans
2.2.1.63.11.1
2.2.13.63.09.1
Wapnewski, Peter
2.3.18.73.09.08
Wb.
2.2.1.52.01.26
2.2.1.52.02.02
2.2.2.52.02.09.2
W.E.
2.1.71.05.17
Weidenmüller, Gerhard
2.2.2.51.12.09
Weiß, Reiner
3.3.73.10.09.1
3.3.73.10.13
3.3.73.10.19
Werth, Jürgen
2.2.15.64.11.22
Wessel, Kurt
2.3.12.62.06.30
Westecker, Wilhelm
2.2.4.53.09.24
Wetzel, Pius al
2.1.73.09.14.1
Weyrauch, Wolfgang
2.1.58.08.05
2.2.6.57.04.04.2

W.F.
2.1.64.04.29.2
WG
= Walter M. Guggenheimer
W.Gs.
2.1.61.01.14
W.H.
2.2.7.58.10.10
2.3.16.68.03.23
Widmann, Carlos
3.1.61.08.22
Widmer, Walter
2.2.7.57.12.06
2.2.8.60.02.12
2.2.11.61.03.18
2.2.12.62.05.12
2.2.12.62.07.08.1
2.3.10.61.12.09
Wieberneit, Werner
2.2.12.62.07.28
Wieckenberg, Ernst-Peter
3.3.74.03.09
Wiede, Fritz Otto
2.1.74.08.13
Wielek, H.
2.2.6.56.11.03
Wien, Werner
2.2.9.59.03.01
Wiener, Oswald
2.2.20.71.09.05
2.2.20.71.09.09
2.2.20.71.09.12
Wijkmark, Carl-Henning
2.2.12.62.07.08.2
Windhag, Niklaus
2.2.3.64.08.01
Winkler, Gerd
2.1.73.08.24.2
Winter, Helmut
2.3.18.74.01.13
WiPl
2.2.4.53.09.05
Wirsing, Sibylle
2.3.15.66.01.23
2.3.17.72.03.12
WJ
2.1.74.01.18.11
wk
2.3.18.74.03.23
Wohlleben, Robert
2.0.0.3
Wolf, Richard
2.1.58.11.1
Wolff, Detlef
d.w.
2.2.18.71.08.03
2.2.21.72.10.18

Wolffheim, Hans
2.2.15.65.03.16
2.2.17.67.01.05
Wollschläger, Hans
2.0.9.10
2.1.64.01.18.2
2.2.15.62.11.1
WoS
= Wolfram Schütte
W.Schl.
2.2.18.70.03.06
Wurzelriss, Benno
3.1.61.10.28
W.V.
= Walter Vix
W.W.
2.2.15.64.09.02

Y
2.2.10.60.05.04

zg
2.1.71.05.12.1
Zi
2.2.16.65.11.10
Zielke, Volker
2.2.20.70.05.23
Ziem, Jochen
jz
2.2.6.57.06.04
2.2.9.59.10.09
Ziesel, Kurt
K.Z.
2.2.6.56.11.20
2.2.6.56.12.2
Zimmer, Dieter E.
D.E.Z.
2.2.13.63.07.19
2.2.20.70.05.08
Zwerenz, Gerhard
2.1.73.09.09
2.1.73.09.14.2
2.1.73.11.01

edition text + kritik

edition text + kritik, Levelingstr. 6 a, 8000 München 80

C. A. M. Noble
Sprachskepsis
Über Dichtung der Moderne
104 Seiten, DM 12,–

Literaturgeschichte der Moderne, dargestellt an einem ihrer zentralen Probleme: Sprachskepsis. Ausgehend von Hofmannsthal und seinem oft zitierten Satz, daß ihm „Worte ... wie modrige Pilze im Mund zerfielen“, beschreibt der Verfasser die Entwicklung des Sprachskeptizismus in unserem Jahrhundert.

Arno Holz, Paul Celan, Peter Handke, aber auch Helmut Heißenbüttel, Franz Mon und Ernst Jandl sind – auf jeweils unterschiedliche Weise – vom Sprachskeptizismus als erkenntniskritischem Phänomen geprägt.

edition text+kritik

edition text+kritik, Levelingstr. 6 a, 8000 München 80

»Ich bin an meinen Punkt gebannt«

Werner Kraft im Gespräch mit Jörg Drews

edition text+kritik

„Ich bin an meinen Punkt gebannt“

Werner Kraft im Gespräch mit Jörg Drews

32 Seiten, DM 6,–

Werner Kraft unterhielt sich in Jerusalem vor der Fernsehkamera mit Jörg Drews und äußerte sich zu seiner Situation als deutschschreibender Autor, der im neuen Land Israel an seiner Wertschätzung deutscher Dichtung festgehalten hat. Mit Bestimmtheit und Noblesse deutet er hier nochmals seinen Lebensgang, das Werk der von ihm interpretierten Autoren und die gegenwärtige literarische Situation.

Dieses Buch bringt das Interview ohne die Kürzungen, die für die Fernsehsendung des Gesprächs am 24. Juni 1978 im 3. Programm der Südkette (SWF-SR-SDR) aus Zeitgründen nötig waren.